ANGELORUM

La historia verdadera de los ángeles

A traves de la historia las culturas y religiones han creido en la existencia de los ángeles como seres divinos con el propósito de guiarnos y protegernos durante nuestro paso por la tierra. En la mayoría de los libros que se han escrito sobre el tema de los ángeles, se describen las enseñanzas y los encuentros espirituales o físicos entre seres de luz y personas comunes. También se hace referencia a innumerables ìaparicionesî que han dado como resultado el salvar vidas en momentos dramáticos en donde prácticamente sólo un milagro podría evitar la muerte.

En *Angelorum: el libro de los ángeles*, Migene González-Wippler renueva el concepto de otras obras escritas en el pasado. Esta lectura proporciona una fuente de información histórica basada en los ángeles, sus orígenes y sus jerarquías. Además de enseñar los métodos para poder invocar a los ángeles y solicitar su ayuda permanente en los problemas diarios, nos ilustra la manera que podemos desarrollar una relación perfecta con nuestro ángel guardián para nuestro beneficio, así como las biografías e información sobre más de novecientos ángeles.

El nuevo milenio se acerca y junto con él se esperan grandes cambios para la humanidad. Los mensajes de los ángeles sobre estos eventos están aquÌ, y depende de nosotros aprenderlos para preservar la vida y hacer de nuestro mundo un lugar mejor.

La autora

Migene González-Wippler nació en Puerto Rico y es licenciada en Psicología y Antropología por las universidades de Puerto Rico y Columbia. Ha trabajado como redactora científica para la Interscience Division de John Wiley, el Instituto Americano de Física y el museo de Historia Natural Americano de Nueva York, y como redactora de inglés para las Naciones Unidas en Viena donde ha vivido durante muchos años.

Correspondencia a la autora

Para contactar o escribir al autor, o si desea más información sobre este libro, envíe su correspondencia a Llewellyn Worldwide para ser remitida al autor. La casa editora y el autor agradecen su interés y comentarios en la lectura de este libro y sus beneficios obtenidos. Llewellyn Worldwide no garantiza que todas las cartas enviadas serán contestadas, pero si le aseguramos que serán remitidas al autor. Favor escribir a:

Migene González-Wippler
℅ Llewellyn Worldwide
P.O. Box 64383, Dept. K395-6
St. Paul, MN 55164-0383, U.S.A.

Incluya un sobre estampillado con su dirección y $US1.00 para cubrir costos de correo.
Fuera de los Estados Unidos incluya el cupón de correo internacional.

ANGELORUM

El libro de los ángeles

MIGENE GONZÁLEZ-WIPPLER

1999
Llewellyn Español
St. Paul, Minnesota 55164-0383
U.S.A.

PRIMERA EDICIÓN
Primera impresión, 1999
Segunda impresión, 1999
Tercera impresión, 1999

Edición y coordinación general: Edgar Rojas
Editor colaborador: María Teresa Rojas
Diseño del interior: Pam Keesey
Diseño de la portada: Anne Marie Garrison
Fotografía de la portada: Image ® copyright PhotoDisc 1999

González–Wippler, Migene.
Angelorum : el libro de los ángeles / Migene González–Wippler. -- 1st ed.
p. cm.
Includes bibliographical references and index.
ISBN 1-56718–395–6
1. Angels – –Miscellanea. 2. Magic. I. Title.
BF1623.A53G65 1999
291.2' 15 – – dc21
99–20582
CIP

Llewellyn Español
Una división de Llewellyn Worldwide, Ltd.
P.O.Box 64383, Dept. K395-6
St. Paul, Minnesota 55164-0383
www.llewellynespanol.com

Impreso en los Estados Unidos de América

Dedicación

Este libro está dedicado a YHVH,
Señor Dios de los Ejércitos,
a sus Príncipes Regentes Rafael, Miguel, Gabriel y Uriel
y a todas las Huestes Celestiales.

Otros libros por la autora publicados por Llewellyn

A Kabbalah for the Modern World
The Complete Book of Spells, Ceremonies & Magic
What Happens After Death
Dreams and What They Mean to You
Santería: The Religion
The Santería Experience
Santería: mis experiencias en la religión
The Complete Book of Amulets & Talismans
Sueños: lo que significan para usted
Peregrinaje
La magia y tú
La magia de las piedras y los cristales

Otros libros por la autora

Santería: African Magic in Latin America
Rituals and Spells of Santería
The Seashells

Contenido

Listado de ilustraciones

Las tablas

Introducción

En los últimos años, docenas de libros se han escrito sobre el tema de los ángeles. También se han producido una gran cantidad de películas y programas de televisión sobre el mismo tema. En los Estados Unidos hay periódicos y revistas dedicados a los ángeles; también hay joyería, música, perfumes, papel de escribir, vajillas y hasta ropa de cama con diseños angelicales.

Este renacimiento del culto a los ángeles está ligado al acercamiento del nuevo milenio el cual, por su cualidad esotérica, es considerado por muchas personas un acontecimiento apocalíptico y tal vez cataclísmico. Los ángeles siempre han formado parte de la visión apocalíptica de los santos y de los profetas. No es pues sorprendente que hagan una nueva apariencia ahora que nos encontramos en los portales de un nuevo siglo, un nuevo milenio y una nueva era.

El concepto de este libro llegó a mí hace más de diez años y he estado laborando mental y espiritualmente en él durante todo este tiempo. Mi primera idea fué la de escribir un libro sobre la Guerra en el Cielo, relatada por uno de los ángeles. Pero cada vez que empezaba a trabajar en él, algo sucedía que me impedía continuar escribiendo. Ahora comprendo que la razón por la cual el libro no fué escrito entonces es porque no había llegado el tiempo para su publicación. Era aún necesario que llevara a cabo más estudios sobre el tema antes de completarlo y debía ser publicado alrededor del final del milenio.

Cada libro es especial para su autor, pero éste es para mí de transcendental importancia porque mi vida ha estado fuertemente vinculada con los ángeles desde la más temprana edad. En los momentos más importantes de mi vida siempre ha habido una presencia a mí alrededor que no ha sido de este mundo. Mi madre me contaba que el Arcángel Gabriel tenía una relación especial conmigo porque había anunciado mi nacimiento y me había marcado con la señal de la Luna. Según ella, el día que yo nací, a las 5:35 de la mañana, estaban tocando diana para despertar a los soldados en un campamento militar que estaba cerca de nuestra casa. La comadrona que la atendía le dijo a mi madre que el Arcángel Gabriel estaba anunciando mi nacimiento y que algo tenia yo que ver con los ángeles. Poco tiempo después de quedar embarazada mi madre estaba contemplando a la Luna llena y se puso la mano sobre el vientre. Una de sus tías que estaba con ella le dijo que se quitara la mano del vientre porque de lo contrario la Luna iba a poner su marca en la criatura. Mi madre se quitó la mano del vientre, pero ya era tarde. Cuando yo nací, tenía el mapa lunar sobre una pierna extendiéndose casi hasta la cadera. Con el pasar de los años, al ir creciendo, esta marca tomó menos espacio, pero aún la tengo en la pierna izquierda. Mi madre siempre decía que esta mancha blanca era la marca de la Luna, y fue puesta ahí por el Arcángel Gabriel, que se dice rige a esta luminaria.

El título del libro, *Angelorum*, también tiene su pequeña historia. Antes de empezar a escribir un libro, yo siempre escojo su título, y basado en el desarrollo la temática a tratar. Pero el título de este libro no fué escogido conscientemente por mí, sino que me llegó a la mente de forma totalmente espontánea. Cuando lo concebí no estaba segura de su significado ya que mi conocimiento del Latín es rudimentario. Para determinar lo que significaba decidí llamar a la Universidad de Fordham, que es una universidad católica con un excelente departamento de Latín. El sacerdote con quien hablé, y que es uno de los profesores de Latín, me dijo que Angelorum significa "sobre los ángeles", todo lo que está relacionado con los ángeles. De ahí proviene el título y subtítulo del libro.

El libro ha sido escrito desde el punto de vista Judeo-Cristiano y es una obra profundamente religiosa. Se dice que "una vez católico, siempre católico, y a pesar de mi gran interés en aspectos del misticismo los cuales no son sancionados por la Iglesia Católica, mi educación católica ha hecho una impresión indeleble en mi y ésta es muy visible a través de toda mi obra. Es obvio para todo el que lea el libro, que su autora cree en Dios y en la existencia de los ángeles. Y a pesar de que en éste, como en todos mis libros, trato de presentar mi tema de forma racional y lógica, el hacerlo no significa una apología de mi parte respecto a mi fe ni a mis convicciones religiosas, sino mi interés continuo en encontrar una base sólida para lo que todos sabemos en lo más profundo de nuestro ser, es una realidad absoluta.

A pesar de su espiritualidad, el libro no es sólo para los que creen en los ángeles, sino para cualquier persona que se interese por este tema tan singularmente fascinante.

Un libro sobre los ángeles tiene por fuerza que ser "un curso sobre milagros", ya que el milagro en si es la acción principal del ángel. Es por eso que en el transcurso de este libro vamos a discutir muchos milagros y muchos eventos de orden sobrenatural, los cuales no tienen explicación lógica y deben por lo tanto ser o rechazados o aceptados por el lector, basados en el suceso mismo. El libro pone un énfasis especial en la Cábala hebrea, ya que es de esta tradición mística y esotérica de los judíos que llega hasta nosotros toda la gama majestuosa de la magia angelical y de los poderes sobrenaturales de los ángeles. Tanto el Cristianismo como la religión musulmana conocida como Islam tienen muchas características cabalísticas en su liturgia. El mejor ejemplo es el Padre Nuestro, que es una oración cabalística donde Jesús hace mención específica de las esferas del Arbol de la Vida, el cual es la base primordial de la Cábala. El final del Padre Nuestro dice "Porque Tuyo es el Poder, el Reino y la Gloria".

Estas son las esferas séptima, décima y octava del Arbol de la Vida, en hebreo, Hod (Poder), Malkuth (Reino) y Netzach (Gloria). Jesús no sólo las menciona sino que lo hace en su orden correcto, lo que indica que él conocía muy bien a la Cábala. La novena no es mencionada porque ésta es absorbida por la décima.

Un libro sobre los ángeles tiene además que estar basado en estudios extensos sobre el tema por parte del escritor, y este libro no es una excepción a la regla. Entre los cientos de libros y enciclopedias que consulté para escribirlo, resaltan la Biblia, en especial los Profetas y Revelaciones, los Libros Apócrifos, y la Pseudoepígrafa, con gran énfasis en los tres libros de Enoch. También de gran importancia es la *Enciclopedia Británica*, que es un tesoro de información angelical, *La suma teológica de Santo Tomás de Aquino*, *La ciudad de Dios de San Agustín*, y en tiempos modernos, *El diccionario de los ángeles* de Gustav Davidson, un escolástico angelical extraordinario, el cual es sin duda la principal inspiración detrás de todo libro reciente sobre los ángeles. La bibliografía al final del libro provee una lista extensa de obras relacionadas directa o indirectamente con los ángeles.

El libro está dividido en cuatro partes. La primera parte, "Dios y sus Angeles", habla del origen histórico y espiritual de los ángeles, y dá información detallada sobre los distintos coros angelicales, los Siete Cielos, los Grandes Arcángeles y el Paraíso.

La segunda parte, "Guerra en el Cielo" (un pasaje del libro de Megadriel), es especialmente fascinante porque es el relato hecho por un ángel sobre la lucha entre los ángeles del bien y los ángeles rebeldes por el Trono de Dios.

Este ángel, Megadriel, describe en detalle esta guerra, la tentación de Eva por uno de los ángeles caídos y el exilio de ésta y de Adán del Jardín del Edén y la Segunda Venida de Cristo durante el Juicio Final.

La tercera parte, "Mensajes de los ángeles para el nuevo milenio", es tal vez la más interesante ya que es una serie de mensajes de los ángeles sobre varias de las cosas que van a suceder en el nuevo siglo y sus sugerencias sobre los pasos que pueden llevarse a cabo para ayudar al planeta y a la humanidad en los cambios que se avecinan.

La cuarta parte, "Biografías de los ángeles", es un compendio de los ángeles más importantes, tanto los de luz como los caídos.

Mis experiencias personales con los ángeles y las de muchas otras personas se encuentran a través del libro, especialmente en el capítulo 1, "Encuentros angelicales".

El aspecto "mágico" del ángel y como se puede contactar una de estas entidades celestiales para recibir su ayuda o intercesión en nuestros problemas materiales, forma también parte del libro. El capítulo 10, "La magia angelical", provee instrucciones específicas como esto puede ser logrado.

Muchos de los libros escritos en los últimos años sobre los ángeles describen las experiencias de infinidad de personas con estas entidades celestiales, pero es indudable que la mayor parte de estas experiencias permanecen en el anonimato y nunca son publicadas. En encuestas recientes en los Estados Unidos y alrededor del mundo, más de 80% de las personas que fueron interrogadas dijeron creer en los ángeles. Estos números indican que la existencia del ángel es una actualidad real para millones de personas.

Es mi esperanza que este libro sea una verificación de la fe de aquellos lectores que creen en la existencia de los ángeles y una iluminación para aquellos que no creen en ellos. Si esta esperanza es realizada, escribir el libro habrá sido mi más grande recompensa.

Primera parte

Dios y sus ángeles

1

Encuentros angelicales

En los últimos años, creciente número de personas están relatando sus experiencias con entidades angelicales, las cuales han afectado profundamente sus vidas, y en muchos casos las han transformado por completo. Estadísticamente se puede decir que tres de cada cinco personas alrededor del mundo han tenido algún tipo de experiencia sobrenatural. Y de esas tres, dos han tenido una experiencia con un ángel o una entidad igualmente benéfica. Encuestas recientes han determinado que más del ochenta por ciento de la población del mundo cree en ángeles o en visitaciones celestiales.

Los ángeles son mensajeros divinos, cuya misión en la Tierra es la de servir a la humanidad y de guiarla por el buen camino. La mayor parte de esta misión es llevada a cabo por los ángeles guardianes. Por lo menos esto es lo que nos dice la Biblia. Pero lejos de ser entidades pacíficas y etéreas o niñitos regordetes con caras sonrosadas y alas blancas como el plumón de un ave, los ángeles bíblicos son guerreros fuertes y agresivos, armados hasta los dientes con espadas, lanzas y corazas deslumbrantes. Y tiene que ser así, ya que continuamente están luchando contra las fuerzas del mal y los enemigos de Dios y de la humanidad. Estos ángeles están organizados en coros y órdenes conocidas como las Huestes Celestiales o los Ejércitos del Señor. Y Dios mismo es llamado en el Triságono Divino, Señor Dios de los Ejércitos.

Tanto el Libro de Zacarías como el de Revelaciones nos dicen que los ángeles montan en caballos blancos y sus números se elevan a los "millares de millares", es decir, millones de millones. En la Biblia se mencionan 294 veces, lo que indica que los ángeles son muy importantes en el curso de la humanidad en la Tierra. En el Libro de Génesis, un ángel saca a Adán y a Eva del Paraíso, un ángel lucha con Jacobo toda una noche, un ángel detiene la mano de Abraham cuando va a sacrificar a su hijo Isaac por mandato divino, un ángel salva a Hagar y a su hijo Ismael en el desierto y tres ángeles del Señor visitan a Abraham y a Lot antes de destruir a Sodoma y a Gomorra. Y es también un ángel quien salva a los compañeros de Daniel del fuego, un ángel el que le revela a José que María ha concebido por obra y gracia del Espíritu Santo y otro ángel el que le revela a María que va a tener un hijo. Los profetas Elías, Isaías, Zacarías, Ezequiel y Daniel nos hablan de sus experiencias con los ángeles y tanto Moisés, como David y Salomón tuvieron tratos con ellos. Jesús nos dice en el Nuevo Testamento que los ángeles en el cielo se llenan de regocijo cuando un pecador se arrepiente y Juan los describe con grandes detalles en Revelaciones.

Pero no solamente la Biblia nos habla de la continua intercesión de los ángeles a nuestro favor; el Korán también menciona el trabajo constante que hacen los ángeles para ayudar a la humanidad y muchos de los libros apócrifos, especialmente la Pseudoepígrafa, describen la lucha incesante entre los ángeles de Dios y los ángeles caídos.

El concepto de los ángeles data de la mayor antigüedad y tanto los asirios, como los persas y los babilonios creían firmemente en estas criaturas aladas. Los eones de los gnósticos y los bhodisattvas del hinduismo son entidades análogas a los ángeles y su labor es también la de iluminar, proteger y ayudar al ser humano en su evolución espiritual.

Tal vez la pregunta más dolorosa que se hace el ser humano continuamente es por qué Dios permite tanto sufrimiento en la Tierra, por qué permite la tragedia, el crimen y la desgracia. Por qué tienen que sufrir los inocentes, por qué mueren tantos niños de enfermedades destructivas, por qué son abusados y atormentados por personas sádicas y sin conciencia; por qué personas buenas, que nunca han hecho mal a nadie y han observado siempre la ley humana y la divina, sufren a menudo terribles tragedias; y por qué otros, que despojan a los infelices, que rompen la ley divina a cada instante con su depravación y su maldad y a menudo cometen crímenes a mansalva, viven vidas afluentes y tranquilas. ¿Dónde están los ángeles cuando los niños y otros seres inocentes son desvastados por el dolor y la tragedia?

La respuesta a estas preguntas es dual. En primer lugar, Dios creó al ser humano con libre albedrío, por lo cual no puede intervenir en las acciones de la humanidad. El crimen, la depravación y el desenfreno son acciones humanas que solo nosotros mismos podemos controlar. En el momento en que Dios interfiere, nos quita nuestro libre albedrío, el ejercicio de nuestra voluntad y ya pasamos a ser marionetas en sus manos. Y Dios quiere que nosotros regresemos a él por decisión nuestra, no porque él nos obligue. Somos pues nosotros los que tenemos que detener el descenso moral y tomar las riendas de nuestros destinos y la evolución espiritual en nuestras manos, rechazando y destruyendo el mal que encontramos a nuestro paso.

En segundo lugar, el sufrimiento de los inocentes es causado por la existencia del mal en la Tierra. Las enfermedades incurables, los atropellos, las injusticias, y las tragedias son el resultado del desbalance que existe en la naturaleza y de las vibraciones impuras y destructivas que continuamente nos rodean. Y este desbalance y negatividad es creada por las energías cósmicas oscuras que llamamos las fuerzas del mal o los ángeles caídos.

Existe en la Tierra una lucha continua entre las fuerzas negativas, que se identifican como las hordas satánicas, y las fuerzas positivas, que personificamos como ángeles de luz. Desgraciadamente, los ángeles o fuerzas positivas no siempre ganan la batalla. Cuando el Angel Guardián de una persona pierde en esta lucha sin cuartel contra las fuerzas del mal, el resultado inevitable es el dolor y la tragedia. Y a menudo los que sufren está derrota son los seres más débiles y más indefensos porque no tienen suficiente energía positiva a su alrededor para salvarse.

Toda acción o pensamiento humano, ya sea positivo como negativo, afecta el delicado balance de las energías que circundan a nuestro planeta.

Todo lo que existe está basado en esta interacción de fuerzas cósmicas a nuestro alrededor. La Tierra misma es afectada por estas energías, las cuales cuando están en desarmonía, se reflejan en los disturbios atmosféricos, las catástrofes y los desastres creados por la naturaleza.

En los últimos años se ha descubierto la extraordinaria influencia benéfica que las meditaciones colectivas de grupos de personas crean en el balance del planeta. Es posible, a través de meditaciones, llevar la lluvia a puntos del planeta que están sufriendo grandes sequías, o detener inundaciones y lluvias torrenciales que amenazan destruir las áreas afectadas. Esto se debe a que todo lo que existe tiene un campo electromagnético a su alrededor que puede ser afectado si se le envían fuertes cantidades de energías mentales concentradas.

Todos nosotros podemos afectar de forma positiva el balance de energías cósmicas de la Tierra enviando pensamientos armoniosos y curativos al planeta y a todo lo que en él habita. Podemos identificar a estas energías cósmicas positivas con los ángeles de luz de los que nos hablan las Escrituras. Estas energías son inteligentes y conscientes y funcionan a través de leyes cósmicas de gran armonía, las cuales rigen al universo.

Cuando meditamos o nos armonizamos con la naturaleza, cuando usamos nuestras energías mentales para crear campos electromagnéticos positivos, estamos ayudando a estas fuerzas que son los ángeles a derrotar a las fuerzas negativas que amenazan destruirnos. Y si nos unimos en suficientes números para llevar a cabo meditaciones especiales dirigidas a sanar al planeta, podremos finalmente recobrar el control de nuestras vidas y a erradicar poco a poco el dolor y el sufrimiento de la Tierra.

El concepto de una fuerza cósmica personificada como una entidad física y visible en la forma de un ángel se conoce en la antropología como antropomorfización. Es decir, darle una forma humana a algo que no lo es. Esto es posible en el caso de los ángeles porque a través de los siglos se han creado imágenes telesmáticas de estos. Una imagen telesmática es la visualización de una entidad con cierta forma y características especiales.

Esta imagen pasa a ser con el tiempo parte del inconsciente colectivo de la raza humana y es tan real para el inconsciente como una imagen física. Mientras más se perfecciona el concepto de esta imagen en el inconsciente más fuerte y más dinámica se tornará. La imagen telesmática de los ángeles llega a nosotros perfectamente delineada a través de los relatos bíblicos y de los conceptos fuertemente visualizados de culturas antiquísimas. Para el inconsciente, el ángel es una figura real, simplemente existe porque fué integrada en nuestro inconsciente colectivo hace más de cinco mil años. Esto nos permite dar forma visible a una fuerza cósmica y darle voz y acción al alma del universo. El ángel es tan real como lo es nuestra concepción de él y existe porque es parte íntegra de nuestro yo interno. Es un arquetipo del inconsciente humano y como tal es parte de nuestra esencia psíquica y espiritual.

Mientras más fuerte es nuestra creencia en los ángeles, más poderosa es su influencia en nuestras vidas. Esto se debe a que cada arquetipo del inconsciente está formado por energías psíquicas, lo que Jung llamó libido.

La creencia en el ángel permite que las energías psíquicas de las cuales está compuesto, y que residen en nuestro inconsciente, se desborden hacia la superficie consciente del individuo, el cual puede entonces percibir al ángel como una entidad viva y real. Este es el origen de las visiones y los encuentros con los ángeles. Y siendo el ángel un cúmulo de energías psíquicas de gran poder, tiene no sólo sustancia física sino el tremendo conocimiento que es parte del inconsciente humano. El ángel sabe cosas y tiene poderes sobrenaturales que nosotros no poseemos conscientemente pero que son parte de nuestra herencia cósmica, ya que todo poder y todo conocimiento, desde el comienzo del universo hasta su final, está encerrado en nuestro código genético, al cual no tenemos acceso consciente.

Esto no significa que el ángel es una invención nuestra o que no tiene realidad espiritual. Al contrario, todo lo que imaginamos y todo lo que creemos, existe. Y su existencia está en un plano de inteligencia superior a la nuestra. El ser humano no creó al ángel, simplemente su existencia le fué revelada por un proceso de ósmosis cósmica. Esto es comparable a la intuición humana, cuando sabemos con total certeza que algo va a suceder o ha sucedido sin que nadie nos lo haya dicho. Este es el verdadero conocimiento universal, el cual no está formulado en conceptos humanos, sino en destellos divinos.

Mi primera experiencia con los ángeles tuvo lugar cuando nació mi primer hijo. El médico obstetra que me atendía, un especialista de gran fama llamado Landrum Shettles, me había dicho que el niño debía nacer el 4 de julio; pero esta fecha pasó sin incidencia alguna y a mediados del mes, el niño aún no había nacido. Por fin, a finales de éste, el Dr. Shettles, ya preocupado, decidió llevar a cabo una cesárea. Entré a la sala de operaciones a las once de la mañana y el niño nació pocos minutos más tarde sin contratiempos. Pero después de su nacimiento se desarrollaron complicaciones inesperadas y comencé a sangrar internamente. Ninguno de los esfuerzos del excelente grupo de médicos que estaba conmigo podía detener la hemorragia. Alrededor de la una de la tarde desperté del coma en que estaba sumergida para encontrarme en un lago de sangre. Sentí entre sueños como las enfermeras me levantaron en vilo para pasarme a otra camilla y volví a perder el conocimiento. Desesperado ya por salvarme, el Dr. Shettles decidió llamar a uno de sus colegas, el obstetra que había atendido a Elizabeth Taylor cuando nació su hija, Lisa Todd, y que tenía una sólida reputación en casos parecidos. Este médico residía en Nueva Jersey y no había tiempo, dada la gravedad del caso, a que viajara a Nueva York a unirse al grupo de médicos que estaban conmigo. De modo que se vió limitado a dar el tratamiento que él sugería por teléfono al Dr. Shettles. Este tratamiento era algo que no se había usado en muchos años en la medicina obstétrica, pero era la última posibilidad que había de salvarme la vida. El Dr. Shettles siguió las recomendaciones de este gran médico y de esta manera pudieron detener la hemorragia. Yo no recuerdo su nombre pero gracias a él aún estoy viva, por lo que le estoy profundamente agradecida.

Alrededor de las seis de la tarde recuperé de nuevo el conocimiento y al abrir los ojos, vi directamente sobre mí, el rostro de un ángel que me sonreía tiernamente. Su cabello era rubio como el Sol y rodeaba su cara como una aureola de oro. La impresión que recibí fué tan fuerte que empecé a llorar de la emoción. De inmediato desapareció la imagen y me encontré de nuevo en la sala de operaciones, rodeada de enfermeras y médicos, todos felices y radiantes, porque me habían podido salvar la vida. ¿Adónde fui mientras estuve en coma? ¿Estuve acaso en el cielo y el ángel vino a traerme de regreso a la Tierra para cuidar de mi niño recién nacido? Nunca lo sabré, pero el recuerdo de ese hermoso rostro lleno de amor nunca se borrará de mi memoria.

Esta fué la primera de mis muchas experiencias con los ángeles. Alrededor de ocho meses después de haber nacido mi hijo, mi madre fué a pasar unas semanas en mi casa. Una tarde, estando mi esposo trabajando, me acosté a dormir una siesta con el niño a mi lado. Una hora más tarde, mi madre entró al cuarto para ver si aún seguía durmiendo. La visión con la que se enfrentó por poco la hizo perder el sentido. Ya que al lado de la cama donde yo descansaba con el niño estaba parado un ángel de una estatura inmensa y alas blancas como la nieve que llegaban hasta el techo. El ángel tenia en la mano una espada que despedía rayos de luz la cual había extendido sobre el niño y sobre mí en actitud protectora. Estaba vestido con armadura y sandalias romanas blanquísimas que le llegaban hasta las rodillas y su túnica era corta y de un blanco refulgente. Llena de pavor, con las rodillas temblorosas, mi madre salió del cuarto caminando de espaldas hasta cerrar la puerta. Cuando estuvo de regreso en su cuarto, se desplomó en una silla temblando como el azogue. Al poco rato me desperté y ella me contó su experiencia extraordinaria. En su opinión, el ángel que había visto a mi lado había sido el Arcángel Miguel.

Desde ese momento y a través de toda mi vida, no sólo yo, sino varios miembros de mi familia, hemos tenido profundas experiencias con Miguel.

Más adelante en este libro les hablaré de un ritual que se hace a este gran Arcángel en el día del cumpleaños y que mi padre recibió de él hace más de 20 años. Muchos de mis lectores y de mis estudiantes han llevado a cabo este ritual con resultados asombrosos. El salmo 85, el cual según la tradición fué escrito por Miguel, se le reza al Arcángel por las noches antes de dormir para contactarlo.

Muchos años después de la visión de mi madre con Miguel, tuve una experiencia aterradora con el Arcángel. Esto sucedió alrededor de las seis de la mañana cuando el Sol estaba empezando a salir. Algo me despertó de un profundo sueño. Me senté en la cama llena de un temor desconocido y al mirar a la ventana, vi en el horizonte como se levantaba la figura de Miguel, tan inmensa que cubría todo el cielo. Sólo alcancé a ver su cara y sus hombros que se alzaban con el Sol. Tal fué el terror que sentí ante esta visión majestuosa que me cubrí de pies a cabeza con las sábanas y no me atreví a seguir mirando al ángel. Al poco rato volví a descubrirme el rostro y miré de nuevo hacia la ventana, pero ya el Arcángel había desaparecido.

No le comuniqué esta experiencia a ningún miembro de mi familia. Pero esa tarde, cuando mi hijo más pequeño regresó de la escuela, llegó a donde mi todo tembloroso para contarme que al salir de la escuela había visto a un gran ángel con una espada inmensa en una mano y una balanza en la otra, cuya figura se extendía por todo el cielo. Mientras tranquilizaba al niño, asegurándole que el ángel era un enviado de Dios y que sólo quería protegerlo, algo en mi interior me dijo que Miguel había venido a avisarme algo. Poco tiempo después de esto mi madre sufrió un derrame cerebral que por poco le costó la vida. Y aunque vivió once años después de esta terrible enfermedad, jamas se recuperó del todo.

A través de toda mi vida, este gran Arcángel ha estado conmigo en todo momento, dejándome sentir su presencia cuando más la necesito. Esta es la voz que me sostiene y me guía y me ayuda a tomar las más importantes decisiones.

Este libro no tiene suficientes páginas para contener mis experiencias con Dios y con sus ángeles. En un próximo capítulo les describiré una de estas experiencias que tuvo lugar durante una invocación al Arcángel Rafael, y lo caro que me costó mi ignorancia sobre el gran poder de los ángeles en esa ocasión.

Otra de mis experiencias, que relaté en uno de mis libros anteriores, la tuve cuando aún vivía en Viena, donde fui a trabajar como editora asociada de inglés con las Naciones Unidas. Este fué un periodo de intenso misticismo para mí, cuando más profundicé en mis estudios sobre la Cábala hebrea. Durante este tiempo llevé a cabo varios rituales cabalísticos, algunos de los cuales resultaron en experiencias singulares. En uno de estos experimentos hice un ritual dedicado a uno de los ángeles de lo que se conoce en la Cábala como la esfera de Venus. Este ángel, llamado Hagiel, es una entidad femenina, también conocida como la Inteligencia de Venus en la magia ceremonial. La intención del ritual era obtener más conocimientos sobre el amor humano, algo que es regido por Hagiel y por Venus. El libro de donde proviene el ritual a Hagiel se titula *La magia evocacional* y fué escrito por un gran cabalista alemán llamado Franz Bardon.

El ritual requería dos cosas importantes. La primera era asegurarse de que la habitación donde se iba a llevar a cabo estuviera envuelta en una luz verde esmeralda, ya que este es el color asociado con la esfera de Venus. La otra era quemar grandes cantidades de canela que es también uno de los atributos de la esfera.

La evocación es distinta a la invocación ya que no sólo pide la ayuda de una entidad espiritual como un ángel, sino también que este se materialice de forma física frente a la persona que hace la evocación.

El ritual sugería la preparación de una lámpara hecha de cobre, el metal de Venus, con siete lados de cristal verde en el centro de la cual iba colocada una vela verde también. La idea era que los cristales de la lámpara llenaran el cuarto de la iluminación verde requerida para la materialización del ángel. En una de las esquinas del cuarto había que colocar un papel en forma de triángulo con el sigilo o firma del ángel con tinta verde. Era en ese lugar que debía hacer su aparición el ángel.

Yo llevé a cabo el ritual tal como lo había descrito Bardon en su libro, pero me fué imposible conseguir en Viena el cobre y el cristal verde que se necesitaba para hacer la lámpara. Pero si quemé canela en grandes cantidades, como el ritual pedía.

Cuando estaba llegando al final de la ceremonia, escuché un silbido sobre mi cabeza, entonando una melodía que jamás había escuchado antes.

La extraña música parecía provenir del piso que estaba encima de mi apartamento, algo difícil de comprender, ya que yo vivía en el último piso del edificio y encima de mí sólo había un ático desocupado. La música continuó, moviéndose en forma circular alrededor de la habitación. De pronto, directamente encima del triángulo donde debía aparecer Hagiel, se empezó a escuchar un sonido estrepitoso, como si alguien estuviera tirando una multitud de piedras enormes sobre el piso superior. Y simultáneamente pude ver como el techo comenzó a crujir y a ondular como si estuviera a punto de desplomarse. En ese momento sucedieron dos cosas. La música se detuvo y escuché a la puerta que llevaba al ático abrirse y cerrarse con gran estruendo. Olvidando que estaba en medio de un ritual incompleto, salí corriendo hacia la puerta de mi apartamento, la abrí y salí al pasillo a ver quien había salido del ático. Pero cuando llegué a la puerta que había escuchado abrirse y cerrarse unos momentos antes, encontré que estaba cerrada y asegurada con un gran candado y una cadena toda cubierta de telarañas. Era obvio que nadie había entrado o salido por aquella puerta por muchos años. Regresando de inmediato al cuarto del ritual vi que el techo que había visto ondular y crujir momentos antes, estaba tan blanco e intacto como si nada hubiera sucedido. Hagiel no se manifestó en el triángulo, pero esa noche se me apareció en sueños. Estaba vestida con una túnica verde adornada con pequeñas rosas. Su piel era más blanca que el nácar y su cabello rojo como un tomate. No existe ser humano con esa piel ni cabellos de ese color. Y este ser era de una belleza tan deslumbrante que no existen palabras para describirla. Su semblante era tierno y afable y me dijo que había tratado de presentarse ante mí durante el ritual, pero que sin la atmósfera verde no podía tomar forma, ya que era en esa luz que ella y todos los ángeles de Venus existían. Sé que me dijo muchas cosas, las cuales al despertar no pude recordar. Sólo recuerdo que me dijo que una de las flores de la Tierra que más atraen al amor y a los ángeles de Venus es la gardenia. Donde florece la gardenia en profusión, me dijo, no puede haber ni amargura ni desamor.

Cuando se casó mi hermana de crianza, a quien quiero entrañablemente, le regalé el ramo de novia hecho enteramente de gardenias. Extrañamente, aunque nunca le conté ni a ella ni a su esposo mi experiencia con Hagiel, ambos decidieron cultivar gardenias en su casa.

En el cuarto de recreo de la familia hay más de 20 matas de gardenias en tiestos inmensos, las cuales florecen continuamente durante el año. Este es el matrimonio más feliz, más armonioso y más lleno de amor y de paz que jamás he conocido. Tienen más de 25 años de estar juntos, dos hijos incomparables, y un hogar donde nunca se ha escuchado ni la discusión, ni la discordia.

Hay muchas formas de explicar racionalmente mi experiencia con Hagiel, los fenómenos que tuvieron lugar durante el ritual, el silbido y la música etérea que no fué escrita por ser humano alguno. Por ejemplo, todo pudo haber sido creado por mi imaginación, o por mis propias energías electromagnéticas, que pueden haber dado visibilidad y realidad auditiva al ritual. El poder de la mente humana es inmenso y se ha comprobado ya en laboratorios que es posible mover objetos con la mente, un fenómeno conocido como telekinesis.

Un ritual es un acto durante el cual grandes energías psíquicas son emitidas por el inconsciente, las cuales luego pueden manifestarse en una infinidad de formas. Nada de esto es sobrenatural, sino parte de la capacidad del ser humano de transmutar la materia. Un ángel es una concentración de energías cósmicas de poder inconcebible, las cuales residen dentro de nuestro propio inconsciente, esperando a ser liberadas en el momento propicio. Nada de lo que existe es ajeno a nosotros, todo es parte de un gran todo regido por leyes insondables y es parte intrínseca de nuestro propio yo.

En muchas de las pinturas de los ángeles que nos vienen de la Edad Media y durante el periodo pre-Rafaelita, estos son presentados tocando instrumentos musicales. Esto tal vez se deba al concepto de los coros angelicales, los cuales son fáciles de asociar con la música. Es por esto, que la música siempre ha formado parte de la concepción angelical.

Cuando el compositor Federico Handel escribió su obra magistral *El Mesías*, dijo haber estado rodeado de ángeles durante su composición. Y cuando escribió "El Aleluya," que es la parte más famosa de este oratorio, vió como el cielo entero se abrió antes sus ojos y le reveló la Gloria de Dios en su trono, rodeado de sus ángeles.

Pero no solo los ángeles de luz sirven de inspiración a los seres humanos en la composición de música excelsa. Los ángeles caídos también aman la música, la cual aprendieron por primera vez cuando aún moraban en las mansiones celestiales. El compositor italiano Giusseppe Tartini dijo haber recibido en sueños su inmortal sonata para el violín, *El trino del Diablo*, directamente de este ángel caído. Nicolo Paganini, sin duda el más famoso violinista de todos los tiempos, podía tocar las más complejas composiciones musicales en una sola cuerda de su violín. Todas las personas que lo escuchaban tocar decían que estaba inspirado por fuerzas infernales, algo que Paganini nunca se molestó en desmentir.

Los ángeles no solo nos inspiran sino también nos desvían del peligro.

A menudo, en momentos de crisis, sentimos una voz interna que nos habla y nos dá la fuerza necesaria para no sucumbir ante las pruebas de la vida. Otras veces, se siente una presencia invisible a nuestro alrededor que nos insta a seguir un camino específico o que nos detiene en el momento en que vamos a tomar una decisión errónea. Existen miles de casos de personas cuyas vidas han sido salvadas de esta manera.

Durante una de mis sesiones de autógrafos de libros en New York, una de las personas presentes me relató esta historia. Una mañana esta señora se levantó temprano como siempre para ir a su trabajo. Ya estaba vestida y lista para salir de su casa, cuando escuchó una voz que le dijo al oído, "No vayas a trabajar hoy". La señora miró hacia atrás, para ver si era su esposo el que le había dicho estas palabras, pero este no estaba a su lado. Un temor extraño se apoderó de ella en esos momentos, pero se rehizo rápidamente y se dijo a si misma que había imaginado la voz. Sin prestarle más caso al asunto, sacó el auto de su garaje y emprendió el viaje diario hacia su lugar de empleo. No hacía diez minutos que estaba manejando, cuando volvió a escuchar la misma voz, esta vez más fuerte y perentoria: "Regresa a tu casa. No vayas a trabajar hoy". La señora no dudó más y llena de un terrible presentimiento, se regresó a su casa. Cuando su esposo la vió llegar, le preguntó que le había sucedido y ella le contó su experiencia. Lejos de echar en broma lo que ella le había dicho, su esposo le dijo que hiciera caso a esa voz y se quedara en casa. Durante todo el día esta señora estuvo nerviosa, y para tranquilizar sus nervios, decidió ver un poco de televisión. Al sintonizar el aparato, se enteró de que un grupo de terroristas había plantado una bomba en las Torres Gemelas del bajo Manhattan, precisamente en el edificio en el que ella trabajaba. Llena de estupor, vió en la pantalla a varias de las personas con las que ella trabajaba, salir del edificio en camillas o en los brazos de los bomberos, muchas de ellas con máscaras de oxígeno. Si no hubiera escuchado la voz que le advirtió no ir a trabajar ese día, se hubiera contado ella también entre las víctimas del desastre.

En un caso aun más dramático, que fué relatado en la revista norteamericana *STAR*, un hombre del Norte de Carolina estaba cambiando la goma de su auto la cual se le había vaciado en el medio de la autopista.

Uno de los tornillos que sujetaban la goma rodó debajo del auto y el hombre tuvo que arrastrarse debajo de este para recogerlo. En ese momento el aparato que sostenía al auto en vilo para facilitar el cambio de la goma, se desplomó, atrapando al hombre debajo del auto. Cuando esto sucedió, el hombre, que es

Figura 1— El patriarca Jacob peleando con un ángel durante toda la noche.

una persona muy devota, comenzó a rezar a Dios, pidiendo que le enviara a su Angel Guardián a rescatarlo. En esos momentos, una parte del auto cayó sobre su costado pero no llegó a tocarlo. Una fuerza invisible levantó al auto como a tres pies del suelo y el hombre pudo salir de debajo de éste. Tan pronto estuvo afuera, el auto volvió a ser depositado sobre el pavimento y justo al lado de la goma vió al tornillo que se había zafado y que el no había tenido tiempo de recoger. En ningún momento este hombre vió a su Angel Guardián ni a ningún ser humano en esa carretera solitaria pero vive convencido de que un ángel de Dios le salvó la vida.

Gustav Davidson, el autor del *Diccionario de los ángeles*, uno de los más famosos libros sobre el tema en tiempos modernos, relata en la introducción de esta obra que durante los estudios que llevó a cabo antes de escribirla, se vió asediado y perseguido por infinidad de ángeles, tanto de los fieles como de los caídos. En una ocasión, durante el invierno y cerca del anochecer, estaba regresando a su casa después de visitar una granja vecina. Para acortar el camino, decidió atravesar por un campo que no le era familiar. De pronto una figura tenebrosa como de pesadilla se atravesó en su camino, impidiéndole el paso. La impresión que recibió Davidson fué tan escalofriante que lo dejó paralizado del terror. Luchando contra su pánico, Davidson enfrentó a la aterradora aparición y se abrió paso a la fuerza.

A la mañana siguiente, no podía decidir si lo que se encontró en el camino fué a un ángel, a un demonio, a un fantasma o al mismo Dios. Davidson tuvo varias de estas experiencias en el curso de la escritura del libro, durante las cuales pasó del terror al éxtasis, de la revelación de otros niveles de existencia a la convicción de que más allá de la evidencia de los sentidos existe sólo la realidad de mundos de fantasía inconcebibles para la mente humana.

La experiencia de Davidson esa noche con la figura fantasmagórica nos recuerda la lucha de Jacobo con un ángel, la cual duró toda una noche y que es relatada en detalles en el Libro de Génesis. Las autoridades bíblicas no concuerdan con la identidad del ángel que luchó con Jacobo en esa noche escalofriante. Algunos aseguran que el ángel fué Metratón, otros que fué Miguel y aun otros que fue Dios mismo.

Los niños, que aceptan todo lo que ven y lo que escuchan de la forma más natural, son los que más experiencias relatan con los ángeles. Muchos niños pequeños juegan solos y ríen mucho, y cuando los padres les preguntan por qué se ríen dicen estar jugando con los ángeles. Uno de mis lectores me escribió una vez muy preocupado porque su hija de tres años juega constantemente con un ángel llamado Muriel. La niña consulta todo con el ángel y no quiere hacer nada si Muriel no está de acuerdo.

Para que coma sus vegetales y se acueste a dormir temprano, los padres tienen que decirle que Muriel lo quiere así. Por lo demás, la niña es una criatura normal y saludable. El padre me escribió para preguntarme si yo sabia de la existencia de un ángel llamado Muriel y si era un ángel de luz o un ángel oscuro. Lo más interesante del caso es que Muriel es el nombre de uno de los ángeles que

Figura 2— Dos pequeños ángeles (conocidos como "putti") jugando con una jovencita, quien obviamente no puede verlos. Tomado de una pintura de W.A. Bouguereau.

aparecen en la Pseudoepígrafa. A vuelta de correo, le dejé saber al padre de la niña que Muriel es el ángel del mes de junio y uno de los regentes del Coro de los Dominios o Dominaciones y como tal un ángel de luz. Si Muriel estaba con su niña, ésta estaba en buenas manos.

A menudo, los niños que dicen tener experiencias con los ángeles, comienzan a olvidarse de éstos cuando crecen. La interacción con otros niños y con las atracciones materiales, les hacen perder este contacto divino. Algunos retienen el recuerdo de rostros angelicales y de voces cristalinas en el viento, pero la mayor parte de ellos las olvidan del todo. Es como si el ángel hubiera estado activamente al lado del niño mientras éste más lo necesitaba. En otra sesión de autógrafos de libros en una de las tiendas de Barnes & Noble en Nueva York, una de las personas presentes relató esta historia. El hijo de una de sus sobrinas, que cuenta 4 años de edad, pidió que lo dejaran a solas con su primito recién nacido. Los padres del bebé accedieron a esta petición, pero curiosos por saber las razones por la cual el niño había pedido esto, se quedaron detrás de la puerta entreabierta de la habitación desde donde podían ver al niño y escucharlo.

El niño se acercó a la cuna donde estaba su primito y le dijo: "Por favor, háblame acerca de Dios, porque ya no recuerdo mucho de él y estoy empezando a olvidarlo". La familia del niño, estupefacta ante esta petición, pero respetando la privacidad de la criatura, nunca le reveló lo que habían escuchado ni le hicieron pregunta alguna al respecto.

La pediatría moderna nos dice que los niños recién nacidos tienen más percepciones de lo que antes se creía. Por esto se aconseja a las mujeres embarazadas que le hablen a los bebés que llevan en sus vientres, les lean libros hermosos y escuchen música clásica o suave, ya que se cree que la criatura puede escuchar y asimilar estas experiencias las cuales son integradas en su inconsciente antes de nacer. Yo siempre acostumbro cuando estoy al lado de recién nacidos, hablarle de Dios, de la importancia de ser un hombre o mujer buenos, de ser amantes de la moral y la justicia, y los exhorto a ser buenos hijos, buenos padres, buenos hermanos y buenos seres humanos durante su vida. En uno de estos momentos en que estaba hablándole así a una niñita de mi familia de apenas dos semanas de nacida, la criatura, que estaba acostada boca abajo con la cabeza hacia la pared, levantó su cabeza con gran esfuerzo y se volvió a mirarme directamente a los ojos, con una mirada fija y sabia, a través de la cual me dejó saber que estaba escuchando y comprendiendo muy bien lo que le estaba diciendo. La impresión que recibí fué tal que me quedé sin habla. Esta niña ahora tiene 6 años y es una criatura super dotada, muy dulce y religiosa, y toca piezas de Beethoven en el piano como si hubiera estado estudiando este instrumento por muchos años. Esta inteligencia superior fué revelada años antes, cuando me dió esa mirada profunda e inolvidable.

La idea de que los niños recién nacidos retienen por cierto tiempo vínculos con Dios y con los ángeles no es nueva y existen muchos casos con testimonios parecidos.

El concepto del ángel manifestado en la Tierra como un ser humano y a menudo como un mendigo es también muy antiguo.

El Libro de Hebreos 13:1 del Nuevo Testamento dice: "No olvideis compartir vuestros bienes con los desconocidos, porque así muchos han compartido con los ángeles sin saberlo".

Cada vez que un mendigo o un desamparado nos extiende la mano pidiendo limosna, podemos estar frente a un mensajero de Dios que así prueba nuestra buena voluntad.

Cada encuentro visible con un ángel transforma la vida de una persona para siempre. Pero indudablemente hemos tenido encuentros con ángeles que han pasado desapercibidos para nosotros. Cuantas veces sin saberlo habremos sido protegidos y guiados por estos guardianes divinos, en cuantos momentos difíciles de nuestras vidas habremos tenido una mano invisible y amiga que nos sacó de dificultades sin revelar su presencia. El encuentro con un ángel nunca es fortuito. Siempre existe una razón por esta presencia divina entre nosotros. Pero también es posible establecer contacto con los ángeles conscientemente y estos encuentros son los más importantes porque establecen eslabones permanentes entre nuestra conciencia cósmica y nuestra conciencia material. La magia angelical, que discutiremos más adelante, es una de las formas más efectivas que existen para tener estos encuentros conscientes con los ángeles.

2

¿Qué es un ángel?

Alrededor del siglo 200 A.C., los rabinos hebreos comenzaron a traducir el Viejo Testamento del hebreo al griego. Esta traducción pasó a conocerse como el Septuaginto, el cual a su vez fué traducido al latín, en cuyo idioma se le conoció como La Vulgata. Fué de la Vulgata que se tradujeron Las Sagradas Escrituras a los demás idiomas.

Cuando el Viejo Testamento fué traducido al griego, este era el lenguaje más común durante esa época. La palabra ángel en hebreo es "malakh" y los traductores bíblicos encontraron dos palabras griegas que podían ser usadas en la traducción. Una de ellas, "angelos", significaba un mensajero común, no necesariamente angelical. La otra palabra, "daimon", significaba un espíritu que podía influir para bien o para mal en una persona. Por ejemplo, el gran filósofo Sócrates creía tener un excelente "daimon" como su guía. Pero debido a que un "daimon" podía ser también un espíritu maligno, los traductores bíblicos optaron por usar "angelos" como la traducción perfecta de "malakh" o mensajero divino. De "angelos" fué derivada la palabra ángel que es la que comúnmente se usa para definir a estas entidades celestiales. Con el transcurrir del tiempo la palabra griega "daimon" paso a representar solamente a espíritus maléficos y fue así que la palabra demonio fue añadida a nuestro vocabulario. La palabra griega "exousia", que se traduce a veces como poderes y otras veces como virtudes, los cuales son dos de los coros angelicales, se utilizan en la versión griega del Nuevo Testamento para indicar a los ángeles. Por ejemplo, cuando San Pablo se refería a los ángeles los llamaba "exousia", o poderes.

El estudio de los ángeles se conoce como angelología y contrario a lo que muchas personas creen, su origen no proviene del Judaísmo o del Cristianismo, sino que se remonta al tiempo de Babilonia, la antigua ciudad mencionada en la Biblia, la cual existió por muchos siglos al sur de Mesopotamia. En esa misma área surgió más tarde la civilización de Caldea, origen del patriarca Abraham. Las creencias de los judíos en los ángeles fue grandemente influenciada por la cultura de los babilonios. A raíz del exilio de Israel de Babilonia, alrededor de 600 años antes de Cristo, muchos teólogos y artistas judíos comenzaron a utilizar conceptos de Mesopotamia en su descripción de los ángeles. Por ejemplo, la idea de que los ángeles tienen alas proviene de la iconografía o pintura alegórica de los dioses de Mesopotamia, muchos de los cuales eran seres alados. Muchas de las ideas respecto a las vestimentas, apariencia física, los nombres y jerarquías de los ángeles también provienen de fuentes babilonias. Este sincretismo o identificación de deidades entre diversas religiones es muy común y se extiende a través de todo el mundo. A menudo en la antigüedad los dioses de una religión pasaban a convertirse en los demonios de una religión rival. Esto es tipificado en la transformación de la gran diosa Ishtar de Babilonia (Astarte entre los fenicios), en Ashtoreth, una entidad diabólica entre los judíos, repudiada por el profeta Jeremías. Ashtoreth pasó luego a conocerse como Astaroth, uno de los ángeles caídos, de quien se dice es un duque en la jerarquía infernal. La misma diosa fué conocida entre los egipcios como Isis, identificada con la luna y la fertilidad. Esta es una forma de rechazar y suplantar a las deidades de una religión por las deidades de la religión que la sigue, en este caso la religión judía. Otro caso particularmente conocido es el de Asmodeo, a quien aún se invoca en rituales para el amor, y quien originalmente formaba parte de las devas persas. En la tradición judía, Asmodeo, cuyo verdadero nombre persa es Ashmedai, es una entidad infernal acusado de haber embriagado al patriarca Noé y de ser hijo de Lilith, la primera mujer de Adán, quien es una criatura satánica que se goza en destruir a los niños. Se dice que Asmodeo es también el que controla todas las casas de juego.

La costumbre de transformar a las deidades positivas de una religión en las entidades negativas o destructivas de otra religión que la suplanta aparece también en las religiones griegas y romanas y en otras más. En ciertos casos, la deidad de una religión aparece en otra religión también como una deidad. Los griegos, por ejemplo, cogieron prestada a Astarte de los fenicios y la transformaron en Afrodita, su diosa del amor, y más tarde los romanos llamaron Venus.

Además de la influencia de Babilonia, la tradición dualista de los persas, especialmente el Zoroastrismo, que creía en la lucha continua entre las fuerzas del bien y del mal, añadió una nueva dimensión al concepto judío de los ángeles. De aquí surgió la visión de ángeles de luz y de ángeles oscuros que se rebelaron en contra de Dios. Más adelante, esta visión angelical, ampliada y enriquecida por religiones politeístas, pasó del Judaísmo al Cristianismo y luego a la religión musulmana conocida como Islam.

Zoroastrismo e Hinduismo

El Zoroastrismo fué una religión persa que floreció en el área hoy conocida como Irán, basada en las enseñanzas del profeta Zoroastro o Zarathustra, quien vivió alrededor de 700 años antes de Cristo. Las creencias de Zoroastro fueron derivadas de los antiguos indo-europeos o arianos. Las enseñanzas de Zoroastro eran muy similares a las recopiladas en las escrituras Vedas de la antigua India y su mitología era muy parecida, lo que indica el origen indio del Zoroastrismo. En esta religión existían dos clases de dioses: los Ahuras, que eran entidades de luz y las Devas, que eran entidades oscuras. El dios principal en el Zoroastrismo era Ahura Mazda, identificado como el creador del mundo. Las entidades que estaban a cargo de llevar a cabo los decretos de Ahura Mazda eran los Amesha Spentas, seres inmortales de inmensa luz. Había siete Amesha Spentas: El Espíritu de la Generosidad; del Buen Pensamiento; de La Verdad; de La Rectitud; del Dominio; de La Salud y de La Vida. Los siete Amesha Spentas fueron los precursores de los siete grandes ángeles del Judeo-Cristianismo: Rafael, Miguel, Gabriel, Uriel, Raquel, Sariel y Remiel, también conocido como Jeremiel. Estos ángeles aparecen por primera vez en el capitulo 20 de el primer Libro de Enoch, el cual es un libro apócrifo, es decir no aparece en las Escrituras.

Los rituales del Zoroastrismo estaban basados en la practica del bien y en el rechazo del mal. El fuego jugaba un papel muy importante en estos ritos ya que era visto como la manifestación de la verdad del dios del bien Ahura Mazda. También de gran importancia era la bebida ritualística del Zoroastrismo llamada Jaoma, muy parecida a la bebida Soma de las Vedas indias. Las enseñanzas de Zoroastro están recopiladas en el libro sagrado conocido como la Avesta.

Los sacerdotes del Zoroastrismo eran conocidos como magi. Su nombre proviene de la tribu a la cual pertenecían. Mientras el Zoroastrismo existió en Persia, los magi tuvieron un gran poder tanto político como religioso. La fama de su gran sabiduría llegó a extenderse hasta Grecia donde el nombre de magi era dado a los astrólogos orientales o a personas que interpretaban sueños. La palabra magi llega finalmente a denotar personas sabias en el conocimiento de Dios. Es de ahí que proviene la palabra magia. Los tres reyes magos, Gaspar, Melchor y Baltazar, quienes según la Biblia fueron a adorar al niño Jesús, eran miembros de este sacerdocio místico proveniente de la antigua Persia.

La creciente persecución musulmana obligó a la vasta mayoría de los practicantes del Zoroastrismo a emigrar a la India alrededor del siglo 10, donde sus descendientes son conocidos en tiempos modernos como los Parsis de Bombay. De modo que el Zoroastrismo, que había sido derivado de la cultura indo-europea, terminó regresando a sus raíces originales en la India. Es por eso que las Vedas, las escrituras más sagradas del Hinduismo, reflejan el pensamiento de Zoroastro, ya que el profeta persa recibió la iluminación a través de estos libros místicos.

Muchas de nuestras creencias Judeo-Cristianas tienen raíces en la India, incluyendo muchas de las características de los ángeles.

Islam

La religión musulmana conocida como Islam desarrolló su concepto de los ángeles basado largamente en la tradición Judeo-Cristiana. El ángel Gabriel, conocido entre los musulmanes como Jibril, fué quien según la tradición de Islam le dictó el libro del Korán al profeta Mahoma.

Fué también Gabriel el que le entregó la famosa Piedra Negra a Ismael, el hijo primogénito de Abraham con la esclava egipcia Hagar y precursor de los árabes. La Piedra Negra, que según expertos geólogos es un meteorito, está guardada en la Kaaba, el recinto más sagrado de los musulmanes, en la gran mezquita de la ciudad de Meca. Ningún "infiel", como llaman los musulmanes a los que no pertenecen a su religión, puede entrar en Meca bajo pena de muerte. Todo musulmán devoto está obligado una vez durante su vida a hacer un peregrinaje a la ciudad de Meca para adorar la Kaaba. Los árabes creen que la Kaaba fué construida originalmente por Adán y más tarde reconstruida por Abraham y su hijo Ismael. Y aunque nadie puede saber si fué Gabriel quien le entregó la Piedra Negra a Ismael, de lo que no existe duda alguna es de que esta piedra procede del cosmos, como todo meteorito.

Los musulmanes tienen también gran veneración hacia el Arcángel Miguel, a quien llaman Michail y lo describen de una estatura inmensa con alas color esmeralda y cabellos rojos como el azafrán. Para los musulmanes los ángeles son servidores de Dios y están sujetos a sus decretos. En la vida de cada musulmán devoto los ángeles juegan un papel de gran importancia. Creen en los ángeles guardianes, los ángeles escribanos, que son los que apuntan las acciones de todo ser humano, quien luego tiene que dar cuentas sobre ellas en el juicio final, además del ángel de la muerte y el ángel que interroga a los seres humanos en la tumba. Todo este cúmulo de creencias en las jerarquías angelicales proviene del Korán y de otras enseñanzas del profeta Mahoma, quien tenía gran reverencia hacia el patriarca Abraham, a quien consideraba el padre de los árabes a través de su hijo Ismael y también hacia Jesús, un gran profeta entre los musulmanes. Es de elementos Judeo-Cristianos que Mahoma sincretizó parte de su gran religión, incluyendo la creencia en las huestes angelicales. Y fué de la revelación o Apocalipsis angelical recibida por Mahoma de Gabriel que surgió el Korán, uno de los libros sagrados más poéticos que existen.

Además de los ángeles, los musulmanes también creen en los genios, espíritus sobrenaturales de gran poder los cuales pertenecen a una esfera inferior a la de los ángeles. Los genios, mejor conocidos como Jin, están compuestos de aire o de fuego y pueden asumir la forma de animales o de seres humanos. Pueden ser buenos o malos. Si son buenos su apariencia es de gran belleza. Si son malos son de una fealdad aterradora. Existen en el aire, en el fuego, debajo de la tierra y en objetos inanimados como rocas, árboles y ruinas. Tienen las mismas necesidades biológicas que los seres humanos, se reproducen sexualmente y mueren, aunque sus vidas se pueden extender por miles de años. Los genios son entidades maliciosas que se complacen en atormentar a los seres humanos, castigándolos cuando estos los ofenden. Es por eso que para los musulmanes, todo accidente o enfermedad es causada por un genio. A pesar de sus características maquiavélicas, los genios pueden ser controlados por una persona que tenga conocimientos mágicos y sepa como dominarlos. Cuando esto sucede esta persona puede realizar sus más grandes deseos a través de la ayuda del genio. Las proezas y los inmensos poderes de los genios son ejemplificados en los cuentos de *Las mil y una noches*, especialmente en la historia de *Aladino y la Lámpara Maravillosa.* El rey de los genios se llama Zuleiman y el más famoso de todos es Iblis, identificado como el príncipe de las tinieblas. De modo que para los musulmanes, los genios, lejos de ser criaturas de leyenda, son entidades muy reales las cuales son capaces de influir en las vidas humanas, transformándolas ya sea para el mal como para el bien.

Gnosticismo

El Gnosticismo data de una gran antigüedad llegando a su punto máximo de desarrollo durante el siglo II de la Era Cristiana. Su origen es una mezcla de Zoroastrismo, la Cábala hebrea y la religión egipcia. Los antiguos cristianos consideraban que Simón el Mago fue el fundador del Gnosticismo. Las enseñanzas de los gnósticos estaban basadas en su creencia de que el mundo material es maléfico, que no existe nada en el que sea bueno o hermoso. Su teoría principal era que la salvación del ser humano solo es posible liberando al espíritu de su prisión material. De acuerdo al pensamiento gnóstico, en cada persona está encarcelada una semilla divina. El propósito de la salvación era librar a esta semilla de su prisión corporal.

Para los gnósticos el mundo material fué creado por una deidad maléfica, conocida como el Demiurgo Ialdabaoth quien mantiene aprisionados a los seres humanos en la prisión de la materia. La única forma de escapar de las cadenas impuestas por el cuerpo físico es a través de la "gnosis", o conocimiento secreto impartido por los gnósticos. Este Demiurgo, o entidad negativa, era identificado como el Dios del Cristianismo, Yaweh o Jehová, y a quien los gnósticos percibían como un dios falso y malévolo. Este concepto negativo de Dios entre los gnósticos estaba basado largamente en su profunda desconfianza de las enseñanzas del Viejo Testamento y de su gran discriminación contra los judíos. Para los gnósticos, el Padre que menciona Jesús en el Nuevo Testamento no era Jehová sino el dios verdadero de los gnósticos, percibido por estos como la Pleroma o el Creador Supremo.

Los gnósticos reconocían dos tipos de entidades sobrenaturales: los arcones y los eones. Los arcones eran deidades maléficas y los eones eran fuerzas beatíficas emanadas por el dios supremo en 15 pares. Entre estos eones estaban Dynamis (el Poder), el Deseo, la Profundidad, el Silencio y la Sabiduría, conocida como Pistis Sofia. Esta última deseaba conocer a la Profundidad y, en la frustración de su deseo, dió a luz al primer arcón, o entidad maléfica, el Demiurgo Ialdabaoth. Este arcón, identificado más tarde como Jehová entre los gnósticos, creó a los demás arcones para formar los siete planos cósmicos o planetas. Los nombres de los arcones son Ialdabaoth, Sabaoth, Jao, Ailoaios, Oraios, Astanfaios, y Adonaios. En otras enseñanzas los arcones son 12 y se identifican con los signos zodiacales. Estos arcones son los regentes del plano material y no permiten que las chispas de luz que son los espíritus humanos regresen a la fuente original que es la Pleroma.

Los siete arcones estaban también identificados con los siete pecados mortales y los siete planetas: Orgullo/Júpiter; Envidia/Luna; Ira/Marte; Lujuria/Venus; Pereza/Saturno; Avaricia/Sol; y Mentira/Mercurio.

El eón principal entre los gnósticos era Abraxas y originalmente se identificaba con el

Figura 3— El Gran Arcángel Miguel. Galería Nacional, Londres.

Figura 4— El Gran Arcángel Gabriel con Tobias. La academia, Venecia.

dios supremo de quien surgió la Pleroma y los eones.

De acuerdo al pensamiento gnóstico, de la Pleroma surgió el primer eón. De este surgió el segundo, y así sucesivamente hasta haber sido creado todos. Debido a que cada eón daba parte de su luz al eón que emanaba de él, cada eón emanado de esta manera tenía menos poder que el anterior. Pistis Sofía, siendo la última de los eones en ser emanada, tenía menos luz que los otros y por eso cometió el error, a pesar de ser la sabiduría, de dar a luz a una entidad infernal, que fue el arcón Ialdabaoth. Algunas autoridades gnósticas, como Basilides, decían que existían 365 eones, uno por cada día del año.

Más tarde, tal vez como un acto de retaliación de parte del Judeo-Cristianismo, el gran eón Abraxas paso a identificarse como una entidad demoníaca de gran malignidad. De su nombre surgió el termino Abracadabra, popularizado en la práctica de la magia.

Los padres del Cristianismo consideraban a los gnósticos como una secta herética y apóstata por su rechazo de Jehová y sus enseñanzas contrarias al Cristianismo ortodoxo. La persecución que fué llevada a cabo en contra del Gnosticismo terminó con la mayor parte de este movimiento. Finalmente los gnósticos se unieron al Maniqueísmo o Mandeos, una religión persa basada en las enseñanzas de un sabio llamado Mani, el cual fué a su vez profundamente influenciado por las doctrinas budistas.

Los Mandeos también creían que la materia era maligna y exhortaban a sus miembros al celibato y a evitar la concepción para de esta manera terminar con la raza humana. En Iraq e Irán perdura una secta pequeña de Mandeos, pero las enseñanzas gnósticas aun existen en grupos aislados de personas que practican su tradición mística y mágica. Los Mandeos o Maniqueos también creían en arcones a quienes visualizaban como hijos de la oscuridad, los cuales se tragaron los elementos de luz en el ser humano.

En la angelología, un arcón es un gran príncipe angelical y cada nación de la tierra es regida por uno de ellos. En algunas tradiciones místicas los arcones son identificados con los espíritus planetarios. En la tradición cabalística los arcones presiden los palacios celestiales. Entre los grandes arcones celestiales se cuentan Miguel, Rafael, Uriel, Gabriel y Shemuiel, el mediador entre las plegarias de Israel y los Príncipes Angelicales del Sexto Cielo.

Creación de los ángeles

De acuerdo a fuentes canónicas todos los ángeles fueron creados simultáneamente por Dios. Y por esto los ángeles son seres inmortales pero no eternos ya que la eternidad es un atributo que solo le pertenece a Dios. Al final del universo, cuando se extingan todos los soles y todas las estrellas y galaxias, los ángeles también se extinguirán, pero mientras exista el universo su existencia es permanente.

Los ángeles son superiores a los seres humanos y fueron dotados de una gran inteligencia al ser creados. En el momento de la creación Dios dotó a los ángeles y a Adán con voluntad propia y libre albedrío. Adán retuvo esta libertad de acción, pero los ángeles renunciaron a ella, entregando su voluntad al Creador. Es por esto que el ángel es un ser de tal dedicación a la voluntad divina. Los ángeles que decidieron retener su libre albedrío pecaron finalmente contra el Creador y su pecado primordial fué el del orgullo. Estos son los ángeles caídos.

La función principal de los ángeles es adorar a Dios y llevar a cabo sus mandatos en la tierra y el universo. Entre sus otras funciones están la de proteger a los fieles, castigar la maldad y destruir el poder de los espíritus maléficos. Al nacer, a todo ser humano se le es asignado un ángel guardián, quien permanece junto a esa persona mientras ésta obedece los designios divinos y huye cuando comete pecados mortales. En el Viejo Testamento se les describe como mensajeros del Señor, seres sagrados o celestiales, las huestes del Señor o las huestes celestiales. A menudo sirven como intermediarios entre Dios y la humanidad.

La angelología nos enseña que existe una clase especial de ángeles llamados las Ephémeras o Efémeras, que son creados por Dios al comienzo de cada día para que entonen el Triságono Sagrado o Te Deum. Tan pronto terminan de cantar las alabanzas al Creador, la Efémeras retornan a formar parte de la luz divina.

Angelofanía

Los ángeles son seres incorpóreos pero a veces toman la forma de seres humanos para llevar a cabo mandatos divinos. En el Viejo Testamento aparecen por primera vez en el capítulo 3 de Génesis, como el Querubín que guarda la entrada al Jardín del Edén con una espada llameante. Más tarde, en el capítulo 18, tres ángeles se le aparecieron al Patriarca Abraham mientras éste estaba sentado en la entrada de su tienda. En el capítulo 22 un ángel se le apareció a Abraham para detener el sacrificio de su hijo Isaac; y en el capítulo 28, Jacobo vió en sueños una escalera que llegaba al cielo por donde subían y bajaban una gran cantidad de ángeles. Estas visiones de los ángeles se conocen como angelofanías y han tenido lugar, no solo en la Biblia, sino en la vida real de infinidad de personas. Uno de los casos más conocidos es el del Papa Gregorio el Grande, quien dijo haber visto al Arcángel Miguel descender sobre el mausoleo del Emperador Adrián, durante una terrible plaga en Roma. El Papa interpretó la visión como una indicación de que la plaga iba a terminar pronto, como efectivamente sucedió. Para conmemorar el milagro, Gregorio el Grande le cambió el nombre al mausoleo, el cual pasa a llamarse Castel Sant'Angelo, o Castillo del Santo Angel, en honor a Miguel.

Entre los profetas que fueron visitados por los ángeles estuvieron Isaias, Ezekiel, Eliceo, Daniel y Zacarías. Un ángel anunció el nacimiento de Jesús a la Virgen María y los apóstoles Pedro y Pablo fueron también visitados por estos mensajeros celestiales.

La Biblia solo menciona los nombres de tres ángeles, Miguel, Gabriel y Rafael, pero se sabe que sus números se cuentan en los "millones de millones", según nos dice el profeta Daniel en el capítulo 7 de su libro en el Viejo Testamento. Muchos teólogos han intentado determinar cuantos ángeles hay en existencia. Un quodlib o adivinanza muy conocida pregunta cuantos ángeles pueden bailar en la punta de una aguja. La contestación es que todos ya que son puro espíritu y no ocupan espacio alguno.

Figura 5— Abraham y los tres ángeles.

Figura 6— El sueño de Jacob.

Alrededor del siglo XIV un cabalista hebreo calculó, siguiendo las reglas de la Gematria o numerología cabalística, que existen 301,655,722 en el universo. Alberto Magno también hizo sus cálculos y propuso que existían 6,666 legiones en cada coro de ángeles y 6,666 ángeles en cada legión. Según estos cálculos existen más de cuatrocientos millones de ángeles. Pero ninguno de estos números parecen ser muy acertados si consideramos que cada estrella es un ángel según nos dice San Juan en Revelaciones y Clemente de Alejandría en su libro la Stromata. La astronomía nos dice que existen billones de soles o estrellas en nuestra galaxia solamente y billones de galaxias en el universo. Esto tiende a indicar que si San Juan y Clemente de Alejandría están en lo cierto, el número de ángeles en existencia es incontable. De manera que con toda seguridad fué el profeta Daniel el que más acertado estuvo en el cálculo de los ángeles cuando nos dijo que sus números se elevan a millones de millones.

Como los ángeles fueron creados en el momento de la creación, sus números son siempre los mismos. Es decir, Dios no crea ángeles nuevos de día en día, con la excepción de las Efémeras. La cantidad de ángeles que existe en nuestros tiempos modernos es la misma que existió en el comienzo de la creación.

A pesar de la inmensa cantidad de ángeles que existen en el universo, son muy pocos cuyos nombres son conocidos. El profeta Enoch menciona los nombres de 150 ángeles en su libro pero de otras autoridades eclesiásticas y no eclesiásticas se han podido recopilar muchos miles más.

En este libro solo vamos a presentar los ángeles más conocidos, incluyendo los ángeles que rigen los siete cielos, los signos zodiacales, los planetas y las ordenes angelicales. Las biografías de los ángeles que forma la cuarta parte de este libro incluye cerca de mil ángeles.

La imagen del ángel

Nuestro concepto sobre la apariencia de un ángel, conocida como su imagen telesmática, es decir la visión que tenemos de ellos, ha evolucionado a través de los siglos hasta asumir un aspecto tan popularizado que es reconocido y aceptado por todo el mundo. Esta imagen del ángel es concebida como la de un ser de forma etérea, generalmente de cabellos claros y ondulados, vestido con una túnica blanca y un manto drapeado que flota en el espacio detrás del ángel. Esta figura siempre tiene unas alas inmensas desplegadas y está rodeada de un halo o resplandor deslumbrante. El ángel casi siempre se percibe descalzo, pero algunos tienen sandalias. A menudo tiene una corona o diadema dorada en la cabeza y puede cargar un libro, una espada, una flor o un instrumento musical en las manos, dependiendo de la misión que le ha sido asignada en la tierra.

Alas y halos

Las alas de los ángeles son un símbolo de su poder divino y de su espiritualidad. Las primeras figuras aladas aparecieron en Caldea, en la ciudad de Ur, de donde proviene la imagen de un ángel descendiendo a la tierra y vertiendo el agua de la vida en la copa de un rey. Y en Mesopotamia se creía que los

Figura 7— La Virgen con el niño Jesús rodeada de querubes.

dioses habitaban en el cielo y tenían alas como los pájaros.

Los griegos y los romanos absorbieron este concepto de seres alados, concibiendo a los mensajeros de los dioses con alas, como el dios Hermes entre los griegos y Mercurio entre los romanos, una figura que tenía alas en los pies. Los judíos, que vivieron mucho tiempo bajo el dominio de los babilonios, expresaron el concepto de los ángeles como seres alados a través de todo el Viejo Testamento. Los Serafines, que cuentan con el mayor número de alas, aparecen con seis, mientras que los Querubines tienen cuatro. El Nuevo Testamento también describe a los ángeles con alas, y el Evangelio según San Lucas describe a los ángeles revoloteando sobre el pesebre durante la Natividad. San Juan también describe a los ángeles con alas en el Libro de Revelaciones. Pero no fué hasta el reinado del Emperador Constantino alrededor del año 312 D.C., que los ángeles comenzaron a ser pintados con alas en el arte

Figura 8— Las aureolas de luz se ilustran claramente en esta porción de la pintura de Fra Angelico, La coronación de la Virgen. La Uffizi, Florencia.

cristiano. Esta característica de los ángeles continuó usándose en el arte a través de los siglos y culminó con los maravillosos óleos de estas entidades celestiales durante el Renacimiento.

Muchas personas especulan que el tamaño de las alas de un ángel de estatura mediana tendría que sobrepasar de 30 pies de largo para poder sostener su peso y elevarlo del suelo y así poder volar. Varios libros recientes han hecho estimaciones detalladas sobre las dimensiones que tendrían que tener las alas del ángel y en uno de ellos, el autor calcula que el largo del ala nada más, debe ser de entre 36 a 120 pies en un ángel de más de seis pies de estatura. Pero estos cálculos están basados en el concepto de un ángel con un cuerpo sólido como el de un ser humano y los ángeles son espíritu puro, no tienen cuerpos físicos, solo la apariencia de este. Si concebimos al ángel como una entidad espiritual, que solo se manifiesta con apariencia física para ser percibido por un ser humano, entonces las alas no tienen que tener dimensiones específicas ya que solo son un símbolo de su identidad celestial. El ángel puede transportarse del cielo a la tierra solo con el poder de su voluntad, con la velocidad del pensamiento, ya que un ángel es un concepto, una idea, una ley cósmica, y como tal es instantáneo, y su velocidad es más rápida que la de la luz.

El halo o nimbo (nube) de luz que rodea las cabezas de los ángeles en muchas pinturas, y en algunos casos su figura entera, data de alrededor del siglo quinto de la era cristiana. El halo, que también rodea las figuras de Jesús, la Virgen María y los santos, es un símbolo de la gran luz divina emanada por estos seres sagrados y puede ser identificada con el concepto del aura que en el ser humano también existe, aunque no tan poderosa como la de los espíritus de luz. En muchas pinturas medievales de los ángeles, el halo es delineado como una aureola con rayos de luz que rodean sus cabezas. Esta aureola es rodeada de otro círculo formado con florecitas de cuatro pétalos. El halo fué también usado por artistas griegos y romanos del periodo pre-cristiano como símbolos del dios sol Helios, y de los emperadores romanos, los cuales eran considerados divinidades.

El ángel y la música

Muchas de las imágenes tradicionales de los ángeles en las pinturas de la Edad Media son representadas con instrumentos musicales en las manos, entre los cuales el harpa y la lira son los más comunes. Este concepto musical del ángel está basado en la división de las Huestes Celestiales en coros de ángeles, quienes cantan continuamente las alabanzas al Creador.

La lira o laúd era el instrumento utilizado por David durante su composición de los salmos, reconocidos como los más hermosos cánticos creados por un ser humano en honor a Dios. Los salmos no eran simplemente oraciones sino canciones escritas por David y luego cantadas por este mientras se acompañaba de la lira. Esta es posiblemente la razón por la cual muchos de los ángeles musicales cargan una lira entre las manos. El harpa, basada en el concepto de la lira, era uno de los instrumentos más populares de la Edad Media, y es posible que por esta razón terminó suplantando a la lira como el instrumento favorito de los ángeles. El sonido del harpa es singularmente bello y de tonalidades etéreas, las cuales no tienen rival en ningún otro instrumento musical, y es por eso fácil asociarla con entidades celestiales.

El concepto de un ángel tocando el harpa nos hace visualizar de inmediato a los coros celestiales entonando la música de las esferas frente al Trono de Dios.

El tercer instrumento asociado con los ángeles es la trompeta, la cual es utilizada por los ángeles para anunciar eventos importantes como el día del Juicio Final. De acuerdo a los musulmanes el ángel de la música es Israfel, quien según ellos, va a hacer sonar la trompeta en ese gran día. Otro de los ángeles asociado con la música es Uriel, de quien se dice tiene potestad sobre los coros angelicales que cantan las alabanzas al Creador. Pero es indudablemente el Arcángel Gabriel, quien es visualizado como el gran trompetista divino, y quien según el concepto cristiano es el que va a llamar con su sagrado instrumento a todas las almas durante el Juicio Supremo.

Los cuatro ángeles más conocidos, Miguel, Rafael, Gabriel y Uriel tienen un objeto en la mano que los identifica de inmediato. Miguel carga una espada y una balanza, símbolos de la justicia; Gabriel carga un lirio, símbolo de la pureza; Rafael carga un cayado, símbolo de la sabiduría y Uriel un libro o un pergamino, símbolo de la ley divina. Estos ángeles tienen vestiduras típicas. Miguel se viste con armadura y sandalias romanas y sus colores son rojo y verde. Rafael, Gabriel y Uriel usan túnicas y mantos pero los colores son distintos. Rafael se viste de amarillo y violeta; Gabriel de azul claro y naranja; mientras que Uriel se viste con los cuatro colores de la tierra: verde oliva, verde limón, marrón y negro. Pero estos grandes ángeles también se visten a menudo de blanco y dorado que son los colores asociados con las huestes angelicales.

El poder de los ángeles es insondable. El Talmud nos dice que Miguel puede mover las montañas y el Libro de Revelaciones nos enseña que siete ángeles de la ira de Dios destruyeron una tercera parte de las estrellas. La leyenda judía nos relata que un ángel del Señor levanta a Jerusalén en alto para defenderla del ataque de Nabucodonosor pero que Dios la volvió a poner en tierra. El ángel Atafiel mantiene al cielo en su lugar sosteniéndolo con tres dedos y el ángel del Pilar lo sostiene en la palma de su mano derecha. Cuando el ángel Hadraniel proclama la voluntad de Dios, su voz atraviesa doscientos mil firmamentos y si el ángel Chayyiel quisiera, podría tragarse a la tierra de un solo bocado. Otras leyendas nos dicen que alrededor del siglo XIII los ángeles movieron la casa de la Virgen María de Nazaret hasta Dalmacia y dc allí a varias partes de Italia, colocándola por fin en el pueblecito de Loretto. En el siglo XVII, el famoso astrónomo alemán Johannes Kepler publicó una obra titulada *Misterio Cosmográfico* según la cual los planetas son empujados en sus órbitas por ángeles. Estos ángeles fueron más tarde identificados como fuerzas gravitatorias, lo que nos hace sospechar que los ángeles son más bien fuerzas cósmicas dirigidas por una inteligencia suprema.

Estas huestes celestiales pueden ser también identificadas con los elementos y las fuerzas de la naturaleza y su contacto con el ser humano tiene lugar a través de oraciones, peticiones, meditaciones, invocaciones y evocaciones. Hay una gran diferencia entre estos contactos. Una oración es un acto de fe donde una persona reconoce el poder divino y expresa su fe de esta manera. Una petición es un pedido especial a Dios a través de sus ángeles o ministros para que nos conceda algo que deseamos. Una meditación es un

Figura 9— El Gran Arcángel Rafael volando sobre la tierra.

contacto realizado a través del Inconsciente del individuo con una entidad espiritual, especialmente con su ángel guardián, el cual se identifica con su Alto Yo o las profundidades del Inconsciente. Una invocación a los ángeles es una ceremonia especial durante la cual se pide a estos seres celestiales que nos concedan su protección y su ayuda para llevar a cabo un acto mágico. Una evocación es un ritual mágico de gran poder durante el cual se pide a un ángel o entidad superior que se materialice frente a la persona a quien se desea pedir algo. Tanto las invocaciones como las evocaciones deben ser llevadas a cabo adentro de un círculo mágico para proteger a la persona de la energía cósmica extraordinaria que emiten estos seres.

La existencia y el poder de los ángeles es innegable y esto lo pude comprobar por primera vez hace más de veinte años cuando aún trabajaba en Viena para las Naciones Unidas. Esta historia la relato en detalle en mi libro *The Complete Book of Spells, Magic and Ceremonies*, pero es apropiado que la incluya aquí también para dar un testimonio personal sobre los ángeles. Para este tiempo llevaba varios años en mis estudios dentro del campo del misticismo pero no tenía grandes conocimientos de lo que es el poder angelical. Un día, leyendo un popular grimorio titulado *El sexto y séptimo libro de Moisés*, encontré entre sus páginas una invocación a los ángeles. La invocación, escrita en el lenguaje florido de la edad media, me pareció fascinante y sin pensarlo dos veces decidí usarla para invocar al Arcángel Rafael, quien siempre me atrajo grandemente. Se dice de Rafael que es el ángel que se para en el medio del sol y también se le conoce como el médico divino. Su color principal es el amarillo. Para llevar a cabo la invocación tomé una vela amarilla entre las manos y me paré frente al Este, ya que sabía que toda ceremonia mágica debe ser orientada hacia este punto cardinal. Lo que no sabía era que toda invocación a los ángeles debe ser llevada a cabo dentro de un círculo trazado en el suelo o en el aire y que la persona debe primero prepararse física y mentalmente, para poder rechazar cualquier influencia negativa que pueda ser atraída por la energía del ritual. Tan pronto terminé de leer la invocación sentí un temor insólito apoderarse de mi. Algo en mi decía que no estaba sola. Mis manos comenzaron a sudar y mis rodillas temblaban de tal modo que casi no me podía sostener de pie. Este sentimiento de aprehensión creció rápidamente hasta convertirse en terror absoluto. Poco a poco sentí como el cuarto se fué llenando de una energía inmensa y de una malignidad inexpresable. No había nada angelical ni puro en esta fuerza, solo destrucción y maleficio. No hay palabras con las cuales yo pueda describir mis sentimientos en esos momentos. Estaba sola, sin protección alguna y no había ser humano en el mundo que pudiera ayudarme. Todas las oraciones y salmos que había aprendido de memoria desde niña desaparecieron de mi mente como si hubieran sido borradas por una mano invisible. Solo quedó en mi alma mi gran fe y amor a Dios. Agarrada a esta fe como a una tabla de salvación comencé a pedir a Dios su bendición y ayuda. Y poco a poco, como una marea que baja, la fuerza negativa que estaba en la habitación fué disipándose hasta desaparecer del todo. A las pocas horas de esta experiencia, una muela que jamás me había dado ningún problema, comenzó a molestarme. Esta molestia se convirtió en una fuerte infección que me mantuvo en cama por dos semanas, al borde de una septicemia.

Lo que sucedió durante esta experiencia fué que al no tener la protección de un círculo, la gran energía creada por la invocación se concentro en su totalidad en mi persona. Esta energía cósmica sin control alguno se desbordó por todo mi cuerpo afectando el área más vulnerable que era la muela. La fuerza de Rafael, que es la salud vibrante que nos dá el Sol, al descontrolarse, se manifestó en todo lo que es opuesto a la salud, que es la enfermedad y la muerte. No fué a Rafael a quien invoqué ese día sino a la entidad oscura que es su contrario. Fue el poder de Dios quien vino en mi amparo en esos momentos.

El círculo durante una invocación o evocación es una protección muy real creada por la fuerza mental de la persona, la cual establece una línea divisoria entre el mundo material y el espiritual. Esta barrera astral aunque invisible es impasible por energías cósmicas. Naturalmente que esta experiencia puede ser explicada de forma lógica. Yo pude haber sido víctima de un ataque de histeria, pude haber sufrido una alucinación, me pude haber imaginado todo. Pero lo que no fué producto de mi imaginación fué la grave enfermedad que siguió a esta invocación.

Esta fué la primera de muchas experiencias parecidas, aunque ninguna tan aterradora, con el mundo etéreo de los ángeles.

¿Femeninos o masculinos?

Muchas personas se preguntan si los ángeles son masculinos o femeninos. Las autoridades eclesiásticas nos dicen que el ángel es un espíritu de luz y como tal, no tiene cuerpo físico y mucho menos sexualidad. Sin embargo, la mayor parte de las imágenes de los ángeles que conocemos son representaciones masculinas. En tiempos modernos se ha tratado de feminizar a muchos de los ángeles, entre ellos a Gabriel y a Rafael, a quien varios escritores y productores cinematográficos han intentado presentar como una fuerza femenina. Pero en realidad un ángel es una entidad espiritual, creado en perfección total por Dios, el cual no reproduce su especie. Y si no se reproduce no es necesaria en él la sexualidad que existe solo para la propagación de una raza. Es pues lógico deducir que el ángel es un espíritu asexual, sin características masculinas o femeninas, una fuerza cósmica concentrada a través del poder creativo de Dios. Su imagen telesmática es visualizada con forma humana para hacer más fácil su concepción pero la sexualidad del ángel es inexistente.

A pesar de esta asexualidad aparente de los ángeles, existen varias leyendas en la tradición Judeo-Cristiana de acuerdo a las cuales han habido intimidades entre fuerzas espirituales como los ángeles y entre éstos y seres humanos. En el Talmud se menciona la unión entre el ángel de la prostitución, Eisheth Zenunim, y el ángel Samael quien también cuenta entre sus varias cónyuges a la terrible Lilith. Las escrituras también nos dicen que varios de los ángeles caídos tuvieron relaciones prohibidas con "las hijas de los hombres" de cuya unión nacieron gigantes espantosos.

En la inmortal obra, *Paraíso perdido*, del gran poeta inglés John Milton, el Arcángel Rafael describe la unión amorosa entre los ángeles como "más suave que la suavidad". Y el tercer Libro de Enoch nos dice que cuando terminan de cantar el Triságono Divino, los ángeles, en su éxtasis celestial, transforman sus esencias neutrales en esencias masculinas y femeninas.

El Zohar, la obra cabalística de más importancia, explica que los ángeles pueden transformar su esencia y su forma según deseen. Pueden a veces adquirir una forma femenina y otras veces masculina. Es decir, el ángel en si no tiene forma ni sexualidad pero puede adoptarla si así lo desea. Esto puede explicar la unión relatada por Génesis entre los ángeles caídos y las hijas de los hombres. Estos ángeles no tenían forma corpórea pero la crearon para de esta manera poder tener estas relaciones prohibidas.

Alimento angelical

¿Qué comen los ángeles? En el capítulo 18 de Génesis, tres ángeles del Señor se le aparecieron a Abraham y le vaticinaron que Sarah, su esposa iba a tener un hijo. Abraham dió órdenes a Sarah y a uno de sus servidores para que prepararan comida para sus visitantes celestiales y puso frente a ellos carne de res aderezada, pan, leche y mantequilla y estos comieron. Esto indica que los ángeles, cuando toman forma humana, pueden comer y llevar a cabo acciones humanas aparentes, pero esto solo es debido a su poder de transmutar la materia.

La comida celestial se identifica con el mana que cayó del cielo durante la travesía de los judíos por el desierto. La palabra mana significa "¿qué es esto?" en hebreo y toma su nombre del relato bíblico. Cuando los israelitas encontraron por primera vez esta sustancia celestial en la arena del desierto, se hicieron esa pregunta: "¿Qué es esto?" Y Moisés les contestó, "Este es el pan que el Señor les ha dado como alimento". De acuerdo a la descripción bíblica, el mana caía del cielo en forma de rocío y al secarse formaba granos los cuales podían usarse como harina para hacer pan. Su sabor era el de galletas hechas con miel. En el salmo 78, David, refiriéndose a esta experiencia de los judíos en el desierto, dice:

"Y El les dió granos del cielo, enviándoles mana para que comieran.

Y comieron del pan de los ángeles".

El profeta Eliceo fué alimentado por un ángel durante sus 40 días en el desierto. Un día, estando dormido, fué despertado por un ángel quien lo tocó en el hombro y le dijo: "Levántate y come". Y Eliceo encontró frente a él una jarra de agua y un pan horneado en piedras calientes. El profeta comió y bebió y se acostó a dormir de nuevo. Al rato el ángel lo despertó otra vez y lo instó a que volviera a comer ya que la travesía iba a ser larga y pesada. Eliceo comió y bebió de nuevo de la comida preparada por el ángel y ésta lo sostuvo durante los 40 días y noches que pasó en el desierto.

De acuerdo a estas fuentes bíblicas, el mana es una comida angelical la cual le da gran vitalidad al ser humano, pero en realidad no existe evidencia alguna de que los ángeles coman el mana, ya que este solo es consumido por seres humanos en la Biblia y no por los ángeles. Se puede decir que el mana es energía cósmica proveída por Dios a los israelitas y más tarde a Eliceo para que estos pudieran llegar al término de sus travesías respectivas, pero no necesariamente es comida de los ángeles quienes siendo entidades espirituales no necesitan de alimento alguno. El ángel solo come cuando está junto a un ser humano para que este se sienta más cómodo en su presencia.

La presencia de los ángeles

Existen muchas personas que alegan haber tenido conversaciones y encuentros con ángeles, los cuales tenían una apariencia muy real en el momento de este contacto sobrenatural. Son tantos los casos que han sido reportados, que se podría decir que una de cada tres personas ha tenido una experiencia de este tipo. Un hombre que asistió a uno de mis recientes seminarios me dijo haber tenido un accidente automovilístico en el cual su auto chocó contra un árbol en un sitio despoblado. La fuerza del impacto le hizo perder el conocimiento y cuando volvió en si se encontró mal herido y aterrado ya que no había nadie en la vecindad que pudiera venir en su ayuda. Tratando de conservar su serenidad este señor comenzó a pedir a Dios que le enviara a alguien que lo pudiera socorrer. En esos momentos alguien le tocó en la ventanilla del auto y pudo ver a un hombre joven de rostro afable que le sonreía a través del cristal. "No te preocupes Marcos" le dijo, "la ayuda que pediste viene en camino". Terminando de decir estas palabras, el joven desapareció. Unos minutos más tarde, una patrulla policiaca apareció milagrosamente y rescató a este señor de entre las ruinas del auto. Los patrulleros le dijeron que ellos raras veces pasaban por esa área pero que un resplandor extraño que vieron entre los árboles les hizo acudir a investigar el sitio. Si no hubiera sido por esto, no habrían descubierto el accidente. ¿Quién fue el joven que llegó a donde él cuando más lo necesitaba y cómo sabía su nombre? Para Marcos, quien fue a visitarlo ese día fué su ángel guardián enviado por Dios en contestación a su plegaria.

En otro caso aun más impresionante, una mujer que regresaba a su casa del trabajo, fué atacada por un hombre con la intención de violarla. El hombre la lanzó contra el piso del vestíbulo de su casa y le puso un cuchillo en la garganta, diciéndole que si gritaba la mataría. En esos momentos, ella comenzó a rezar en voz alta el Ave María pidiendo la ayuda de la Virgen y de su ángel guardián. Tan pronto comenzó a rezar, el hombre palideció, soltó el cuchillo y se puso de pie, acomodándose rápidamente la ropa que se había empezado a quitar. Ella notó que el hombre estaba mirando a un punto detrás de ella, con ojos aterrados. De pronto dió la espalda y salió corriendo. Cuando ella volteó hacia atrás, vió la figura de un hombre de una estatura inmensa vestido de blanco con una espada en la mano. De esta figura salían destellos de luz que se fueron disipando hasta que la figura desapareció del todo. Esto sucedió en cuestión de minutos pero ella jamás ha podido olvidar esa terrible experiencia y está segura que un ángel fué enviado por la Virgen para salvarla de ser víctima de un terrible crimen.

Miles de casos parecidos han sido relatados por personas que han tenido contactos con ángeles de forma providencial. Esto nos indica que los ángeles pueden tomar la forma de un ser humano para establecer contacto con una persona en el momento necesario. Este es el fenómeno conocido como angelofanía antes descrito.

Si un ángel puede manifestarse en un cuerpo material, ¿puede un ser humano, a través de sus buenas obras, convertirse en un ángel? La Biblia nos dice que tres de los patriarcas fueron transformados en ángeles. Estos patriarcas fueron: Enoch transfigurado en el gran arcángel Metratón; Jacobo, más tarde conocido como Israel, quien se convirtió en el arcangel Uriel; y Elias, quien fué transportado al cielo en un carruaje de fuego y luego transformado en el arcángel Sandalfón. Las escrituras apócrifas nos dicen que San Francisco fué transformado en el ángel Rhamiel y Santa Ana, la madre de la Virgen María, en el ángel Anás. Pero en tiempos modernos no se sabe de ninguna otra persona que haya alcanzado la exaltada posición de un ángel.

Aceptar que estos personajes religiosos hayan sido elevados a la jerarquía angelical es un artículo de fe. Y no todo el mundo está dispuesto a aceptarlo, particularmente porque el ángel es percibido como un espíritu puro que jamas ha tenido cuerpo físico. Por otra parte, es posible concebir que un ser humano, totalmente purificado a través del sacrificio y el amor a Dios, como lo fué San Francisco, funda su espíritu con el de un ángel, pasando a formar parte de este.

Algo que es necesario aclarar es que la iglesia católica dá el título de santos a los tres ángeles reconocidos eclesiásticamente, y hasta les ha sido adjudicada una fecha especial en el calendario católico de santos, septiembre 29. Estos ángeles son Rafael, Miguel y Gabriel. Pero en realidad, un santo es definido como un ser humano cuyo amor y dedicación a Dios y a la humanidad y su gran pureza le ha hecho merecedor o merecedora del título de santidad. El concepto del santo es común en muchas religiones. La iglesia católica determina el rango de santo basado en milagros comprobados hechos por la persona a quien se considera candidata a la santidad. Cuando este paso primordial ha sido verificado por la iglesia esa persona pasa entonces por el proceso de beatificación, culminando por fin en su canonización. Existen infinidad de milagros atribuidos a Rafael, Miguel y Gabriel y naturalmente un ángel es una entidad sagrada, pero esto no los hace santos, ya que nunca fueron seres humanos. Un ángel está en una jerarquía espiritual mucho más exaltada que la de un santo y su poder es infinitamente superior.

Cada ángel pertenece a una o más orden angelical y sus títulos reflejan su posición en la jerarquía celestial. Miguel, por ejemplo, pertenece a tres de las ordenes o coros angelicales. Es un Serafín, una Virtud y un Arcángel y es además un Príncipe de la Divina Presencia. Su título más común es Arcángel Miguel, el cual suena más apropiado, debido a su elevada jerarquía, que San Miguel.

Los ángeles pueden ser concebidos como concentraciones de energía cósmica de gran intensidad, las cuales rigen o gobiernan todo lo que existe. Hay un ángel detrás de cada idea, de cada intención y de cada acción, ya sea positiva como negativa, porque también existen los ángeles caídos.

En el plan universal, cada hoja, cada flor, cada animal y cada grano de arena tiene un ángel que lo representa, al igual que cada estrella y cada planeta, como veremos más adelante.

Si analizamos con cuidado los nombres de los ángeles notamos de inmediato que en su vasta mayoría los nombres angelicales terminan en "el" o en "on". El sufijo EL significa hijo de Dios y ON significa grande. Entre los ángeles más conocidos cuyos nombres terminan en EL están Rafael, Miguel, Gabriel, Uriel, Anael, Asariel, Camael, Rhamiel, Ratziel, Zadkiel, Cassiel y Azrael. Los dos ángeles más exaltados cuyos nombres terminan en ON son Metratón y Sandalfón. Existen muchos ángeles cuyos nombres tiene otras terminaciones pero EL y ON son las más comunes.

En los últimos años ha surgido un renovado interés en los ángeles, culminando en una gran cantidad de libros, películas cinematográficas, videos, especiales de televisión y espectáculos teatrales. Música angelical, alguna muy bella, se puede encontrar en todas las tiendas de discos. Y crecientes reportajes de encuentros con ángeles están apareciendo por todo el planeta. ¿A que se debe esta nueva fascinación con estos seres etéreos?

Una posible respuesta es el hecho de que estamos en el comienzo de una época nueva, la cual abraza, no sólo el final de un siglo, sino el final de un milenio y de una era, la Era de Piscis, que se hace a un lado para dar paso a la nueva Era de Acuario. Con esta nueva era, la humanidad enfrenta un renacer místico y espiritual y la conciencia colectiva de la raza comienza a vislumbrar destellos de luz en su interior y se prepara para recibir su herencia espiritual. Esta herencia es el reconocimiento de nuestra naturaleza cósmica y todo lo que ésta abarca. Los ángeles son nuestros guías celestiales en esta odisea transcendental que ahora comienza. Por eso la humanidad entera, despertando lentamente del sueño de dos milenios, comienza a percibir la presencia inefable de las huestes celestiales.

Si vamos a contestar la pregunta qué es un ángel, la respuesta tendría que ser la siguiente: un ángel es una fuerza cósmica emitida por el Creador del Universo en el momento de la creación; es un quantum, una cantidad de energía especifica, con inteligencia y conciencia de sí mismo; es voluntad dirigida con propósito, perfección y lógica; es balance, es belleza y es justicia; es una ley cósmica definida y manifestada; es control, es compasión y sobre todo, es amor.

3

La jerarquía angelical

Existen varias versiones sobre las órdenes o coros angelicales. Entre las autoridades eclesiásticas que han presentado sus versiones de las órdenes están San Ambrosio, San Jerónimo, el papa Gregorio el Grande y las Constituciones de los Apóstoles. Entre las autoridades hebreas están Moisés Maimónides, el Zohar, el Maseket Azilut y el Berith Menusha. Otras versiones nos vienen de Isidoro de Sevilla, Juan de Damasco, *La divina comedia* de Dante y la obra sobre alta magia de Francis Barrett titulada *El mago*. Pero la versión más comúnmente aceptada es la de Pseudo-Dionisio, la cual data del Siglo VI y fué adjudicada erróneamente a Dionisio el Aeropagita, quien vivió en el Siglo I de la Era Cristiana. Se dice que Dionisio fué el primer obispo de Atenas y que fué martirizado por los romanos durante el reinado del emperador Domiciano. Las obras que se le adjudican son *La jerarquía celestial* y la *jerarquía eclesiástica*, pero en realidad éstas fueron escritas muchos años más tarde por un grupo de neoplatonistas que tomaron su nombre. Por eso a estos autores anónimos se les conoce como Pseudo-Dionisio, es decir, el falso Dionisio.

Estas obras, las cuales se cree fueran publicadas en Syria o Egipto, fueron citadas por primera vez en el Segundo Consejo de Constantinopla.

No fué hasta el Siglo VII que los escritos de Pseudo-Dionisio aparecieron en Europa, pero finalmente fueron la inspiración de muchos teólogos y escritores cristianos como Santo Tomás de Aquino, Dante Alighieri y John Milton.

De acuerdo a Pseudo-Dionisio existen tres órdenes angelicales, cada una compuesta de tres coros, haciendo nueve coros en total. En otras versiones la cantidad de coros varía. Por ejemplo, según San Ambrosio y San Gregorio existen nueve coros, pero no en el mismo orden que Pseudo-Dionisio. San Jerónimo solo citó seis coros pero Santo Tomás en su magna obra, *Summa Teológica*, acepta el orden exacto de Pseudo-Dionisio. Por otra parte, las autoridades hebreas citan diez en vez de nueve coros porque sus cálculos están basados en las diez esferas del Arbol de la Vida, el cual es parte intrínseca de la Cábala hebrea.

En este libro vamos a utilizar el concepto de los nueve coros angelicales de Pseudo-Dionisio pero tomando también en consideración la versión cabalística de diez coros de acuerdo a la Cábala hebrea.

La jerarquía celestial

Pseudo-Dionisio

Primera Orden— Esta Orden con sus tres Coros controla el Orden del universo y la manifestación de la voluntad divina, la cual llevan a cabo.

1. Serafines
2. Querubines
3. Tronos

Segunda Orden— Esta Orden con sus tres Coros representan el Poder de Dios y están a cargo de gobernar los planetas, especialmente la Tierra.

También llevan a cabo los mandatos de los Angeles de la Primera Orden y dirigen los Angeles de la Tercera.

4. Dominaciones
5. Virtudes
6. Poderes

Tercera Orden— Esta Orden con sus tres Coros son los que protegen y guían a la humanidad y elevan nuestras plegarias al Creador.

7. Príncipes o Principalidades
8. Arcángeles
9. Angeles

Como vemos en esta lista, los Angeles forman el noveno y ultimo coro celestial de la Tercera Orden. Es decir, a pesar de que a todos los miembros de las huestes celestiales se les conoce como ángeles, existe un coro en especial que lleva este nombre. Esto significa que algunos mensajeros celestiales solo son Angeles, mientras que otros, además de ser ángeles, ocupan otras posiciones más exaltadas en la jerarquía celestial. Expresado de otra manera, todos pertenecen al noveno coro y son Angeles, pero algunos también pertenecen a coros superiores como los Arcángeles, Querubines o Serafines. Vamos ahora a describir cada coro angelical.

1. Serafines— Este es el más elevado de los Coros Angelicales. La tradición hebrea los describe como serpientes de fuego, ya que la serpiente es un símbolo de curación y sabiduría. El título de Serafín está compuesto de SER, que significa "espíritu ele-

Figura 10— La Virgen coronada: una visión de Juan.

Figura 11— El Cielo de las estrellas fijas.

vado" y RAFA, que significa "el que sana". Un Serafín es entonces "un espíritu elevado que sana". El nombre de Rafael, el médico divino, no pertenece a este Coro y está compuesto de RAFA y de EL, que significa hijo de Dios. Rafael entonces significa "el hijo de Dios que sana".

Los Serafines son descritos como seres brillantes e incorruptibles. Su resplendor es tal que ninguno de los otros Coros pueden mirarlos de frente. Un ser humano sería desintegrado al instante si pudiera llegar frente a la presencia de un Serafín en toda su gloria. Su misión es la de controlar y dirigir la energía divina que fluye del Trono de Dios y la de inflamar el corazón del ser humano de amor hacia Dios. Por esto se conocen como los Angeles del Amor. El profeta Isaías es el único que los menciona en el Viejo Testamento, en el capítulo sexto del libro que lleva su nombre, donde los describe con cuatro caras, símbolo de los cuatro vientos y cuatro elementos y seis pares de alas. Con dos alas se cubren los pies, con dos vuelan y con dos se cubren el rostro. Cada ala es del tamaño del cielo. Los Serafines rodean al trono de Dios entonando continuamente el Triságono Divino:

Santo, Santo, Santo,
Señor Dios de los Ejércitos.

Debido a que son los que más cerca están del Trono divino, y arden continuamente en el amor a Dios, los Serafines se conocen como los "seres ardientes". Los Príncipes Regentes de los Serafines son Metratón, Miguel, Serafiel, Jehoel, Uriel, Shemuel y Natanael.

2. ***Querubines***— Este es el Segundo Coro angelical. El concepto del Querubín como un bebé adorable y regordete con alitas es completamente erróneo. Estos bebés alados no son Querubines sino Querubes, mejor conocidos en el arte como Putti. Los Querubines fueron también los ángeles que Dios puso como guardianes en la entrada del Edén con una espada llameante. La palabra Querubín proviene de "karibu", y es de origen asirio y significa aquel que reza o intercede. Entre los asirios los Querubines eran criaturas aladas con el rostro de un león o de un hombre y el cuerpo de una esfinge, de un águila o un toro. En el Viejo Testamento, en el Libro de Exodo, Dios ordena a Moisés a colocar la imagen de un Querubín a cada lado del Arca de la Alianza con las alas extendidas. El profeta Ezekiel los describe con cuerpos humanos, cuatro alas y cuatro rostros, cada uno mirando para un punto cardinal distinto. El rostro que mira hacia el frente es el de un hombre; el de la derecha representa a un león; el de la izquierda a un toro; y el de atrás a un águila. Estos son símbolos de los cuatro elementos, agua, fuego, aire y tierra y las cuatro triplicidades astrológicas, representadas por los signos de Acuario, Leo, Tauro y Escorpión. Ezekiel también nos dice que estos seres divinos se cubren el cuerpo con dos de sus alas y vuelan con las otras dos. San Juan, en Revelaciones,

Figura 12— La visión de los cuatro carruajes.

describe a los Querubines con seis alas en vez de cuatro y cubiertos de infinidad de ojos, una descripción que es más allegada a la de los Serafines. En la tradición judía los Querubines representan al viento y son los que dirigen a la Merkabah o carruaje de Dios y cargan su Trono en andas. Los musulmanes creen que los Querubines fueron creados de las lágrimas vertidas por Miguel Arcángel por los pecados de los fieles. Su nombre entre los musulmanes es Al-Karubiyan, que significa los que están cerca de Alá. Se dice que de los Querubines, que son la esencia de la Sabiduría, fluye una sútil esencia de conocimiento la cual reciben directamente de Dios. Entre los nombres que se le dan están "las Criaturas Vivientes", "Criaturas Aladas" y "Bestias Sagradas". Los Príncipes Regentes de los Querubines son Gabriel, Querubiel, Ofaniel, Rafael, Uriel y Zofiel.

3. *Tronos*— Este es el Tercer Coro y su nombre deriva del hecho de que están frente al Trono de Dios. Su misión es la de inspirar fe en el poder del Creador. Se dice que habitan en el Tercer o Cuarto Cielo. También se dice de ellos que son los encargados de llevar a cabo la justicia divina. Algunas autoridades los identifican con las ruedas de fuego descritas por Ezekiel en su visión apocalíptica. Estas criaturas son descritas por el profeta como ruedas llameantes cubiertas de infinidad de ojos, las cuales se mueven siempre en unión a los Querubines. En la Cábala se conocen como la Merkabah o carruaje divino, el cual los Querubines cargan en andas. Entre los nombres que se les dan están las "Ruedas". En hebreo se les identifica a veces con los Ofanim y otras veces con los Arelim o Erelim. Los Príncipes Regentes de los Tronos son Orifiel, Zafkiel, Jofiel y Raziel.

4. *Dominaciones o Dominios*— Este es el Cuarto Coro, el cual también se conoce como los Señores y son los que adjudican sus labores o misiones a los ángeles menores. La majestad de Dios es revelada a través de ellos. Estos ángeles no se manifiestan a menudo a los seres humanos ya que parte de su misión es la de mantener el orden en el Cosmos. En la Cábala se identifican con los Hasmalim. Entre sus símbolos de autoridad está el cetro y el orbe que simboliza al mundo y una espada como símbolo de su autoridad sobre las demás criaturas. Según la tradición angelical los Dominios se visten de verde y dorado. Este Coro recibe sus instrucciones de los Querubines y de los Tronos. Su nombre es derivado de la epístola de San Pablo a los Corintios, donde menciona a los Dominios, los Tronos, las Potencias y las Principalidades. el segundo Libro de Enoch también alude a los Tronos como parte de los ejércitos angelicales. Se dice de los Dominios que son canales de misericordia y que habitan en el Segundo Cielo. Sus príncipes regentes son Zadkiel, Hashmal, Zakariel y Muriel.

5. *Virtudes*— Este es el Quinto Coro y, según su nombre lo indica, son los que confieren

el don de la virtud a los seres humanos, especialmente gracia y valor. Las Virtudes presiden sobre los elementos en el mundo material y rigen el proceso de la vida celestial. Son los que están a cargo del movimiento de los planetas, estrellas y galaxias y controlan las leyes cósmicas. La astronomía y la astrofísica son regidas por este Coro. En la Tierra, las Virtudes están a cargo de la naturaleza y de las leyes que rigen al planeta, incluyendo todos los fenómenos naturales. De acuerdo a Santo Tomás de Aquino, las Virtudes son el Coro que está a cargo de llevar a cabo los milagros en la Tierra. Los ángeles que ayudaron en la Ascensión de Jesús eran también miembros del Quinto Coro celestial. Las Virtudes están asociadas con los santos y con todos los héroes que batallan contra el mal. Se dice que fueron las Virtudes las que le dieron suficiente valor a David para destruir al gigante Goliat. En la Cábala se conocen como los Malachim o los Tarshashim. Los príncipes regentes de las Virtudes son Miguel, Gabriel, Uzziel, Peliel, Anael, Hamaliel, Barbiel, Sabriel y Tarshish.

6. *Poderes o Potencias*— Este es el Sexto Coro y su misión principal es la de guardianes y protectores del orden en el cielo y también evitar que los ángeles del mal destruyan al mundo. Se dice que este coro angelical fué el primero en ser creado por Dios, aunque la tradición nos dice que Dios creó a todos los ángeles a la misma vez. Este Coro tiene permiso divino para castigar y perdonar y también para crear de acuerdo a la voluntad divina, llevando a cabo sus designios. Parte de la misión de los Poderes es la de ayudar al ser humano a resistir las tentaciones del mal y a vencerlo, inclinándolo al amor a Dios y a sus leyes. Los Poderes residen entre el Primer y Segundo Cielo y guardan el camino al Cielo. Actúan también como guías de las almas perdidas y son los que escriben la historia de la humanidad. Los Poderes también se conocen como Autoridades, Potencias o Potencialidades, Dynamis y Potentados. Según algunas autoridades, la mayor parte de los ángeles rebeldes pertenecían al Coro de los Poderes antes de su caída. Se dice que uno de estos ángeles caídos, llamado Crocell, le reveló al Rey Salomón que aún tenía la esperanza de hacer las paces con Dios y regresar a los Poderes. Los Príncipes Regentes de los Poderes son Gabriel, Verchiel y Camael, a menudo identificado con Samael.

7. *Príncipes o Principalidades*— Este es el Séptimo Coro y está a cargo de proteger a todos los reyes, príncipes, jueces y gobernantes de la Tierra, iluminándolos para que hagan decisiones justas. También protegen a las naciones, las organizaciones grandes, las religiones y a los príncipes de la iglesia, incluyendo al Papa. Sus símbolos son el cetro, la cruz y la espada. Los príncipes regentes de este coro son Anael, Cerviel y Rekiel. Los príncipes celestiales se conocen como Sarim.

8. *Arcángeles*— Este es el Octavo Coro y está a cargo principalmente de interceder por los pecados o debilidades de los seres

humanos frente al Trono Divino, especialmente la ignorancia. Son también los que batallan continuamente contra Satanás y sus legiones para la protección del mundo. De acuerdo a la tradición judía, los Arcángeles están íntimamente relacionados con los planetas. Otras autoridades nos dicen que están conectados con los 12 signos zodiacales. Pseudo-Dionisio los describió como los portadores de los decretos divinos. Los Arcángeles son mencionados tanto en el Viejo como en el Nuevo Testamento. La Epístola de Judás relata que cuando el Arcángel Miguel estaba disputando con Satanás por el cuerpo de Moisés después de la muerte de este, no presumió a pasar juicio sobre el espíritu infernal sino que le dijo, "El Señor te rechaza".

Existe una gran confusión respecto a los Arcángeles y muchos ángeles que no pertenecen a este Coro y se llaman con este título. Esto se debe a que en el comienzo de la angelología, solo se reconocían dos clases de entidades celestiales: los Arcángeles y los Angeles. Fué con el trabajo de escritores como Santo Tomás de Aquino, San Agustín y el grupo de Pseudo-Dionisio que las distintas órdenes angelicales fueron propiamente organizadas. Por esta razón, los ángeles más elevados se llamaban Arcángeles, una costumbre que persiste en tiempos modernos. Pero no todos los ángeles superiores son Arcángeles. Por ejemplo, Sadkiel, Camael, Casiel, Azrael y Asariel, que se cuentan entre los regentes de los signos zodiacales, no son Arcángeles, pero se les llama a menudo con este título. En realidad todos estos ángeles pertenecen a Coros de una jerarquía superior a los Arcángeles. Los príncipes regentes de esta orden son Metratón, Miguel, Rafael, Uriel, Gabriel, Barbiel, Barachiel y Jehudiel.

9. *Angeles*— Este es el Noveno Coro y su misión principal es la de actuar como intermediarios entre Dios y los seres humanos. A pesar de que todas las huestes celestiales se conocen como ángeles, este es un Coro específico y entre ellos se encuentran los Angeles Guardianes. Los Angeles son el Coro Celestial que más cerca está de los seres humanos, a quienes ayudan constantemente. Se dice que existe una escuela para los Angeles en el Sexto Cielo donde los Arcángeles los instruyen. Esto nos lo relata Enoch, quien dice haber visitado esta escuela durante su visión apocalíptica del Cielo. Entre los temas que estudian los Angeles en esta escuela están la astronomía, la ecología y la oceanografía, además de la vegetación terrestre y la celestial y la psicología de los seres humanos. Todos los Angeles que vió Enoch en esta escuela tenían los mismos rostros y estaban idénticamente vestidos. Los príncipes regentes del Coro de los Angeles son Gabriel, Chayyiel, Adnakiel y Faleg.

La jerarquía angelical

Moisés Maimónides

Esta versión esta basada en la tradición cabalística y las diez esferas del Arbol de la Vida, que es el esquema central de la Cábala hebrea. De acuerdo a los teólogos y escolásticos judíos,

Figura 13— Los ángeles leen las plegarias que llegan al Séptimo Cielo.

especialmente Maimónides, la Jerarquía Angelical está compuesta de diez coros celestiales. Es difícil determinar la identificación de los nombres hebreos de los coros con los nombres cristianos, especialmente porque aparecen en orden distinto. La identificación que yo he hecho en la lista que sigue esta basada en mis propios estudios sobre la Cábala.

Cábala hebrea: Cristianismo

1. Chaioth ha Quaddosh: Poderes
2. Ofanim (Auphanim): Tronos
3. Arelim (Erelim): Príncipes
4. Chasmalim (Hasmalim): Dominaciones
5. Seraphim: Serafines
6. Malachim Virtudes
7. Elohim: Arcángeles
8. Bene Elohim: Angeles
9. Cherubim: Querubines
10. Ashim (Ishim): Almas de los santos

Cada uno de los coros dados en esta lista forma parte de los atributos de las esferas del Arbol de la Vida, las cuales se conocen como Sefiroth o Séfiros. Como se puede apreciar en la lista, el orden de los diferentes coros en la Cábala es completamente distinto al sugerido por Pseudo-Dionisio. Doy esta lista aquí porque es importante en la práctica de la magia angelical la cual vamos a discutir más adelante.

Las diferentes órdenes y coros angelicales son de gran importancia para el ser humano ya que todo lo que existe está regido por un ángel, incluyendo la vida y la muerte de una persona. De acuerdo al Libro de Jubileos, cuando Dios creó el universo, en el primer día de la Creación, también creó a todos los espíritus que son sus servidores. Entre estos están los ángeles de la Divina Presencia, los ángeles de la Santificación, los ángeles del elemento fuego, los ángeles del viento, de las nubes, de la oscuridad, de la nieve, del granizo, del trueno y el relámpago, del frío, del calor, de las cuatro estaciones, y de todas sus criaturas en la Tierra y en el Cielo. Por otra parte, según Enoch, los ángeles no fueron creados el primer día de la Creación sino en el segundo.

A través de cada coro angelical el ser humano recibe un don celestial:

1. De los Serafines recibe el fervor de la fe y el amor a Dios.

2. De los Querubines recibe iluminación mental, poder y sabiduría.

3. De los Tronos recibe el conocimiento de como fué creado y como dirigir sus pensamientos a cosas divinas.

4. De los Dominios o Dominaciones recibe la asistencia necesaria para subyugar a sus enemigos y perseguidores y alcanzar la salvación.

5. De los Poderes o Potencias también recibe ayuda para dominio de los enemigos materiales.

6. De las Virtudes recibe el poder de Dios para triunfar en la vida.

7. De los Príncipes o Principalidades recibe el poder de controlar todo lo que lo rodea

y adquirir conocimientos secretos o sobrenaturales.

8. De los Arcángeles recibe el poder de dominar a todas las criaturas de la tierra o del mar.

9. De los Angeles recibe el poder de ser mensajero de la voluntad divina.

Es por estas múltiples razones que los libros sagrados enseñan la importancia de conocer a los ángeles.

4

Los Siete Cielos

El concepto de los Siete Cielos proviene de la tradición judeo-cristiana y es también parte de las creencias musulmanas. Los persas y los babilonios también creían en Siete Cielos donde habitaban sus deidades. Los persas en particular concebían al Séptimo Cielo como la morada del Creador, quien estaba allí sentado en un inmenso trono blanco rodeado de Querubines. Esta idea, que persiste en el Judaísmo y el Cristianismo, indica que su origen data del tiempo de la antigua Persia y de Babilonia. Otras autoridades hebreas como Enoch, nos dicen que existen más de Siete Cielos. Según Enoch, que visitó estas mansiones celestiales en una visión apocalíptica, existen Diez Cielos. Fué en el Décimo Cielo que Enoch tuvo la visión del rostro de Dios. Por otra parte, el Zohar nos habla de trescientos noventa cielos y setenta mil mundos y existe una leyenda hebrea que asegura que existen novecientos cincuenta y cinco cielos, una cantidad que no es tan exorbitante, considerando la infinidad de ángeles que existen. Pero tanto las autoridades eclesiásticas judías como las cristianas, han abrazado el concepto más modesto de Siete Cielos, cada uno de los cuales es de una inmensidad prodigiosa.

Se dice que los Siete Cielos están suspendidos sobre la tierra, uno encima del otro en esferas concéntricas. Su constitución no es física sino espiritual y se pueden concebir como estados de conciencia o como otros planos de existencia. De acuerdo a Louis Ginzberg, en su obra *Leyendas de los Judíos*, el Primer Cielo es el más bajo en jerarquía y es como una especie de cortina que oculta el

Figura 14— Los ángeles frente al trono de Dios.

firmamento y las estrellas durante el día. Por la noche los ángeles descorren la cortina para revelar la inmensidad del universo y del Primer Cielo. En este concepto, el ser humano solo puede percibir parte del Primer Cielo, que es el universo, ya que este oculta los otros seis a su vista.

Primer Cielo— En hebreo su nombre es Shamayim o Wilon y su príncipe regente es Sidriel, pero varias autoridades dicen que este cielo es regido por Gabriel. Es aquí donde están todas las estrellas, cada una de los cuales tiene su propio Angel Guardián. El primer cielo es la morada de Adán y Eva. Según el patriarca Enoch, este cielo es donde se guardan la nieve, el hielo, las nubes y el rocío. Aquí Enoch vió también los doscientos ángeles que rigen las estrellas.

Segundo Cielo— En hebreo su nombre es Raquia y su príncipe regente es Barakiel, aunque hay autoridades que dicen que este cielo es regido por Rafael y Zakariel. De acuerdo a la tradición musulmana es aquí donde se encuentran Jesús y San Juan Bautista. Cuando Moisés visitó la Morada Divina, pasó por el Segundo Cielo donde se encontró frente a frente con el ángel Nuriel que tiene más de trescientos pies de estatura, lo cual lo hace uno de los ángeles más diminutos de las huestes celestiales si consideramos que algunos son más grandes que el sistema solar completo. Durante este encuentro, Nuriel estaba acompañado de cincuenta huestes angelicales todos formados de agua y fuego. De acuerdo con la tradición judía, es en el Segundo Cielo donde están aprisionados los ángeles caídos, que pecaron contra el Creador. Varias de las moradas de los ángeles oscuros se encuentran en otros cielos, en áreas separadas especialmente para ellos. El Segundo Cielo es también el lugar donde Dios colocó a los planetas. En este cielo el patriarca Enoch vió a muchos pecadores encadenados esperando el Juicio Final. También en un área separada del Segundo Cielo están aprisionados los ángeles que tuvieron relaciones prohibidas con mujeres, siendo azotados diariamente por este pecado.

Tercer Cielo— En hebreo el Tercer Cielo se llama Shehaquim y su príncipe regente es Baradiel. Otras autoridades dicen que Anael es el regente de este cielo. Es en el Tercer Cielo que los ángeles producen y guardan grandes cantidades de mana, que es el alimento celestial que Dios envió a los judíos durante su travesía por el desierto. El mana es también el sostén de las almas santificadas. Esta miel divina es llevada al Tercer Cielo por abejas celestiales bajo el mando de Miguel Arcángel. Se dice que San Pablo visitó el Tercer Cielo donde dijo haber escuchado frases terribles que según el no podían repetirse. San Pablo nunca fué gran amigo de los ángeles, a los cuales acusaba de vez en cuando de infracciones contra la ley divina. Tal vez por esta razón los ángeles del Tercer Cielo lo recibieron con palabras ofensivas. En las regiones del norte de este cielo se encuentra el Infierno. Esta área está repleta de monstruos de apariencia horrible. El hecho de que el Infierno se encuentre en el Tercer Cielo no es sorprendente ya que tanto los griegos como los antiguos hebreos creían que el Cielo y el Infierno estaban uno al lado del otro. Uno de los comentarios rabínicos sobre el Salmo 90 nos dice que el Paraíso está a la derecha de Dios y el Infierno a su izquierda. Según el patriarca Enoch, el Paraíso con el Arbol de la Vida se encuentra en el Tercer Cielo. Cuando Dios visita este cielo se sienta bajo la sombra del Arbol a descansar. Entre los príncipes regentes del paraíso están Miguel, Gabriel, Zotiel, Zefon, Johiel, y Azrael, que es uno de los ángeles de la muerte.

Cuarto Cielo— En hebreo el Cuarto Cielo se llama Machonon y sus príncipes regentes son Zahaquiel y Miguel. Se dice que la Jerusalén celestial se encuentra en el Cuarto Cielo, junto con el Templo y el Altar de Dios. Fué en el Cuarto Cielo que el profeta Mahoma se encontró con el patriarca Enoch. Es también aquí que el Sol y la Luna viajan a través del firmamento en sus carruajes, de acuerdo a una antigua tradición.

Quinto Cielo— El Quinto Cielo se llama Mathey y su príncipe regente es Zadkiel. Otras autoridades dicen que este cielo es regido por Sandalfón, que según la Cábala también rige la tierra y es conocido universalmente como el ángel de las lágrimas. En un área separada de este cielo se encuentran otros ángeles caídos, entre ellos los Grigori o Guardianes de las Torres o Atalayas, quienes están en "las regiones del norte" de acuerdo a la leyenda. Varios de los Grigori, junto a su regente Salamiel, fueron castigados por rechazar al Creador. El profeta Zefaniah dice haber visitado el Quinto Cielo, donde vislumbró los ángeles que se conocen como Señores, pertenecientes al Coro de las Dominaciones o Dominios. Cada uno de estos ángeles llevaba una corona en la cabeza y estaba sentado en un trono siete veces más resplandeciente que el Sol. En el Quinto Cielo se encuentra también el ángel de la venganza. Es en el Quinto Cielo donde coros angelicales cantan las alabanzas a Dios durante la noche. Durante el día están silenciosos para que Dios pueda escuchar las alabanzas de Israel.

Sexto Cielo— En hebreo el nombre del Sexto Cielo es Zebul y su príncipe regente es Gabriel o Zadkiel. En este cielo es donde se guardan todos los infortunios de la humanidad como huracanes, plagas, terremotos, temblores de tierra y otros fenómenos de la naturaleza reconocidos como de origen divino. Es aquí donde habita el Angel Guardián del Cielo y de la Tierra, el cual está formado de nieve y fuego, según los musulmanes. Se dice que es en el Sexto Cielo que los ángeles estudian la astrología.

Séptimo Cielo— En hebreo el nombre del Séptimo Cielo es Araboth y su príncipe regente es Miguel. Otras autoridades lo asignan a Cassiel. El Séptimo Cielo es donde se encuentra la Morada de Dios y los espíritus de los seres humanos que aún no han nacido. Fué en el Séptimo Cielo que el profeta Isaias escuchó a Dios formar el plan de la vida de Jesús en la tierra. Es la morada de los Serafines y los Poderes o Potencias y del ángel Zagzaguel, príncipe de la ley divina.

La fuente principal de donde provienen los nombres de los príncipes regentes de los Siete Cielos es el tercer Libro de Enoch. Esta obra, que es parte de la Pseudoepígrapha, hace una descripción de la interrelación entre los ángeles y el respeto y homenaje que se brindan mutuamente, sobre todo a los ángeles de las jerarquías superiores. El libro describe el poder y la magnitud de los grandes ángeles, especialmente los príncipes de los distintos

Figura 15— El empíreo.

coros celestiales en orden de ascendente importancia, y los espíritus que están más cerca de la Divina Presencia. Es el gran arcángel Metratón, en quien Enoch es transformado más adelante, y quien revela los secretos de la Jerarquía Angelical y la estructura de las huestes angelicales, a quienes Metratón llama los "celestiales".

Cada príncipe regente preside sobre una hueste celestial compuesta de cuatrocientos noventa y seis millares de ángeles ministros. Todos estos ángeles montan a caballo y cuando están frente a su príncipe regente, se desmontan y se postran a sus pies. Los príncipes regentes llevan una corona sobre las cabezas, tienen un manto sobre los hombros y un cetro en la mano.

Cada príncipe regente se quita la corona y se postra a los pies del principe regente del cielo que es superior a él. Por ejemplo, Sidriel, regente del Primer Cielo, se quita su corona y se postra a los pies de Barakiel, regente del Segundo; y Barakiel rinde la misma pleitesía a Baradiel, regente del Tercer Cielo; y Baradiel se postra ante Zahaquiel, regente del Cuarto y así sucesivamente hasta el Séptimo Cielo.

Bajo el mando de los Príncipes Regentes de los Siete Cielos están los siguientes Sarim o Príncipes Angelicales:

1. Gallaliel, que está a cargo del orbe del Sol.
2. Ofaniel, que está a cargo del globo de la Luna.
3. Rahatiel, que está a cargo de las constelaciones.
4. Kokabiel, que está a cargo de las estrellas.

Superiores a todos estos Príncipes Angelicales están los Príncipes de los Setenta y Dos Reinos de las Alturas, los cuales corresponden a las setenta y dos naciones de la tierra. Miguel, Príncipe Regente del Séptimo Cielo, se quita su gloriosa corona y se postra ante estos setenta y dos Príncipes.

Superiores a los setenta y dos Príncipes de los Reinos de las Alturas son los Guardianes de los Portales de los Siete Palacios que están en Araboth, el Séptimo Cielo. Y los setenta y dos Príncipes se quitan sus coronas y se postran ante ellos. Los Guardianes de cada uno de los Siete Palacios se postran frente a los Guardianes de los palacios superiores.

El Guardián del Séptimo Palacio se quita su corona gloriosa y se postra frente a los cuatro grandes Príncipes que guardan los cuatro campamentos de la Shekinah.

Superior a los Cuatro Guardianes de los campamentos de la Shekinah es Tagas, que está al frente de todos los celestiales. Y los Cuatro Guardianes se quitan sus coronas y se postran frente a él.

Superior a Tagas es Barattiel, quien sostiene al Séptimo Cielo en las puntas de tres de sus dedos. Por esto Tagas se quita su corona y se postra frente a él.

Superior a Barattiel es Hamon, un Príncipe temido y terrible de gran poder, y está a cargo de dirigir el Triságono divino:

Santo, Santo, Santo
es el Señor Dios de los Ejércitos
Repleto está el Cielo de Su Gloria.

Por esto Barattiel se quita su corona y se postra frente a él.

Infinitamente superior a Hamon son los Príncipes Angelicales que tienen el gran honor de añadir a sus nombres el gran nombre de Dios de cuatro letras, el Tetragrammaton, YHVH o Jehová. El primero de estos espíritus superiores es Tatrasiel YHVH y ante él, Hamon se quita su corona y se postra a sus pies.

Estos ángeles excelsos son siete:

1. Tatrasiel YHVH
2. Atrugiel YHVH
3. Naaririel YHVH
4. Sasnigiel YHVH
5. Zazriel YHVH
6. Gevuratiel YHVH
7. Arapiel YHVH
8. Asroilu YHVH
9. Gallisur YHVH

Cada uno de estos Príncipes se quita su corona y se postra frente al Príncipe superior a él.

Superior a Gallisur es Zakzakiel YHVH, que inscribe los méritos de Israel en la corona de Dios.

Superior a Zakzakiel YHVH es Anapiel YHVH, quien tiene a su cargo las llaves de los Siete Palacios de Araboth y cuya majestad y gloria supersede a todos los ámbitos del Séptimo Cielo.

Superior a Anapiel YHVH es Soterasiel YHVH, quien gobierna las cuatro salidas del Río de Fuego que está en Araboth. Ninguno de los Príncipes Angelicales puede entrar o salir de la Presencia de la Shekinah sin su permiso.

Superior a Soterasiel YHVH es Sokedhozi YHVH, quien pesa los méritos de los seres humanos en una balanza frente al Creador.

Superior a Sokedhozi YHVH es Sehanpuryu YHVH, quien tiene el poder de extinguir el Rio de Fuego que corre a través de Araboth.

Superior a Sehanpuryu YHVH es Azbogah YHVH, el bienamado y terrible Príncipe, quien conoce los secretos del Trono de Dios y provee los cuerpos de las almas al nacer y les dá la vida eterna cuando mueren.

Superior a Azbogah YHVH es el espíritu dual Soperiel YHVH, que se manifiesta como dos entidades distintas. Una de estas entidades tiene el poder de dar la vida y la otra de dar la muerte. Es el espíritu que está a cargo de los libros de los vivos, de aquellos a quienes Dios ha decidido dar el don de la vida.

Superior a Soperiel YHVH es Rikbiel YHVH, quien está a cargo de las ruedas de la Merkabah o carruaje divino, que transporta a la Shekinah.

Superior a Rikbiel YHVH es Hayliel YHVH, y es tan inmenso que puede tragarse al mundo de un golpe. Este espíritu está a cargo de las criaturas sagradas que cantan el triságono Divino, las cuales exhorta con latigazos de fuego.

Superior a Hayliel YHVH es Kerubiel YHVH, el cual es regente de los Querubines. Su cuerpo está cubierto de carbones encendidos y su estatura se extiende a través de los Siete Cielos. Su rostro es de fuego ardiente, sus ojos son como chispas y sus pestañas como relámpagos. Es un Príncipe recto y majestuoso cuya presencia es exaltada por millares de legiones.

Sobre su cabeza lleva una corona sagrada en la cual esta grabado el nombre de Dios, del que brotan destellos de luz. El arco de la Shekinah se extiende sobre sus hombros y todo su cuerpo está cubierto de ojos. De la cabeza a los pies está rodeado de alas y siempre va acompañado de truenos y de relámpagos. Los Querubines, que están a su cargo, son los servidores de la Shekinah, y la Gloria descansa sobre sus espaldas. Por esto sus rostros destellan con la Gloria de Dios y están rodeados de zafiros, que es la piedra relacionada con la Shekinah. Kerubiel los organiza en diseños exquisitos y los exhorta con gran esmero para que continuamente lleven a cabo la voluntad del Creador, ya que sobre sus cabezas reside perpetuamente la Gloria Divina.

Superior a Kerubiel YHVH es Ofaniel YHVH, Príncipe de los Ofanim o Tronos. Este ángel tiene dieciséis caras, cuatro en cada lado, cien alas en cada costado y ocho mil setecientos sesenta y seis ojos, de los cuales surgen rayos y centellas. Todo el que se atreve a mirarlo de frente queda hecho cenizas al instante. Este es el más alto de todos los ángeles. La altura de su cuerpo es de una jornada de dos mil quinientos años y nadie sabe lo grande de su poder excepto Dios mismo. Los Tronos, a quienes rige Ofaniel YHVH, se visten de zafiros y esmeraldas cuyo fulgor es tal que se extiende por todo el Séptimo Cielo.

Superior a Ofaniel YHVH es Serapiel YHVH, un gran Príncipe Celestial pleno de alabanzas y esplendor divino, quien es el máximo regente de los Serafines. Su rostro es el de un ángel pero su cuerpo es el de un águila inmensa. El zafiro que reposa sobre su cabeza es del tamaño de la tierra. Su cuerpo está cubierto de millones de ojos como estrellas y cada ojo es como el lucero de la mañana. La corona sobre su cabeza refleja la luz del Trono de Dios y su altura es de una jornada de quinientos dos años. Los Serafines, a quienes gobierna Serapiel YHVH, son instruidos constantemente por este para que alaben sin cesar a su Creador con salmos, plegarias, elogios y majestad continuas. Los serafines están hechos de llamas. Cada uno tiene seis alas y cada ala tiene el tamaño de uno de los Siete Cielos. Se dice que todas las mañanas Satanás, que perteneció antes de su caída a los Serafines, se une a Samael, el ángel de la Destrucción, y entre los dos escriben todos los pecados de Israel en tabletas, las cuales les entregan a los Serafines para que estos las pongan en manos del Creador. Cada día Dios pasa juicio basado en Su Verdad sobre la humanidad en su Corte Celestial. Si estas tabletas llegan a sus manos, tiene que destruir a Israel por romper sus leyes. Pero los Serafines saben que Dios no desea destruir a Israel y por esta razón no le entregan las tabletas, las cuales destruyen en el fuego divino que está frente al Trono de Dios. De esta manera Dios no tiene evidencia en sus manos sobre las faltas de Israel y no lo destruye. Miguel, que es Príncipe de los Serafines, es el guardián y protector de Israel, lo que tal vez explica esta acción protectora de los Serafines.

El más elevado de todos los Príncipes Angelicales es Radweriel YHVH, cuya majestad está exaltada sobre todos los ángeles ministros. Este Príncipe divino está a cargo de los archivos celestiales. En estos archivos están los rollos de pergamino en donde está escrita la Ley y todos los decretos de Dios. Radweriel YHVH pone estos pergaminos directamente en las manos del Creador, quien los coloca frente a los escribanos celestiales para que estos los lean frente al Gran Consejo Celestial. La grandeza de Radweriel YHVH es tal que de cada palabra que surge de su boca se forman ángeles nuevos. Esto es difícil de comprender ya que Enoch nos dice que Dios creó a todos los ángeles simultáneamente.

Existen cuatro Príncipes Celestiales conocidos como los Guardianes y los Seres Sagrados. Hay dos Guardianes y dos Seres Sagrados, los cuales rodean a la Majestad de Dios. Estos son los Concejales Divinos, con los cuales Dios consulta antes de pasar juicio o tomar una decisión sobre los seres humanos.

Como vimos antes, existe un río de fuego en el Séptimo Cielo. Cada vez que los ángeles van a cantar el Triságono Divino se bañan en este río y meten sus bocas y sus lenguas en el para purificarse. Luego salen de él y se visten con túnicas de luz deslumbrante para cantar sus alabanzas al Creador.

El látigo de fuego, que mencionamos anteriormente es usado en las mansiones celestiales para castigar a los ángeles cuando no llevan a cabo sus labores con la suficiente prontitud o para recordarles que por más elevado que sea su rango, Dios esta sobre de ellos. El mismo Metratón relata, en el tercer Libro de Enoch, que en una ocasión llegó Eliseo (Aber) frente al Trono Sagrado y al ver la gran luz de Metratón, que está sentado a la diestra del Creador, quedó estupefacto ante tan deslumbrante espectáculo. Tembloroso murmuró, "¡Hay Dos Poderes en el Cielo!" Esto es una gran ofensa a Dios, cuya principal característica es su unidad, ya que es solo Uno. De inmediato Eliseo fué sacado de la Divina Presencia y Anapiel YHVH, que está a cargo de las llaves de los Siete Palacios, siguiendo el mandato de Dios, le dió sesenta latigazos de fuego a Metratón, para ponerlo en su lugar. El Arcángel Gabriel, según Enoch, fué también en otra ocasión castigado con el látigo de fuego y exilado de la Divina Presencia por veintiún días por no llevar a cabo un mandato de Dios con la prontitud necesaria.

Los Siete Cielos son identificados con los siete planetas de los antiguos, Sol (domingo), Luna (lunes), Marte (martes), Mercurio (miércoles), Júpiter (jueves), Venus (viernes) y Saturno (sábado), cada uno de los cuales es regido por un Príncipe Celestial. Los Siete Cielos son identificados con el Olimpo de los griegos y divididos en ciento noventa y seis provincias olímpicas. Cada planeta o Cielo tiene adjudicado una serie de provincias que son regidas a su vez por un Espíritu Olímpico. Esto nos revela de inmediato que los Siete Cielos no son otra cosa que nuestro Sistema Solar mientras que Dios es el Universo.

5

La Divina Presencia y la Creación

Las dos descripciones más detalladas y conocidas de la Morada de Dios se encuentran en el Libro de Enoch y en el Libro de Revelaciones, también llamado El Apocalipsis de San Juan.

Según Génesis, Enoch fué hijo de Seth, el tercer hijo de Adán, quien fué su abuelo. Matusalén, el hijo de Enoch, es el personaje bíblico de más larga vida, habiendo vivido 969 años. Matusalén fué el abuelo del patriarca Noé y murió el mismo año del diluvio universal. En tiempos bíblicos la gente gozaba de una gran longevidad. Enoch, que no vivió ni siquiera la mitad de los años que su hijo Matusalén, también tuvo una larga existencia, la cual se extendió por 365 años, que es el número de días en el año solar.

A pesar de que la tradición hebrea nos dice que Enoch escribió cientos de libros, el más popular de todos es el conocido simplemente como el Libro de Enoch, el cual está dividido en tres partes: el primer Libro de Enoch, el segundo Libro y el tercer Libro. En este libro triple el patriarca nos relata sus visiones apocalípticas, incluyendo su visita a las mansiones celestiales y la rebelión de una parte de las huestes angelicales, llamados los ángeles caídos.

Enoch relata que los ángeles caídos, aterrados por el castigo que sabían iban a recibir de Dios por sus pecados, le pidieron al patriarca que intercediera por ellos ante el Creador. Enoch era escribano y de inmediato escribió la petición de los ángeles caídos y la leyó repetidas veces hasta que se quedó dormido. Durante el sueño tuvo una visión en la cual un fuerte vendaval lo arrebató del sitio en que se encontraba y lo transportó a través de las nubes hasta llegar al cielo.

Lo primero que Enoch vislumbró fué una muralla de cristal rodeada de lenguas de fuego. El patriarca atravesó las llamas hasta llegar frente a un palacio todo hecho también de cristal, incluyendo las paredes y el suelo. El techo estaba cruzado por estrellas y relámpagos y Querubines de fuego. Encima de todo esto había un firmamento de aguas claras. Llamaradas deslumbrantes rodeaban las paredes de este palacio y sus portales también estaban enmarcados en fuego.

Enoch entró al palacio y encontró que era ardiente como el fuego y frío como el hielo. El placer de la vida no existía allí. Aterrado, el patriarca empezó a temblar hasta caer boca abajo con el rostro sobre el suelo de cristal. De inmediato tuvo otra visión en la cual vió a un segundo palacio, más grande aun que el primero. Su portal estaba abierto ante él, igualmente formado por lenguas de fuego. Este palacio celestial era infinitamente más maravilloso que el anterior y estaba todo formado de fuego, desde el piso hasta el techo, a través del cual también cruzaban relámpagos y estrellas de un lado para otro.

Desde la entrada del portal Enoch pudo ver que adentro del palacio había un Trono inmenso tallado en cristal con ruedas hechas de soles y rodeado de Querubines. Debajo del Trono salían lenguas de un fuego tan radiante que enceguecieron al patriarca. La Gran Gloria de Dios estaba sentado en este Trono y sus vestiduras eran más blancas que la nieve y más brillantes que el Sol.

Ninguno de los ángeles que rodeaban el Trono podían mirar a Dios, tal eran los destellos deslumbrantes que radiaba su presencia. Ningún ser viviente podía levantar los ojos para verlo. Un fuego llameante lo rodeaba y otro fuego de gran esplendor estaba frente al Trono. Millares de espíritus de luz rodeaban a la Gran Gloria de Dios, pero El no necesitaba de consejero alguno. Los espíritus más elevados de la corte celestial no lo abandonaban nunca, permaneciendo en su Presencia continuamente.

Durante todo este tiempo Enoch se mantuvo postrado frente al portal del palacio, temblando como el azogue, hasta que el mismo Dios lo llamó diciéndole que se acercara. En esos momentos, uno de los seres sagrados que rodean al Trono Celestial, levantó a Enoch del suelo y lo trajo al umbral del portal. El patriarca bajó la cabeza ante la Divina Presencia y Dios pasó su sentencia sobre los ángeles caídos, por quienes Enoch fué a interceder ante El, condenándolos a tormentos eternos por sus pecados.

Como hemos visto en el capítulo anterior, existen siete palacios en el Séptimo Cielo. Enoch sólo visitó a dos de estos. La descripción que nos da Enoch de la morada de Dios fué escrita aproximadamente doscientos años antes de Cristo y los historiadores modernos nos dicen que es muy improbable que Enoch fuera su verdadero autor ya que el legendario patriarca hebreo tiene que haber vivido más de cinco mil años antes de Cristo. Pero su mensaje fué de tan gran impacto que influyó grandemente en los autores de las Epístolas de San Juan y de San

Mateo, quienes aceptaron como legítima la visión apocalíptica de Enoch.

Una visión apocalíptica es una revelación divina y el nombre del autor no es tan importante como el mensaje que está revelado. La creencia en las Escrituras y en lo que nos dicen los llamados Libros Apócrifos, es decir los que no forman parte de la Biblia, es un artículo de fe. El espíritu humano decide el camino a seguir, ya sea lo que su fe le dicte o lo que diga su lógica. Pero entre la fe y el raciocinio existe una línea tenue la cual debe ser balanceada por lo que nos dice la intuición. Y muchas veces la intuición rechaza el raciocinio en favor de la fe y cuando esto sucede raras veces nos equivocamos. No todo puede ser explicado a través de la lógica, y a pesar de lo que nos pueda decir la historia, el mundo Judeo-Cristiano aún se estremece con el relato de Enoch, y nuestros espíritus aspiran, sin atreverse a expresarlo, a encontrarse alguna vez frente a ese Trono de fuego y de cristal.

El Libro de Revelaciones, que la tradición cristiana le adjudica a San Juan Evangelista, ese discípulo tan amado por Jesús, fué escrito alrededor de ochenta años después de Cristo, con toda probabilidad en la pequeña isla de Patmos en el mar Egeo, a donde el autor fué exilado. En el capítulo cuarto Juan nos describe la Divina Presencia de la siguiente manera:

> "Después de esto, miré, y había una puerta abierta en el cielo. Y la primera voz que oí era como de trompeta, que hablaba conmigo diciendo, 'Sube acá y te mostrare las cosas que tienen que suceder'. Después de estas cosas estuve en el espíritu y vi a un trono en el cielo y a uno sentado sobre el trono. Y el que está sentado es en apariencia semejante a una piedra de jaspe y a una piedra preciosa de color rojo, y alrededor del trono hay un arco iris de apariencia semejante a una esmeralda.
>
> "Y alrededor del trono hay veinticuatro tronos y sobre estos tronos vi sentados veinticuatro ancianos vestidos con túnicas blancas y coronas de oro sobre sus cabezas. Y del trono provienen fuertes relámpagos y voces y truenos.
>
> "Y hay siete lámparas de fuego ardiendo delante del trono y estas significan los siete espíritus de Dios. Y delante del trono hay, como si fuera, un mar vítreo semejante al cristal.
>
> "Y en medio del trono y alrededor de éste hay cuatro criaturas vivientes que están llenas de ojos por delante y por detrás. Y la primera criatura viviente es semejante a un león, y la segunda es semejante a un toro, y la tercera criatura tiene rostro como el de un hombre y la cuarta criatura viviente es semejante a un águila volando.
>
> "Y en cuanto a las cuatro criaturas vivientes, cada una respectivamente tiene seis alas. Alrededor y por debajo están llenas de ojos. Y no tienen descanso día y noche al decir: Santo, Santo, Santo es Jehová Dios, el Todopoderoso, que era y que es y que viene.
>
> "Y siempre las criaturas vivientes ofrecen gloria y honra y acción de gracias al que está sentado en el trono, al que vive para siempre jamás.

Figura 16— Procesión apocalíptica.

"Los veinticuatro ancianos caen delante del que está sentado sobre el trono y adoran al que vive para siempre jamás y tiran sus coronas frente al trono diciendo: Digno eres Tu, Jehová, Nuestro Dios mismo, de recibir la gloria y la honra y el poder, porque tu creaste todas las cosas, y a causa de tu voluntad existieron y fueron creadas."

Los seres vivientes descritos por Juan en Revelaciones son los Serafines y los cuatro símbolos que tienen por rostros son, como expliqué anteriormente, representaciones de los cuatro elementos, agua, fuego, aire y tierra y las cuatro triplicidades astrológicas, representadas por los signos de Leo (el león), Tauro (el toro), Escorpión (el águila) y Acuario (el hombre). También se les adjudican a los cuatro evangelistas: El león es San Marcos; el toro es San Lucas; el águila es San Juan y el hombre es San Mateo.

Las visiones apocalípticas de Enoch y de Juan nos presentan el concepto más aceptado sobre el Cielo en la tradición Judeo-Cristiana.

La Creación

Una de las explicaciones más fascinantes sobre la creación del universo proviene de la Cábala hebrea. Lo que hace el concepto cabalístico de la creación tan extraordinario es que se ajusta largamente a las explicaciones que nos da la astrofísica sobre este evento transcendental en la historia del cosmos. Aquellos lectores que deseen tener información más detallada sobre la creación de acuerdo a la cábala pueden encontrarla en mi libro *A Kabbalah for the Modern World* (*Una cábala para el mundo moderno*), también publicado por Llewellyn y sólo disponible en el idioma Inglés. En este libro yo hago una comparación extensa entre la visión cabalística y las teorías sobre la creación del universo de acuerdo a la ciencia moderna.

La Cábala nos dice que el universo fué creado por Dios, una fuerza omnisciente, omnipotente e indefinible que existe más allá del cosmos.

Antes de la creación no existía nada, solo un vacío insondable. Y en ese inmenso vacío moraba la Divina Presencia. No existían aun los ángeles, ni el cielo, ni el paraíso y mucho menos el ser humano.

Esta Divina Presencia es inconocible, es decir no es posible percibirla ni comprenderla porque esta más allá de nuestra limitada percepción humana. En la Cábala se conoce como AIN, la Nada, pero a pesar de ser Nada, es inmanente, consciente y de una inteligencia y poder inconcebible.

Es Nada porque no tiene forma ni materia, es Intelecto Puro.

AIN, la Divina Presencia deseó manifestarse en el mundo material y tener forma. Para lograr esta manifestación transformó su esencia de Nada en Algo. Este Algo se conoce como AIN SOF y es pura Luz. Es una Luz total, deslumbrante y enceguecedora de tal magnitud que se extiende mucho más allá de los confines del universo creado y de millares de universos. En otras palabras, AIN SOF no tiene fin, es infinito y sempiterno; es Dios Total, es Luz sin medida ni límite alguno, un concepto imposible de comprender por el ser humano.

Figura 17— La creación de la luz.

Para poder expresar su Luz de forma material Dios concentró un sólo punto de su Luz infinita y envió este punto de Luz concentrada a través del vacío. Este punto de Luz divina se conoce como AIN SOF AUR y significa Luz de Oro.

La principal y más importante característica de Dios como AIN es su unidad, es decir, no hay división en El, es el Todo siendo Nada. La materia por otra parte se caracteriza por su dualidad. Esta dualidad es la primera división de la unidad de Dios, que se manifiesta materialmente de esta manera. Sigue siendo UNO pero para manifestarse en el cosmos expresa su esencia con dobles características. Estas dos características de la materia se conocen como el aspecto positivo y el negativo y se manifiestan en todo lo que existe. Noche y día, luz y oscuridad, blanco y negro, femenino y masculino, electrón y protón. Todo en el universo se expresa en esta dualidad.

Para lograr la manifestación de la materia en esta dualidad Dios expresó su esencia como femenino y masculino, sin dejar de ser Uno. Esta unidad de Dios en el mundo material es expresada en la bendición diaria de los judíos a Dios llamada el Shema. La bendición dice: "Escucha Israel, Dios Nuestro Señor es el Eterno. El Eterno es UNO. La más grande ofensa que se puede hacer a Dios es negar esta unidad. Es por eso que Dios mismo dice en el libro del profeta Isaías. No existe Otro Dios más que Yo. No conozco a ningún otro". Es decir, Dios es el único Creador del universo. Todos los dioses que se adoran en otras religiones es Dios mismo, con otros nombres, ya que El mismo dice que no hay otro.

Al manifestar su esencia de forma dual, el aspecto femenino del Creador se separó del masculino y restringió su Luz dejando un espacio en si Misma para que el rayo del Luz del AIN SOF AUR la atravesara y de esa manera pudiera ser creada la materia.

Según el punto de Luz del AIN SOF AUR, fué atravesando el espacio fué creando círculos concéntricos y cada uno de estos círculos fué condensando la Luz, según está iba descendiendo. Estos círculos se conocen como esferas o receptáculos de la Luz divina y se identifican con varios conceptos filosóficos y espirituales, además de las galaxias y finalmente del sistema solar y el planeta Tierra. En términos cabalísticos estas esferas se conocen como Séfiros y en conjunto forman el Arbol de La Vida. Es decir, el Arbol de la Vida no es otra cosa que el universo creado.

Este concepto cabalístico nos dice que el universo entero y todo lo que en él existen desde el espacio sideral y las estrellas hasta las galaxias, fué creado de sólo un punto concentrado de la Luz divina, lo que nos da una leve idea de la magnitud apoteósica de la Luz de Dios. La Luz divina es pues la manifestación del poder del Creador en el mundo material. Esta Luz es vida y creación. Más allá del mundo físico, cuando la materia termina, solo existe el misterio insondable de Dios antes de la Creación y su verdadera esencia.

Pero la Cábala nos dice mucho más, ya que al enviar su Luz a través del vacío para crear el universo, Dios envió tanta energía que las esferas o receptáculos no pudieron contenerla y se rompieron cruzando vertiginosamente el espacio y terminando por fin en el abismo.

Esta Luz al no poder ser contenida cayó en desbalance y se conoce como los cascarones cósmicos, donde la Luz ha sido opacada y totalmente impregnada en la materia. Este es el oscurecer de la Luz divina y la cuna de todo mal y destrucción en el mundo material. Esta creación imperfecta se conoce en la Cábala como el Qliphoth y es el lado oscuro del Arbol de La Vida, es decir del universo creado y el mundo material. El Qlipoth yace debajo del mundo material en el cual habitamos y nos influye continuamente de forma inmensamente destructiva, ya que es la negación de la Luz divina.

Después de esta catástrofe cósmica, Dios volvió a enviar su Luz a través del vacío pero esta vez contenida y balanceada. Esta es la Creación actual, de la cual el ser humano forma parte. Pero la energía divina impregnada en la materia que es el Qlipoth tiene que ser rescatada y regresada a su origen divino. Para rescatar esta Luz de Dios fueron creados Adán y Eva, pero al caer en pecado, prolongaron la separación de esta Luz del Creador y es a nosotros, los descendientes de Adán y Eva, quienes tenemos la misión divina de transmutar estos cascarones cósmicos en fuerzas de luz. Y esto sólo lo podemos lograr resistiendo las tentaciones de la materia, la cual forma parte de esta creación imperfecta. Cada vez que un ser humano, a través de sus buenas obras, transciende su condición física para elevarse a planos superiores, muchas de estas tinieblas regresan en forma de chispas de luz a su fuente original, que es Dios. Esta luz, envuelta en las tinieblas que son los cascarones cósmicos, son los llamados espíritus oscuros que pululan por la tierra, tentando a los seres humanos a cometer actos destructivos.

Para ayudar al ser humano en esta gran misión, Dios creó a los ángeles los que continuamente nos ayudan e iluminan para llevar a cabo esta obra transcendental. Todos los libros sagrados, desde la Biblia y el Korán hasta las Vedas y el Zend Avesta son también instrucciones divinas dadas por Dios a seres escogidos para hacerlas llegar de esta manera al resto de la humanidad y de esta manera ayudarnos a cumplir nuestro destino cósmico.

El universo creado se conoce en términos cabalísticos como Adán Kadmon y es en realidad el cuerpo de Dios manifestado en el mundo material.

La Shekina

En el primer capítulo de Génesis, antes de crear a Adán y a Eva, Dios dice: "Vamos a crear al hombre en NUESTRA imagen". Y procede a crear al hombre y a la mujer. Es claro en esta frase que Dios no está solo en estos momentos ya que dice "nuestra" imagen. La tradición cabalística nos dice que Dios estaba hablando con la Shekina, el aspecto femenino del Creador, en el momento de la creación. Como ya hemos visto, la manifestación de Dios en el mundo físico es lograda a través de la expresión de la dualidad de la materia y esta dualidad es tipificada en Adán y Eva, creados en la imagen de Dios, Padre y Madre, el Rey Divino y su Shekina. El misterio de La Shekina es expresado también en el concepto del Espíritu Santo. Por eso Jesús dice en el Evangelio, según San Lucas,

Figura 18— La reina del cielo.

Figura 19— La Virgen María con Jesús como un niño rodeado por ángeles.

que Dios Padre perdona todo pecado si el pecador se arrepiente, excepto la ofensa al Espíritu Santo.

El Espíritu Santo es la Shekina, la bien amada del Creador, su Otro Yo. Y es tanto el amor que los une en la eternidad que El no perdona jamás a quien la ofende. La Shekina es la Madre Cósmica, manifestada en la tierra como la naturaleza. Todas las diosas de todas las religiones son aspectos de la Shekina y todas las manifestaciones de la Virgen María son también representaciones del Principio Femenino de Dios.

Dios Padre y Dios Madre, el Rey Divino y Su Shekina, son una unidad, es decir son Uno Sólo y su unión es un acto de amor en un plano cósmico y espiritual, similar a la unión entre dos amantes en el plano material. El placer sexual en el ser humano es una copia infinitésima e imperfecta y de una duración insignificante comparado con el éxtasis purísimo y supremo que es la unión eterna de Dios Padre y Madre. Este éxtasis eterno, que no tiene fin se conoce en el Budismo como Nirvana.

La Shekina es la Novia Divina pero también la Madre y la Hermana del ser humano. Ella es el arquitecto del universo creado ya que su acción de restringir su luz en el momento de la creación fué llevada a cabo en virtud de la Palabra que Dios Padre pronuncio al crear el mundo.

El Verbo, es decir, la Palabra de Dios, fué concebida y gestada por la Shekina, de la misma forma que una mujer concibe y gesta a una criatura.

Es por eso que Jesús es identificado como el Verbo hecho carne, ya que fué concebido y gestado por la Virgen María, que es una manifestación de la Madre Cósmica.

En su obra magistral, *La divina comedia*, el poeta Dante Alighieri hace referencia a la Shekina. Esta obra es un poema escrito en tersa rima y dividido en tres partes, *El Infierno*, *El Purgatorio* y *El Paraíso*. En el canto décimo de *El Paraíso*, Dante dice que la Novia de Dios se levanta temprano por la mañana para cantar sus alabanzas a su Novio Divino para que éste la ame.

Parte de la tragedia humana es lo que se conoce en la Cábala como el exilio de la Shekina. Debido al pecado de Adán y Eva, los cuales fallaron en su misión de rescatar a la luz de las tinieblas, la Shekina permanece en la Tierra, separada de su divino cónyuge. Solo se une a él de nuevo los viernes a la medianoche que es, según la Cábala, el momento ideal para una unión entre esposos. En este instante la Divina Presencia, Padre, Madre, Uno, están unificados extendiendo su bendición sobre los cónyuges.

Según el Espíritu de Dios, Creador Supremo y Divina Presencia, se manifiesta como femenino y masculino, así también el espíritu humano fué creado masculino y femenino. Debido a que la Shekina esté en exilio y separada de su divino esposo, el espíritu humano también es separado al nacer y solo nace o encarna una de sus dos mitades, que puede ser la femenina o la masculina. La otra mitad puede nacer a la misma vez en otro cuerpo o puede permanecer en el mundo espiritual, esperando a que su otro yo complete su misión en la Tierra y regrese al mundo del espíritu en cuyo momento, si ambas están suficientemente purificadas, vuelven a unirse en éxtasis eterno. De aquí proviene el concepto de las almas gemelas. Se dice que si las dos mitades del mismo espíritu se encuentran en la Tierra, algo que no es muy común, se reconocen de inmediato, y nada puede separarlos.

La atracción que una persona siente por otra cuando se enamora es debido a que esa persona le recuerda, sin saberlo, varias de las características de su otro yo. Es por eso que es posible amar a más de una persona, porque cada persona de quien nos enamoramos despierta ecos en nuestras almas de nuestro verdadero y único amor, nuestra alma gemela. Esto también explica por que a veces un ser humano puede enamorarse de alguien y esta persona no le corresponde. Esto se debe a que a pesar de que esa persona le recuerda a su otro yo, no lo es en realidad, y esa persona tiene otro yo a quien también está buscando y el cual no se parece en nada a la persona que lo ama y a quien no puede corresponder. La unión total con ese complemento de nuestras almas solo puede ser realizada por completo cuando la Shekina se una de nuevo a su Bien Amado, que es Dios Padre.

Según el tercer Libro de Enoch, después que Dios exiló a Adán y a Eva del Jardín del Edén, la Shekina permaneció en el Edén y estableció su residencia sobre un Querubín debajo del Arbol de la Vida. Grandes huestes angelicales bajaban continuamente del Cielo para servir a la Shekina y a llevar a cabo los designios de Dios en la tierra. La luz que radiaba la Shekina era, según el patriarca, trescientos sesenta y cinco mil veces más brillantes que el sol y se extendía de un extremo a otro de la Tierra. Todo aquel que percibía de cerca su luz estaba salvo de todo peligro, desastre y enfermedad y ni demonios ni ángeles podían tocarlo. Por esta razón, Adán y Eva y sus descendientes acamparon al otro lado de las puertas del Edén para poder de esta manera contemplar continuamente el resplandor deslumbrante de la Shekina. Pero las generaciones que siguieron a Adán y Eva, se desviaron del servicio de Dios y comenzaron a erigir ídolos de oro y piedras preciosas, a los que adoraban en vez del Creador. Los ministros angelicales, indignados ante esta ofensa, llevaron sus quejas a Dios, el cual de inmediato sacó a la Shekina del Jardín del Edén, elevándola con la música de millares de ángeles al Paraíso.

El exilio actual de la Shekina la mantiene en el Paraíso solo los viernes, como hemos visto. El resto de la semana permanece separada de su divino cónyuge hasta que toda la luz de la Creación retorne a Dios. Cada acto de bondad, de amor, de pureza y de compasión acorta la estadía de la Shekina en la Tierra y acerca el momento feliz de su reunión permanente con el Padre Eterno, ya que eleva hacia la luz divina a muchos de los espíritus oscuros que vagan en las tinieblas. Es solo cuando toda esta oscuridad sea purificada y toda la luz divina regrese al AIN SOF AUR que llegará a su término el exilio de la Shekina y los sufrimientos del ser humano en la tierra. El misterio de la Shekina está escondido en las cuatro letras (YHVH) del nombre sagrado de Dios, pronunciado erróneamente como Jehová. Según Enoch, cada ángel tiene una tablilla en su corazón donde están grabadas las cuatro letras del Tetragramaton o nombre sagrado.

Hasta ahora hemos estado describiendo el concepto cabalístico de la creación la cual forma una parte intrínseca de la tradición judía, mucha de la cual es recogida y adaptada a la tradición cristiana. Pero lo más extraordinario de la versión que nos da la Cábala sobre la creación es que concuerda con lo que nos dice la astrofísica sobre este monumental evento.

La Cábala nos dice que Dios creó el universo con un punto de su Luz, algo que repite el Libro de Génesis, donde Dios dice, "Hágase la Luz", y la luz se hizo. La astrofísica, por otra parte, en la famosa teoría de la Gran Explosión, el llamado Big Bang, teoriza que el universo en sus principios consistió de un solo punto de luz superconcentrada, la cual al explotar, se expandió a través del espacio creando a su paso, galaxias, soles, estrellas y planetas. Pero lo que no nos puede explicar la ciencia es de donde surgió el punto de luz inicial de donde surgió el universo. Algunos astrónomos creen que ese punto de luz siempre estuvo ahí, algo que no tiene gran sentido ya que nuestro universo está basado en la ley de causa y efecto. Si todo tiene un origen y una razón de ser, ¿por qué no el universo?

Muchos astrónomos y astrofísicos, enfrentando cada día la creciente e innegable evidencia de una inteligencia suprema en el universo, han optado por expresar su creencia de que el cosmos es el resultado de un plan divino.

Paul Davies, un distinguido físico matemático de la universidad de Adelaide en Australia, dijo en uno de sus libros que nuestra presencia en la tierra no es el resultado de una coincidencia. En su opinión estamos destinados a estar aquí. Para qué y por qué la ciencia no nos dice. Pero los antiguos cabalistas lo dijeron hace miles de años. Estamos aquí para transcender a la materia y a ayudar a purificar las chispas de luz divina que están aun envueltas en las tinieblas, a través de nuestros buenos actos. Cuando esta misión sea completada podremos regresar a nuestro lugar de origen en la luz divina.

El Libro de Enoch describe la Divina Presencia como una luz de tal fulgor que no es posible mirarla porque enceguece. El techo del palacio celestial es cruzado por estrellas y relámpagos deslumbradores. La fuente de luz más poderosa del universo procede de los rayos gamma, los cuales son muchos billones de veces más brillantes que la luz del sol. Recientemente se ha descubierto que el origen de muchas de las explosiones enceguecedoras de los rayos gamma proviene de una distancia de más de siete billones de años de luz, mucho más allá de nuestra galaxia. A pesar de esta lejanía inconcebible, los destellos de esta extraordinaria luz cósmica pueden ser detectados por satélites desde nuestro planeta. El hecho de que estando tan distantes aún se puede percibir su luz indica a la ciencia que los rayos gamma deben ser el resultado de un fenómeno cósmico de un poder apoteósico. Una luz que es billones de veces más brillante que el sol no se puede concebir. ¿Qué sucedería a un ser humano que enfrentara el origen de esta luz a una distancia de un solo año de luz? Enceguecer ante la luz seria nada. Lo más probable es que la radiación fuera tan poderosa que desintegraría del todo al observador, el cual sería entonces absorbido por la luz. Muchas personas especulan que el fenómeno de los rayos gamma es un Sol central que se encuentra en el medio del universo. Otros creen que esta luz inmensa es el comienzo del túnel de luz descrito por personas que han tenido experiencias cercanas a la muerte. Otros están seguros que los rayos gamma marcan la entrada a las mansiones celestiales descritas por Enoch. Los antiguos cabalistas dirían que en los rayos gamma la ciencia ha descubierto el AIN SOF AUR, el punto de luz con el cual Dios creó el universo.

6

El Paraíso

La palabra paraíso nos llega de Persia y significa jardín del placer o parque real. Los antiguos hebreos que, como les expliqué antes, vivieron por muchos siglos en la antigua Persia, utilizaron esta palabra para describir al Jardín del Edén, donde habitaron nuestros primeros padres, Adán y Eva.

El Edén era la región donde se encontraba este jardín del placer.

Del Jardín del Edén fluía un río que se dividía en cuatro corrientes distintas. La Biblia nos da los nombres de estos tributarios como el río Tigris, el Eufrates, el Gihon y el Pisón, los cuales pudieron haber sido los nombres del río Nilo y del Golfo Pérsico entre los antiguos hebreos.

Cuando Dios creó Adán le dijo que podía comer las frutas de todos los árboles que estaban en el Jardín del Edén excepto del Arbol del Conocimiento del Bien y del Mal ya que si comía de este, moriría. Cuando la serpiente tentó a Eva, induciéndola a comer del fruto prohibido y esta le dió a comer de la fruta a Adán, Dios los castigo, expulsándolos del paraíso.

Pero antes dc hacer esto, vistió a Adán y Eva con ropas hechas de la piel de animales. Esta piel es el cuerpo humano ya que antes de comer del Arbol del Bien y del Mal, Adán y Eva eran espíritus inmortales igual a Dios, quien los creó en su imagen. Una vez que fueron vestidos con estas pieles y sacados del paraíso Adán y Eva perdieron el don de la inmortalidad y eventualmente murieron, tal como Dios le advirtió a Adán que iba a suceder cuando le prohibió comer del Arbol.

Figura 20— El Arcángel Rafael instruye a Adán y Eva.

Pero en el Jardín del Edén había otro árbol, llamado el Arbol de la Vida, que es la Creación, y Dios Padre le dijo a su Shekina, "Ya el hombre ha pasado a ser como uno de nosotros, al conocer lo bueno y lo malo, y ahora también puede extender su mano y tomar del Arbol de la Vida, comer y vivir por siempre". Para evitar esto, Dios sacó a Adán y a Eva del Jardín y los exiló a la Tierra. Para proteger al Arbol de la Vida colocó a los Querubines al Este del Jardín con una espada llameante que volteaba continuamente.

Según San Pablo, el Paraíso se encuentra en el Tercer Cielo. Esto tiende a indicar que después del exilio de Adán y Eva del Jardín del Edén, Dios elevó al Paraíso Terrenal al cielo. Pero el capítulo 2 del Libro de Revelaciones nos da esperanzas de regresar al Jardín del Edén porque dice que a aquel que "venza", le será concedido comer del Arbol de la Vida que está en el Paraíso de Dios. Lo que se debe vencer son indudablemente las tentaciones y la debilidad de la naturaleza humana. En este contexto podemos ver que El Jardín del Edén es en realidad parte del Paraíso divino, localizado en el Tercer Cielo, y es aquí a donde van las almas de los santos y aquellas purificadas a través del control de la materia. Es importante reconocer que cuando hablamos del "cielo" y del "paraiso", estamos en realidad hablando de otras dimensiones y otros estados de conciencia, no de lugares físicos. Cuando nos referimos al "Tercer Cielo" o a cualquiera de los otros "cielos", estamos hablando de estados exaltados de la superconciencia humana, una vez que ésta ha transcendido el mundo material.

En su obra *Paraíso perdido*, el poeta John Milton, describe la expulsión de Adán y Eva del Paraíso en un libro escrito en forma de un poema de 12 cantos. El libro es intrínsecamente cristiano y relata la historia de la primera desobediencia del hombre, su tentación su caída, y la promesa de su redención a través de Jesucristo. En el libro Satanás es el adversario del hombre. La obra comienza con una invocación a las musas celestiales y describe en detalle la guerra entre los ángeles, la expulsión de Satanás del Cielo, la creación del Infierno y de los hijos de Satanás, que según Milton son el pecado y la muerte. El libro termina con la expulsión de Adán y Eva del Jardín del Edén. Lo que pierden Adán y Eva al perder el Paraíso es la gracia de Dios y el éxtasis divino.

Como vimos en el capítulo anterior, Dante Alighieri describe el Infierno, el Purgatorio y el Paraíso en *La divina comedia* con un gran poder visual y realístico. Su guía durante su visita al Infierno y al Purgatorio es el poeta romano Virgilio mientras que su guía a través del Paraíso es la gran amada de Dante, Beatriz, a quien el poeta inmortalizara a través de sus obras. Beatriz solo tenia ocho años cuando Dante la vió por primera vez y es dudoso que jamás hubiera hablado con ella. La amó siempre de lejos pero no en silencio, ya que su obra expresa a gritos su gran amor. Cuando ella murió a los veinticinco años, Dante la siguió amando y la encontró de nuevo en su visión del Paraíso a donde ella lo lleva en *La divina comedia.*

En la visión de Dante, el Cielo o Paraíso, está rodeado de una pared de llamas. Al otro lado de esta pared llameante hay dos ríos que borran los recuerdos de los pecados y fortalecen los recuerdos de las buenas acciones.

El paraíso dantesco está basado en el concepto cósmico de Ptolomeo, en el cual la Tierra está en el centro de nueve cielos o esferas celestiales, las cuales giran sobre esta desde la altura. Estas esferas están colocadas una sobre la otra y su velocidad depende de su distancia de la Tierra. Cada cielo está regido por uno de los coros angelicales y ejerce su especial influencia sobre los seres humanos. Los Siete Cielos de Dante están representados por los siete planetas de los antiguos, que son el Sol, la Luna, Marte, Mercurio, Júpiter, Venus y Saturno. El octavo cielo es donde está la esfera de las estrellas y el noveno es el "Primum Mobile", o Primera Causa, la cual rige el movimiento de los cielos de Este a Oeste. Más allá de los nueve cielos, según Dante, está el Empíreo, que es la morada de Dios y sus santos, una esfera donde no existe ni el tiempo ni el espacio y todo es luz.

Los ángeles, según la concepción de Dante son espíritus incorpóreos, de forma pura y total intelecto, los cuales fueron creados inmortales por Dios.

Tienen voluntad propia como el ser humano, pero la han subyugado al servicio divino. Cada orden angelical es superior a la que está debajo, a la cual iluminan con su luz celestial y la inspiran a amar a Dios. De acuerdo a Dante la mayor parte de los ángeles están en contemplación continua de la luz del Creador pero otros impulsan el movimiento de las esferas celestiales a través de su poder mental.

Tanto la visión de Milton como la Dantesca, expresadas en estos dos poemas inmortales, son esencialmente cristianas y reflejan los profundos conocimientos de la tradición judeocristiana de ambos poetas. Todo lo que expresan estas obras está fuertemente entrelazado con los relatos bíblicos y apócrifos, incluyendo Génesis, los profetas, Revelaciones, el Libro de Enoch, y la Cábala. De manera que a pesar que ambas obras son catalogadas como ficción, esta es una ficción basada tanto en la fe cristiana como en sus leyendas.

Infierno y Purgatorio

Más que un lugar, el Infierno es un estado de conciencia ya que las torturas sufridas por las almas rebeldes reflejan el horror de los actos cometidos durante su estadía en la Tierra, cuyo recuerdo les atormenta continuamente. En la tradición cristiana el Infierno es también un lugar cuyo concepto es una mezcla del Sheol hebreo, una caverna tenebrosa a donde van todas las almas al morir y donde esperan el Juicio Final, y el Gehenna de los griegos, donde los espíritus de personas malévolas reciben el castigo de sus culpas.

La descripción que el Cristianismo nos hace del Infierno tiene mucho parecido con el Hades de la mitología griega, un lugar sombrío y subterráneo regido por el dios Plutón. Las imágenes cristianas de las llamaradas del Infierno provienen del Nuevo Testamento, especialmente el Libro de Revelaciones, donde el Infierno es descrito como un lago hirviente de fuego y azufre, el cual según San Juan es la segunda muerte.

Lo más interesante del concepto cristiano del Infierno es que solo son condenados a estos tormentos eternos los espíritus rebeldes,

Figura 21— Los portales del Purgatorio.

es decir aquellos que se niegan a arrepentirse de sus pecados. En el arrepentimiento está la redención del espíritu. Cuando un pecador se arrepiente de sus malas acciones en la Tierra, su espíritu no es condenado a hervir para siempre en el lago de fuego y azufre descrito por Revelaciones. Este espíritu pasa al Purgatorio, donde es purificado de sus ofensas y pecados. La estadía de un espíritu en el Purgatorio depende de la gravedad de sus faltas en su vida terrenal. Pero si su arrepentimiento es sincero, no importa cual terrible hayan sido sus faltas, finalmente estas son borradas por sus sufrimientos en el Purgatorio.

A la entrada del Purgatorio existe un lugar llamado Limbo, que en latín significa "borde" o "filo". Se le da este nombre porque en la antigüedad se creía que el Limbo estaba situado en el borde del Infierno, es decir entre el Infierno y el Purgatorio.

En la teología católica el Limbo es el lugar de descanso de aquellas almas que han sido excluidas del Paraíso sin haber pecado. Los teólogos describen dos clases de Limbo: el Limbo donde las almas de los justos esperan a ser redimidos por Jesucristo y el Limbo de los niños que mueren sin bautizar o de personas que nunca recibieron el sacramento del bautizo pero que fueron seres buenos en la Tierra. Entre estos seres están los que vivieron antes del nacimiento de Jesús y los que no son cristianos. En el Limbo también se encuentran las personas que no tuvieron tiempo de arrepentirse de sus faltas antes de morir. En *La divina comedia*, Dante envisiona a los filósofos griegos, como Aristóteles, en el Limbo, ya que no fueron bautizados. El Limbo es un lugar de espera, de suspensión espiritual, donde estas almas gozan de paz y de una felicidad natural pero que no es comparable al éxtasis supremo del Paraíso. El Limbo es un concepto católico, y en muchas formas injusto, ya que no tiene sentido condenar a un ser inocente y noble a permanecer en este estado de suspensión espiritual, simplemente porque no fué bautizado.

Según el Cristianismo, el Purgatorio es un estado de arrepentimiento en el cual las almas de los muertos son purificadas de sus pecados veniales o sufren castigos temporales después de haberse arrepentido de sus pecados mortales.

El pecado es un término teológico que describe toda mala acción. No se debe confundir con el crimen, el cual es un termino legal que se refiere al rompimiento de las leyes que la sociedad impone a sus miembros. Tampoco debe confundirse el pecado con el vicio, el cual es un término moral que define las prácticas y acciones de un individuo que hacen daño a su moral y a menudo a su salud física y mental. El pecado es un acto o conducta que ofende a Dios y aleja a una persona de él. Puede ser un crimen, un vicio, o una acción que no es condenada por la ley humana pero sí por la divina. Por ejemplo, la crueldad y la malevolencia no rompen ninguna ley humana, pero son pecados ante los ojos de Dios.

Cada una de las principales religiones creen en el concepto del pecado, pero difieren grandemente en lo que este significa. La doctrina del karma, según el Hinduismo, enseña que toda acción humana resulta en retribución, si es mala, o recompensa, si es buena, a través de nuevas existencias. Las buenas acciones ayudan al espíritu a liberarse del mundo de los sentidos mientras que las malas acciones degradan al espíritu y lo atan más fuertemente a la rueda del karma y a un continuo ciclo de reencarnaciones.

Solo cuando el espíritu deja de desear o de actuar es que rompe su atadura a la rueda del karma y no necesita volver a reencarnar, uniéndose a la fuente divina que es su verdadero origen.

El Judaísmo, Islam y el Cristianismo enseñan que el pecado es una ofensa a Dios. En el Viejo Testamento el pecado es un acto rebelde contra la ley de Dios. El primer pecado fué cometido por Adán y Eva y los efectos de este pecado son heredados por sus descendientes. Según el Cristianismo, el pecado original afectó tan grandemente a la humanidad que cada ser humano nace pecador y la tendencia a pecar está profundamente arraigada en su naturaleza. La pasión y muerte de Jesús borró de nuestras almas el pecado original, pero no nuestra inclinación al pecado. En el Cristianismo, se peca no sólo con la acción, sino también con todo pensamiento o intención que esté opuesto a la ley divina.

Según la Biblia, existen siete pecados mortales: Orgullo, Avaricia, Gula, Lujuria, Envidia, Ira y Pereza. De los siete, el Orgullo es el pecado que más efectivamente separa al pecador de la Gracia de Dios. En el Cristianismo, la remisión de los pecados es posible solamente a través de Jesucristo, cuya muerte y sacrificio libera al pecador arrepentido de las garras del pecado.

El Purgatorio, donde las almas purifican sus pecados, es un estado de intenso sufrimiento, pero contrario al Infierno, es un sufrimiento temporal.

Según la Iglesia Católica, la purificación que sufre un alma en el Purgatorio es llevada a cabo a través del fuego. La Iglesia Ortodoxa Griega no define el tipo de purificación que sufren las almas en el Purgatorio y más bien lo consideran un estado de tribulación.

La Corte Celestial

Según Enoch, todas las mañanas Dios pasa juicio sobre la humanidad en la Corte Celestial con todos sus Angeles Ministros. Solo los Príncipes Angelicales que llevan el nombre sagrado de Dios, YHVH, pueden hablar en la Corte de Dios. Alrededor de la Divina Presencia están los dos Guardianes y los dos Seres Sagrados que son los concejales divinos. Radweriel YHVH pone en las manos de Dios el pergamino donde están escritos sus decretos y el Creador los pone frente a los escribanos para que los lean a los Celestiales. Entonces Soperiel YHVH abre los libros de la vida y de la muerte.

Dios está vestido con una túnica de rectitud, blanca como la nieve y más resplandeciente que un millón de soles. Su cabello es blanco como el algodón. Cada acción en la Tierra y en el universo entero es detallada y un juicio perfecto es pasado sobre ella. El juicio de Dios es perfecto porque está formado de Justicia, Compasión y Verdad. La Compasión está a su izquierda, la Justicia a su derecha y la Verdad frente a él. Estas son representadas por las tres columnas del Arbol de la Vida.

El trono divino está sostenido por las criaturas sagradas conocidas como Hayyoth, los Poderes, cada una de las cuales lo sostienen con 3 dedos.

Figura 22— Las almas purificadas en la esfera del sol.

Frente al trono celestial hay un cortinaje donde están escritas todas las generaciones de los seres humanos y todos los actos llevados a cabo por cada persona hasta la ultima generación. Esto indica que aunque Dios concedió el don del libre albedrío al ser humano, debido a su omnisciencia, él sabe cuáles van a ser las acciones de cada persona durante toda su vida en la Tierra.

De acuerdo a Enoch, cuando Dios se sienta en el Trono del Juicio decide quien va a vivir o a morir ese día. Los Angeles de la Compasión estén a su derecha, los Angeles de la Paz están a su izquierda y los Angeles de la Destrucción están frente a él. Un escribano está debajo del Trono y otro escribano sobre éste. Los Serafines, cubiertos de gloria, rodean el Trono con paredes de relámpagos en sus cuatro lados y los Ofanim rodean las paredes como antorchas de fuego. Frente al Trono están las huestes celestiales del Séptimo Cielo, regidas por Miguel, y sus números suman cuatrocientos noventa y seis millares de ejércitos y cada ejercito contiene la misma cantidad de ángeles de luz. Todos se paran frente al Trono en cuatro filas y un Capitán Angelical está al frente de cada fila. Todos los ángeles cantan el Triságono Divino.

Cuando terminan de cantar sus alabanzas, los ángeles se transforman en chispas y llamas de luz; "miles de miles" toman formas femeninas y la misma cantidad toma formas masculinas y todos tiemblan de amor y de temor ante la Gloria de Dios.

Cuando el espíritu humano llega frente al Trono de Dios y recibe su Gracia, un rayo de luz surge de la Compasión Divina y se detiene frente a él. El espíritu cae postrado al instante frente a Dios y todos los Angeles de la Destrucción se alejan del espíritu porque ha alcanzado el perdón de Dios.

A pesar de que hay un balance perfecto en el juicio de Dios, este siempre se inclina a la Compasión, porque es en esta que ha establecido su Trono.

Hay setenta y dos príncipes angelicales que llevan el nombre del Creador y todos ellos están presentes en cada juicio. Metratón, que es el Príncipe Guardián de este mundo, está presente también ya que es quien intercede a favor de la humanidad y pide a Dios misericordia para ésta.

El Juicio Final

El final de la historia humana se conoce como el Día del Señor, el día del Juicio Final, cuando tanto los vivos como los muertos serán juzgados de acuerdo a sus acciones. Este momento apoteósico marca el regreso de todas las almas de los escogidos al Paraíso. Tanto el Judaísmo como el Cristianismo creen en este evento culminante, el cual será anunciado con el sonar de la trompeta de Gabriel, ángel del Juicio Final y de la Resurrección.

La idea del Juicio Final proviene del Zoroastrismo. Muchos de los elementos de la visión de Zoroastro sobre el final de los tiempos, la cual es concebida como una batalla entre las fuerzas del bien y las del mal, fueron adoptados por el Judaísmo y de este pasaron al Cristianismo y a Islam.

Los ángeles forman una parte intrínsica de este escenario apocalíptico.

Y aunque es Dios quien pasa juicio sobre la humanidad y sobre los ángeles caídos, son sus ángeles de luz los quienes llevan a cabo sus mandatos en este día supremo.

De acuerdo al Nuevo Testamento el Juicio Final va a ser llevado a cabo por Jesús, sentado a la diestra de Dios Padre. Este momento se conoce como la Segunda Venida de Cristo y el Juicio Final como la manifestación de su eterna victoria.

El Credo católico menciona este Juicio y también la resurrección de la carne. La idea de la resurrección del cuerpo se encuentra en la mitología egipcia, en el Zoroastrismo, en el Judaísmo y en Islam. En el Cristianismo la idea de la resurrección de los muertos está basada en la resurrección de Jesús. Los Gnósticos, que fueron condenados por la antigua iglesia como herejes, rechazaban el concepto de la resurrección de la carne porque creían que el más allá era esencialmente espiritual y el cuerpo humano no podía ser resucitado.

El Libro de Revelaciones es el último libro del Nuevo Testamento y está dividido en dos partes: un grupo de epístolas enviadas por el apóstol a las siete ciudades de Asia Menor y una serie de visiones proféticas sobre el Juicio Final. El Libro describe en detalle la Gran Batalla entre el Arcángel Miguel y sus legiones angelicales contra Satanás y los ángeles caídos. Al final de esta guerra celestial, Miguel lanza a Satanás y a los ángeles rebeldes hacia la Tierra. Revelaciones describe a los siete ángeles a cuyo cargo esta llevar a cabo el Gran Juicio en este ultimo día. Cada ángel tiene una trompeta y cada vez que un ángel toca su trompeta, terribles calamidades descienden sobre la Tierra. Entre la gran cantidad de ángeles mencionados en Revelaciones y que toman parte en el Juicio Final están los siete ángeles de las plagas que vacían sus tazones con la ira de Dios sobre el mundo; los ángeles de los cuatro vientos; el ángel coronado con el arco iris; el ángel del abismo sin fondo; el ángel de los evangelios; el ángel de la cosecha; el ángel del río Eufrates; y el ángel que anuncia la caída de Babilonia. Los serafines y los millares y millares de ángeles que rodean al trono del Señor completan este concepto apoteósico de las huestes celestiales en el Juicio Final.

Según Revelaciones, cuando los seres humanos se presenten a recibir su sentencia frente al trono de Dios, todo aquel que debido a sus pecados no esté apuntado en el Libro de la Vida será lanzado a un lago de fuego, que es la segunda muerte. Después del Juicio Final, Dios creará un nuevo cielo y una nueva Tierra y la Nueva Jerusalén descenderá desde el infinito adornada como una novia para su esposo. Y Dios estará con la humanidad y cesará la muerte y el dolor para sus elegidos.

El Arbol de la Vida

Parte de la tradición Judeo-Cristiana enseña que la recompensa principal de las almas escogidas y de los santos es comer del fruto del Arbol de la Vida que se encuentra en el Paraíso. Esto significa el don de la vida eterna que solo le pertenece a Dios, pero que el ser humano puede alcanzar a través de su purificación.

El Arbol de la Vida en la Cábala es un esquema o diseño formado por diez esferas o Séfiros, cada una de las cuales encierra en sí una de las características de Dios y del ser humano, además del universo creado. Las diez esferas en conjunto son una especie de archivo cósmico donde todo lo que existe está guardado. Cada esfera está regida por uno de los muchos nombres de Dios, uno de los coros angelicales y uno de los grandes ángeles. Las esferas tienen también una inmensa cantidad de atributos, como colores, números, piedras y planetas.

La Cábala enseña que si se saben los nombres de Dios, de los ángeles y los atributos de cada esfera y lo que esta contiene, es posible lograr todo lo que el ser humano pueda desear, ya que el Arbol de la Vida encierra todo conocimiento, además del gran poder de Dios.

De acuerdo a la tradición cabalística, al reverso del Arbol de la Vida existe otro Arbol, que es el Qliphoth, formado por diez Séfiros o esferas adversas o negativas. Estos Séfiros caóticos están en desbalance y son completamente opuestos a las fuerzas armoniosas del Arbol de la Vida. Por esto se consideran maléficos y corresponden a las regiones infernales. Esto significa que existen dos árboles, uno positivo y otro negativo, y ambos deben ser considerados para poder comprender del todo a la doctrina cabalística. Cada virtud, simbolizada por uno de los Séfiros o esferas del Arbol de la Vida, tiene un vicio correspondiente, simbolizado por el Séfiro opuesto en el Qliphoth. Los dos Arboles son como las dos caras de la misma moneda y el mundo material, representado por la esfera de Malkuth, está colocado en la cúspide o primera esfera del Qliphoth. Se dice que Malkuth es una esfera o Séfira caída, porque fué separada del resto del Arbol de la Vida por el pecado de Adán. Debido a que el mundo material descansa sobre la primera esfera del Qliphoth o Arbol Infernal, la influencia de estas fuerzas oscuras se dejan sentir continuamente sobre la Tierra.

El príncipe regente del Qliphoth es Samael, el ángel del veneno y de la muerte, también identificado con Satanás, al cual le corresponde de la primera esfera del Arbol Infernal. La segunda esfera le corresponde a una de sus cuatro cónyuges, Eisheth Zenunim, la ramera, de cuya unión con Samael nace la bestia Chiva (que no debe confundirse con el dios Shiva del Hinduismo) y el cual representa a la tercera esfera. Las siete esferas o Séfiros restantes corresponden a los siete infiernos poblados de demonios representantes de todos los vicios y crímenes de la humanidad. Otra de las cuatro cónyuges que se le adjudican a Samael es la infernal Lilith, enemiga de los niños pequeños a quienes trata continuamente de destruir. La tradición secreta cabalística enseña que Lilith existió antes que Eva y fué la primera mujer de Adán, a quien le daba cien hijos cada día según el Libro de Adán y Eva. Esta tradición también dice que Lilith y no Eva fué la verdadera madre de Cain. Desde la caída de Adán, Lilith está suelta en el mundo, donde continuará haciendo estragos hasta el final de los tiempos y el Día del Juicio Final.

El Arbol de la Vida representa estados cósmicos en distintas etapas de evolución y su poder es universal. Es posible, una vez que se tiene este conocimiento, comer el fruto del Arbol de la Vida. Pero para lograr esto, es necesario saber como utilizar este conocimiento, que solo es posible a través de los ángeles que rigen las esferas.

En la lista que sigue están los nombres de las esferas, con el nombre de Dios, el coro de

Tabla 1: El Arbol de la Vida

Esfera o Séfira	Nombre de Dios	Coro angelical	Angel regente
Kether	Eheieh	Poderes	Metraton
Chokmah	Jehovah	Tronos	Ratziel
Binah	Jehovah Elohim	Dominaciones	Zafkiel o Casiel
Chesed	El	Virtudes	Zadkiel
Geburah	Elohim Gebor	Serafines	Camael
Tifareth	Jehovah Elo Ve Daath	Principalidades	Rafael
Netzach	Jehovah Tzabaoth	Arcangeles	Anael
Hod	Elohim Tzabaoth	Angeles	Miguel
Yesod	Shaddai el Chai	Querubines	Gabriel
Malkuth	Adonai ha Aretz	Almas de los Santos	Sandalfon

Entre los atributos más importantes que corresponden a las esferas del Arbol de la Vida están los siguientes:

Esfera	Lo que rige	Planeta	Color	Incienso	Piedras
Kether	nada material	cosmos	blanco	ambergris	diamante
Chokmah	nada material	zodiaco	gris	almizcle	turqueza
Binah	nada material	Saturno	negro	mirra	zafiro, obsido
Chesed	suerte, prosperidad	Júpiter	azul	cedro	amatista
Geburah	guerra, peligros	Marte	rojo	tabaco	rubí
Tifareth	dinero, salud	Sol	amarillo	olibano	topacio, ámbar
Netzach	amor, placer	Venus	esmeralda	rosas	esmeralda
Hod	papeles, negocios	Mercurio	naranja	estoraque	ópalo, ágata
Yesod	viajes, intuición	Luna	violeta	jazmin	piedra de la luna
Malkuth	energía, aura	Tierra	castaño	Dittany de Creta	cuarzo
			verde oliva		
			verde limón		
			negro		

los ángeles y el nombre del ángel principal que las rigen.

En la magia angelical de la Cábala se pueden invocar los ángeles de las esferas para lograr algo que se desea.

Los nombres de Dios

Indudablemente el nombre más popular y conocido de Dios es el Tetragramaton, que significa "el gran nombre de cuatro letras". Estas letras son YHVH o YHWH. La mayor parte de las autoridades bíblicas pronuncian este nombre como Yaweh o Ieve y los pueblos cristianos como Jehová, pero en realidad la pronunciación exacta del nombre divino es desconocida. En tiempos bíblicos solo el gran sacerdote del templo sabía como pronunciar el nombre el cual pronunciaba solo una vez al año.

Debido a que el hebreo no contiene vocales y está compuesto sólo de consonantes, para saber como pronunciar una palabra se colocan una serie de puntos debajo de las letras los

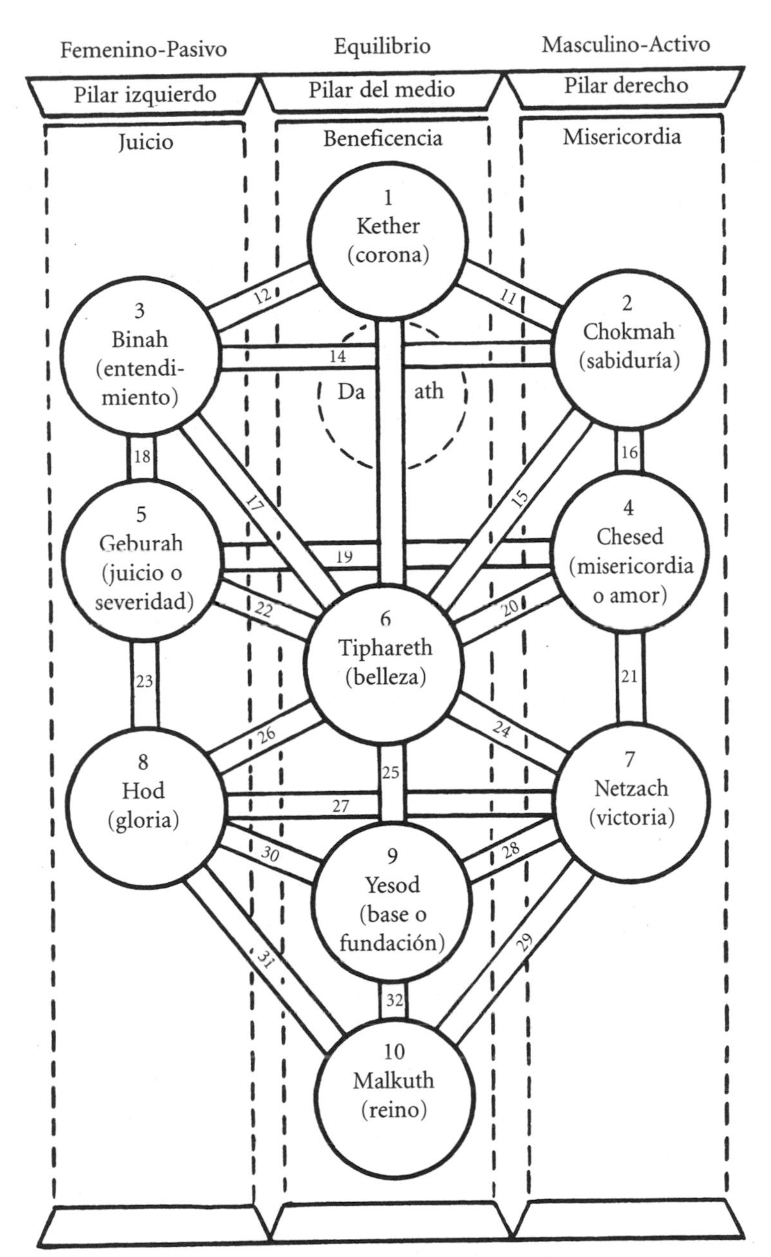

Figura 23— El Arbol de la Vida.

cuales indican el sonido de la vocal que corresponde. Por ejemplo, si se fuera a escribir la palabra "casa" sin vocales, escribiríamos "cs". Pero esto no nos dice que palabra está indicada por estas letras, ya que no solo casa sino caso, casi, cesa, case, cose, ocaso, acaso y cosa se puede colocar entre las consonantes c y s. Para saber cual de estas palabras está indicada por la "cs" es necesario indicar cuales son las vocales de la palabra y donde éstas van colocadas. En hebreo esto se resuelve con uno o más puntos debajo de las consonantes de una palabra. Los puntos le dicen al lector como se lee o pronuncia la palabra.

En el caso de YHVH los puntos que deciden como se pronuncia este nombre se han perdido con el transcurrir de los milenios. En tiempos bíblicos, los escribanos que copiaron las escrituras, deseosos de preservar el secreto de la pronunciación del nombre sagrado, sustituyeron la verdadera puntuación con la puntuación del nombre Adonaí, que significa Señor en hebreo. De esta errónea transcripción del nombre es que surgió la pronunciación errónea de Jehová. El nombre YHVH es frecuentemente interpretado como "El que Es."

Entre otros nombres conocidos de Dios está Elohim, traducido como Señor Dios, y Jah, que es el nombre utilizado en el Hallelujah o alabanzas a Dios. Hallel significa alabanzas, U significa "a" y Jah, significa Dios. Otro nombre mencionado en las escrituras es el que Dios mismo le da a Moisés desde el arbusto ardiente. Cuando el Dador de la Ley le pregunta al Creador cual es su nombre, este le dice: Ejeieh Asher Ejeieh, es decir, Yo Soy el que Soy. El nombre Ejeieh significa por sí solo: Yo Soy. Es decir, Dios le dice a Moisés, yo no necesito nombre porque Yo simplemente SOY.

Pero el nombre de poder de Dios, en el cual está encerrado su Gloria y su ser es YHVH. Por eso las escrituras dicen que Dios y su nombre son Uno, es decir el nombre de Dios, YHVH, es Dios. Conocer el nombre de Dios equivale a conocerlo a El y a ser merecedor de su gracia y protección. Esto lo expresa el Salmo 91 donde Dios dice "Lo protegeré porque ha llegado a conocer mi nombre". Una de las tradiciones cabalísticas dice que los primeros cinco libros del Viejo Testamento, conocidos en hebreo como Torah (la ley), desde la primera palabra del primer Libro a la última palabra del Quinto, forman uno de los nombres de Dios en el hebreo original.

Los libros apocalípticos y apócrifos, como el tercer Libro de Enoch y *El sexto y séptimo libro de Moisés* revelan muchos de los nombres de la Divinidad. Enoch va más lejos y provee una lista con los setenta nombres de Dios que pueden ser pronunciados y advierte que hay muchos más, los cuales están prohibidos pronunciar. Los setenta nombres de Dios que se pueden invocar, de acuerdo a Enoch, son los siguientes:

1. Hadiriron YHVH de las Huestes, Santo, Santo, Santo
2. Meromiron
3. Beroradin
4. Neuriron
5. Gebiriron
6. Kebiriron
7. Dorriron
8. Sebiroron
9. Zehiroron

10. Hadidron
11. Webidriron
12. Wediriron
13. Peruriron
14. Hisiriron
15. Ledoriron
16. Tatbiron
17. Satriron
18. Adiriron
19. Dekiriron
20. Lediriron
21. Seririron
22. Tebiriron
23. Taptapiron
24. Apapiron
25. Sapsapiron
26. Sapsapiron (este nombre es idéntico al anterior pero la pronunciación parece ser distinta; tal vez el nombre anterior deba ser pronunciado como Shapshapiron, pero esto no es claro en el libro)
27. Gapgapiron
28. Raprapiron
29. Dapdapiron
30. Qapqapuron
31. Haphapiron
32. Wapwapiron
33. Pappapiron
34. Zapzapiron
35. Taptapiron
36. Apapiron (este nombre es idéntico con el número 24)
37. Mapmapiron
38. Sapsapiron
39. Napnapiron
40. Laplapiron
41. Wapwapiron (idéntico al número 32)
42. Kapkapiron
43. Haphapiron

Todos los nombres del número 1 al 43 son seguidos por las letras del Tretagramaton, YHVH, pero para mayor brevedad no fueron incluidas aquí.

Todos los nombres del 44 al 70 son seguidos por el nombre de Jah, exactamente como esta escrito el nombre de Taptabib.

44. Taptabib, el cual es Jah, el mayor YHVH
45. Ababib
46. Qapqabib
47. Sabsabib
48. Babbabib
49. Sapsabib
50. Gabgabib
51. Rabrabib
52. Harabrabib
53. Pabpabib
54. Habhabib
55. Ababib (idéntico al número 45)
56. Zabzabib
57. Sabsabib (idéntico al número 47)
58. Hashabib
59. Tabtabib (idéntico al número 44)

60. Wesisib
61. Pabpabib (idéntico al número 53)
62. Basbasib
63. Papnabib
64. Lablabib
65. Mabmabib
66. Nupkabib
67. Mammambib
68. Nupnubib
69. Paspabib
70. Sassib

Esta lista se divide en dos clasificaciones, cuarenta y dos nombres divinos terminando en "on" y veintisiete terminando en "ib." El único nombre que no entra en estas clasificaciones es el tercero, Beroradin. El terminar "on" significa grande. El significado de la terminación "ib" no es aclarado en los comentarios sobre el libro.

La repetición de varios de los nombres no es explicada en el texto, pero se aconseja que los nombres deben pronunciarse en el orden en que son dados.

El sexto y séptimo libro de Moisés

Según la tradición esotérica, Moisés escribió diez libros: los primeros cinco libros del Viejo Testamento, mejor conocidos como el

Letras del Tetragramatón	Nombres de Dios de tres letras (leer de arriba a abajo)																	
	K	L	H	H	M	I	H	L	A	H	K	A	L	M	O	S	I	V
Y	L	A	Q	R	B	Z	H	A	L	Z	H	K	L	H	L	I	L	H
	I	V	M	I	H	L	O	V	D	I	Th	A	H	Sh	M	T	I	V
	M	K	L	I	V	L	A	R	Sh	I	H	N	Ch	M	I	N	P	L
H	N	V	H	Ch	Sh	K	V	I	A	R	A	Th	H	L	I	L	H	V
	D	Q	Ch	V	R	B	M	I	H	Th	A	H	V	H	I	K	L	V
	N	N	O	H	D	V	M	O	O	S	L	V	M	H	I	R	Ch	A
V	I	N	M	Ch	N	H	I	Sh	R	A	L	V	I	H	I	H	O	N
	Th	A	M	Sh	I	V	H	L	I	L	H	L	K	H	2	O	M	I
	M	H	I	R	Ch	A	M	D	M	O	I	V	M	H	I	N	P	M
H	V	I	B	A	B	I	N	M	Ch	N	H	M	Tz	R	I	M	B	V
	H	I	M	H	V	O	Q	B	I	V	H	B	R	Ch	L	M	I	H

Figura 24— Los 72 nombres de Dios de acuerdo con la Shemhamfora. Cada nombre consta de tres letras, las cuales se muestran aquí en el alfabeto latino, pero que originalmente fueron escritos en el alfabeto hebreo.

The Cabala.

Shewing at one View the Seventy-two Angels bearing the name of God Shemhamphora.

ב	ל	ה	ה	מ	י	ה	ל	א	ה	כ	א	ל	מ	ע	ס	י	ו
ל	א	ק	ר	כ	ז	ה	א	ל	ז	ה	כ	ל	ה	ל	י	ל	ה
י	ו	מ	י	ה	ל	ע	ו	ד	י	ת	א	ה	ש	מ	ט	י	ו
אל	יה	יה	אל	אל	אל	יה	יה	יה	אל	ל	יה	אל	יה	יה	אל	אל	יה
Caliel	Leviah	Hakamiah	Hariel	Mebahel	Ielael	Hahiah	Lauiah	Aladiah	Haziel	Cahethel	Akhaiah	Lelahel	Mahasiah	Elemiah	Sitael	Jeliel	Vehuiah
מ	כ	ל	י	ו	ל	א	ר	ש	י	ה	נ	ה	מ	י	נ	פ	ל
נ	ו	ה	ה	ש	כ	ו	י	א	ר	א	ה	ה	ל	י	ל	ה	ו
ד	ק	ה	ו	ר	ב	מ	י	ח	ת	א	ה	י	ה	י	כ	ל	ו
אל	יה	יה	יה	יה	אל	אל	אל	יה	אל	יה	הי	ית	אל	אל	אל	יה	יה
Monadel	Chavakiah	Lehahiah	Iehuiah	Vasariah	Iecabel	Omael	Reiiel	Seehiah	Ierathel	Haaiah	Nithhaiah	Hahuiah	Melahel	Ieiaiel	Nelchael	Pahaliah	Leuuiah
נ	נ	ע	ה	ר	ו	מ	ע	ע	ס	י	ו	מ	ה	י	ר	ח	א
י	נ	מ	ה	נ	ה	י	ש	ר	א	ל	י	י	ה	י	ה	ע	נ
ח	א	מ	ש	י	ו	ה	ל	י	ל	ה	ל	ח	ה	ז	ע	ם	י
אל	אל	יה	יה	אנ	אל	אל	יה	אל	יה	יה	יה	אל	אל	אל	אל	יה	אל
Nithael	Nanael	Imamiah	Hahaziah	Daniel	Vehuel	Mihael	Asaliah	Ariel	Sealiah	Ielahiah	Vevaliah	Michael	Hahahel	Ihiazel	Rehael	Haumiah	Aniel
מ	ה	י	ר	ה	א	מ	ר	מ	ע	י	ו	מ	ה	י	נ	פ	מ
ו	י	ב	א	ב	י	נ	מ	ה	נ	ה	מ	צ	ר	י	מ	ו	ב
מ	י	מ	ה	ו	ע	ק	נ	י	ו	ה	ב	ר	ה	ל	מ	י	ה
יה	אל	יה	אל	יה	אל	אל	יה	אל	אל	אל	אל	אל	אל	אל	יה	אל	יה
Nemamiah	Haiaiel	Ibamiah	Rochel	Habuiah	Eiael	Menkl	Damabiah	Mochael	Annauel	Iahhel	Umabel	Mizrael	Harahel	Ieilael	Nemamiah	Poiel	Mebahiah

Figura 25— Los 72 ángeles que reinan sobre la Shemhamfora.

Pentateuco; *El sexto y séptimo libro de Moisés*; y *El octavo, noveno y décimo libro de Moisés*. Estos últimos cinco libros han sido publicados en dos tomos. De las dos obras la más importante es *El sexto y séptimo libro de Moisés*, el cual también incluye el uso mágico de los salmos. Pero según las autoridades bíblicas es muy dudoso que Moisés escribiera ninguno de estos libros, incluyendo el Pentateuco.

El sexto y séptimo libro de Moisés es una compilación de rituales, invocaciones, sellos mágicos y talismanes, supuestamente recibida de los ángeles por Moisés. La obra fue publicada originalmente en alemán en 1849 y su autor, Johann Scheibel, alega en el libro que los rituales y sellos mágicos en el descritos, provienen de fuentes hebreas, especialmente el Talmud. Algunas secciones de la obra son de gran antigüedad, datando en algunos casos del siglo XIV y del siglo XVI. Desgraciadamente, muchos de los nombres sagrados y otras inscripciones que se encuentran en el libro son prácticamente ilegibles y difíciles de usar en la práctica de la alta magia. A pesar de esto, muchos de los sellos e inscripciones, incluyendo las Semiforas y Shemhamfora, han sido grabados en chapas de metal y utilizados como talismanes de protección e invocación. Estos llamados talismanes Mosaicos son muy comunes en el mercado pero su autenticidad no es segura.

En 1982, yo edité *El sexto y séptimo libro de Moisés* en la edición inglesa y reorganicé mucho de este material para hacerlo más accesible a los lectores interesados en esta obra singular. Esta edición revisada fué publicada por Original Publications y se encuentra en muchas librerías esotéricas. El título de esta edición, para aquellos lectores que lean inglés, es *The New Revised Sixth and Seventh Books of Moses.*

Las Semíforas y la Shemhámfora

Según *El sexto y séptimo libro de Moisés*, las Semíforas son siete de los nombres sagrados de Dios, a través de los cuales se pueden conseguir muchos milagros y cosas maravillosas.

Cada nombre o Semífora se utiliza para un propósito distinto. El libro da dos versiones de las Semíforas: *Las Semíforas de Adán* y *Las Semíforas de Moisés.*

Por otra parte, la Shemhámfora es el nombre de Dios que contiene setenta y dos letras, el cual según la tradición cabalística es uno de los nombres más poderosos del Creador. Este nombre está escondido en el capítulo 14 del Libro de Exodo en el Viejo Testamento en tres de los versículos, los cuales consisten de setenta y dos letras en el hebreo original. Junto al nombre están asociados setenta y dos ángeles de la Divina Presencia.

El sexto y séptimo libro de Moisés, a pesar de su gran popularidad, no pueden ser usados en la práctica de la magia angelical cabalística porque según expliqué anteriormente muchos de los nombres divinos han sido transcritos erróneamente y algunos son prácticamente imposibles de descifrar. La lista de las Semiforas de Adán que voy a dar a continuación está dentro de esta clasificación y no es seguro que los nombres dados sean los originales.

Las siete Semíforas de Adán

Primera Semífora— El nombre de Dios en esta semífora es Jove, posiblemente una abreviación de Jehová. Se pronuncia de acuerdo a la antigua tradición en momentos de gran necesidad para alcanzar la ayuda de Dios.

Segunda Semífora— El nombre de Dios es Yeseraye, posiblemente una corrupción o abreviación de Ejeieh Asher Ejeieh, el nombre que Dios reveló a Moisés en el arbusto ardiente. El nombre significa Dios sin principio ni final y se debe utilizar cuando se invocan a los ángeles para que estos conviertan las peticiones de la persona en realidad.

Tercera Semíforas— El nombre de Dios es Adonai Sabaoth y se usa para llamar a los cuatro vientos y para contactar a los espíritus de los muertos.

Cuarta Semíforas— El nombre de Dios es Layamen Iava Firi Lavagellayn Lavaquiri Lavagola Lavatsorin Layfialafin Lyafaran. Se utiliza para dominar a todos los animales y espíritus.

Quinta Semíforas— El nombre de Dios es Lyacham Lyalgema Lyafarau Lialfarah Lebara

Figura 26— El diseño asociado con la Shemhamfora. Tomado de *El sexto y séptimo libro de Moisés.*

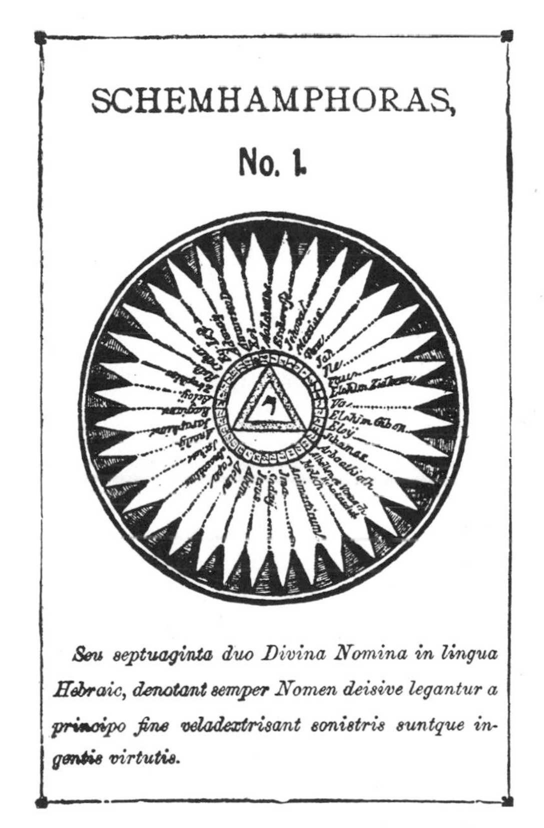

Figura 27— Los 72 nombres de Dios los cuales forman la Shemhamfora. Tomado de *El sexto y séptimo libro de Moisés.*

Lebarosin Layararalus. Se utiliza para controlar las cosechas y toda la flora de la Tierra.

Sexta Semífora— El nombre de Dios es Letamnin Letay logo Letasynin Levaganaritin Letraminin Letalogin Lotafalosin. Se utiliza para controlar a los cuatro elementos cuando cualquiera de estos amenaza destruir a la persona o a su propiedad. Es una semífora que puede ser muy útil en casos de fuegos, huracanes, inundaciones y temblores de Tierra.

Séptima Semífora— Esta semífora se usa también para alcanzar la protección de Dios cuando se desatan los elementos, pero su nombre ha sido tan corrupto a través de traducciones o transcripciones pobres que no vale la pena citarlo aquí.

El problema de la corrupción de los nombres divinos se encuentra en muchos de los libros apocalípticos, los grimorios y los libros de la Apócrifa y la Pseudoepígrapha. Solo los nombres más conocidos de Dios y sus ángeles han escapado el deterioro causado por el pasar de los siglos.

7

El lenguaje de los ángeles

Según la antigua tradición judía, el hebreo es el lenguaje más comúnmente usado por los ángeles para comunicarse con los seres humanos y, de acuerdo con los comentarios talmúdicos y varios de los libros apócrifos como el Libro del Jubileo, no solo los ángeles sino Dios mismo usaron este idioma en el Antiguo Testamento. En el Apocalipsis de Pablo se dice claramente que el hebreo es el lenguaje de Dios y de los ángeles pero según la tradición rabínica todo esto cambio con la creación de la Torre de Babel, alrededor del año 2247 antes de Cristo. El capitulo 11 de Génesis relata como los descendientes de Noé decidieron erigir una torre en la planicie de Shinar en Babilonia. Su intención era que la torre llegara hasta el cielo. Pero su presunción ofendió a Dios, quien interrumpió la construcción de la torre causando una confusión de lenguajes entre los constructores. Estos se encontraron de pronto incapacitados de entender lo que los demás les estaban diciendo. Dios entonces disperso a toda esta gente, hablando distintos idiomas, sobre la faz de la Tierra. Este es el origen bíblico de la profusión de lenguajes en el planeta. La palabra Babel proviene de Babilonia, donde la torre fue construida.

Tal vez debido a esta explosión de lenguajes, los ángeles, que son los emisarios de Dios en la Tierra, desarrollaron la habilidad de hablar múltiples idiomas y se dice que Gabriel, Metatrón y Zagzaguel pueden hablar setenta idiomas. En el Talmud, el libro judío de comentarios sobre el Viejo Testamento, los rabinos hebreos nos dicen que el Arcángel Gabriel le enseñó a José, el hijo de Jacobo, estos setenta idiomas en una sola noche. El

Figura 28— La Torre de Babel y la confusión de las lenguas.

ángel Kirtabus es descrito como un genio de los lenguajes.

La tradición cabalística enseña que los ángeles tienen su propio idioma el cual, aunque muy parecido al hebreo, tiene sus características especiales como podemos observar en la figura 29. Al igual que el hebreo, el alfabeto angelical no tiene vocales, las cuales son indicadas por ciertas puntuaciones debajo de las letras adecuadas. Una de las características del alfabeto angelical es que las puntas de cada letra terminan en pequeños círculos. Nadie puede explicar por que terminan así, pero se cree que los círculos se utilizan para contener la inmensa energía angelical de la cual están impregnadas las letras.

Existen varias versiones del alfabeto angelical. Las que presentamos aquí son las más conocidas y se conocen respectivamente como el Alfabeto Tebano, el Alfabeto Angelical o Celestial, el Alfabeto Malachim —también conocido como Escritura Angelical o Escritura Real— y el Alfabeto del Pasaje de las Aguas. Estas cuatro versiones provienen del libro *La Cábala practica* del cabalista francés Ambelain.

En la figura 29 podemos apreciar el alfabeto hebreo y si lo comparamos con las tres versiones del alfabeto angelical es fácil distinguir las similaridades entre ambos. El alfabeto hebreo consiste de veintidós letras principales, que comienzan con la letra Aleph y terminan con la letra Tav o Tau. Tanto el Alfabeto Celestial como el Alfabeto del Pasaje de las Aguas tienen también veintidós letras y comienzan con Aleph y terminan con Tau. Pero el Alfabeto Malachim, aunque empieza con Aleph no termina en Vau sino en la letra Res. Este alfabeto tiene veintitrés letras en vez de veintidós y el orden varia después de la letra Nun. La razón por la cual hay veintitrés letras en este alfabeto es que la letra Samekh ha sido escrita dos veces. Este es el alfabeto más usado en la magia cabalística y para escribir cartas a los ángeles en su propio alfabeto.

Para poder comparar el alfabeto hebreo con los angelicales es preciso recordar que el hebreo se escribe de derecha a izquierda y es por eso que las tres versiones del alfabeto angelical deben ser leídas de derecha a izquierda también. El alfabeto hebreo que se presenta aquí ha sido escrito de izquierda a derecha para hacer más fácil su lectura, pero no es la forma correcta para leer el hebreo.

Para hacerles más fácil la transliteración o identificación entre el alfabeto hebreo y el latino, que se usa en español, a continuación presento una lista con la transmutación de las distintas letras de un idioma a otro. Esto les hará más fácil la labor si deciden escribirle a los ángeles usando su propio alfabeto, el cual como hemos visto está basado en el hebreo.

Tabla de Correspondencias entre el Alfabeto Hebreo y el Latino

Letra Hebrea	Letra Latina
1. Aleph	A
2. Beth	B
3. Gimel	G
4. Daleth	D
5. He	H, E
6. Vau	V, U
7. Zain	Z

Figura 29— Cuatro versiones del alfabeto angelical, el cual es muy parecido al alfabeto Hebreo. De arriba a abajo: el Alfabeto Tebano, el Alfabeto Celstial, el Alfabeto Malachim, y el Alfabeto Pasaje de las Aguas.

Aleph (A) א	Beth (B) ב	Gimel (G) ג	Daleth (D) ד	Heh (H) ה	Vav (V) ו
Zayin (Z) ז	Cheth (Ch) ח	Teth (T) ט	Yod (Y) י	Kaph (K) כ	Lamed (L) ל
Mem (M) מ	Nun (N) נ	Samekh (S) ס	Ayin (O) ע	Peh (P) פ	Tsaddi (Ts) צ
Qoph (Q) ק	Resh (R) ר	Shin (Sh) ש	Tau (T) ת		
Final כ ך	Final מ ם	Final נ ן	Final פ ף	Final צ ץ	

Figura 30— El alfabeto Hebreo consta de 22 letras, y además con cinco letras finales adicionales. Cada letra tiene un significado especial así como un valor numérico.

8. Cheth Ch
9. Teth T
10. Yod I, Y
11. Caph C
12. Lamed L
13. Mem M
14. Nun N
15. Samekh S
16. Ayin O
17. Pe P
18. Tzaddi Tz
19. Qoph Q
20. Resh o Res R
21. Shin Sh
22. Tav o Tau T

Como podrán observar, a pesar de que el hebreo no tiene vocales, esta identificación entre los dos alfabetos provee las cuatro vocales. Esto se ha hecho para facilitar el uso del alfabeto angelical en otro idioma. Para llevar esto a cabo se intercambia la letra latina por la letra angelical pero escribiendo en el idioma de la persona, en este caso, el español. Si alguno de ustedes desean usar el alfabeto angelical de esta manera para escribirle a un ángel, refiéranse a cualquiera de las tres versiones del alfabeto angelical y usen las letras angelicales para escribir la carta en vez de las letras del alfabeto latino.

La figura 30 provee los nombres de siete de los ángeles más importantes que existen en el cielo: Miguel, Gabriel, Samael, Rafael, Zadkiel, Anael y Cassiel. De acuerdo a los antiguos, estos siete ángeles rigen los siete días de

A Table shewing the names of the Angels governing the 7 days of the week with their Sigils, Planets, Signs, &c.

Sunday	*Monday*	*Tuesday*	*Wednesday*	*Thursday*	*Friday*	*Saturday*
Michaël	Gabriel	Camael	Raphaël	Sachiel	Anaël	Caſſiel
[illegible]	[illegible]	[illegible]	[illegible]	[illegible]	[illegible]	[illegible]
☉ ♌	☽ ♋	♂ ♈ ♏	☿ ♊ ♍	♃ ♐ ♓	♀ ♉ ♎	♄ ♑ ♒
name of the 4th Heaven Machen.	*name of the 1st Heaven* Shamain.	*name of the 5th Heaven* Machon.	*name of the 2nd Heaven* Raquie.	*name of the 6th Heaven* Zebul.	*name of the 3rd Heaven* Sagun.	*No Angels ruling above the 6th Heaven*

Figura 31— Los siete arcángeles y los siete cielos con los cuales están asociados, así como sus planetas y sus días.

la semana, los siete planetas y los doce signos zodiacales, además de uno de los Siete Cielos. La ilustración nos da también el sigilo o firma de cada uno de estos ángeles. Como pueden apreciar, los planetas Urano, Neptuno y Plutón no aparecen en esta ilustración. Esto se debe a que estos planetas fueron descubiertos siglos después que la magia angelical o planetaria fuera creada por los antiguos. Por esto el signo de Piscis, ahora adjudicado a Neptuno y al ángel Asariel, era regido de acuerdo a los antiguos por Jupiter y el ángel Zadkiel. Por la misma razón Escorpión, ahora regido por Plutón y el ángel Azrael, le era adjudicado Marte y el ángel Camael; y Acuario, ahora regido por Urano y el ángel Uriel, anteriormente le estaba adjudicado Saturno y el ángel Cadsiel. En el próximo capítulo hablaremos más extensamente sobre estos siete ángeles, con sus colores, números, elementos, piedras y rituales.

Mi padre, que fué un gran místico y autoridad sobre la Biblia, me enseñó siempre que es importante escudriñar las Escrituras. Escudriñar para él significaba tratar de comprender el verdadero mensaje escondido en los distintos libros de la Biblia, especialmente el Viejo Testamento. Fueron muchas las enseñanzas esotéricas que recibí de él, muchas de las cuales las descubrió a través de sus infatigables estudios bíblicos. Una de las cosas que me enseñó fué la importancia de obedecer los mandamientos, no solo los diez que todos conocemos sino todos los preceptos que están delineados en los primeros cinco libros del Viejo Testamento, conocidos como el Torah o la Ley en hebreo. Entre estos preceptos están las carnes prohibidas pero mi padre, que era un estricto vegetariano, me enseñó que en realidad Dios no desea que el ser humano coma ningún tipo de carne. Esto, según él, estaba claramente expresado en el capítulo 65 del Libro de Isaias donde Dios dice que el lobo y la oveja comerán juntos y el león comerá paja como el buey. Hacia el final de su vida mi padre dejó de comer del todo y a pesar de esto, sobrevivió a graves enfermedades lo que dejó atónitos a sus médicos.

Tal vez debido a su gran ascetismo, recibió muchas revelaciones y visiones de los ángeles. Deseo compartir con ustedes dos de estas grandes revelaciones, una de las cuales aparece en mi libro *A Kabbalah for the Modern World* (*Una Cábala para el mundo moderno*).

La primera revelación que les voy a dar aquí me la dió mi padre cuando yo aun estaba viviendo en Viena trabajando para las Naciones Unidas. Se trata de una plegaria a Dios en forma de acróstico que la persona misma crea usando las letras de su nombre y apellido. Cada verso de la plegaria comienza con una de las letras del nombre de la persona y esta debe poner toda su fe y amor a Dios en la construcción de la plegaria. Esta pasa luego a ser la oración personal de ella a Dios, quien la va a reconocer como proviniendo del fondo del alma de él o ella. Para darles un ejemplo sencillo, imaginemos que una persona llamada Ana Pérez desea crear su propia plegaria al Creador. La siguiente es una posible plegaria de esta persona.

Amado Creador y Dios mío, acepta esta
plegaria que en amor te envío.
No me abandones nunca ni permitas
que el mal me toque.

Aunque soy pecadora y débil mi alma
te ama y espera en Ti.
Permite que tus ángeles de luz
me acompañen y guíen siempre.
Espero de tu bondad infinita me proveas
en todas mis necesidades.
Recordando mi condición humana
y las tentaciones que me rodean.
En ti espera mi alma. Bendice y protege
a mis seres queridos. Que los
Céfiros de luz lleven mi plegaria
y mi amor a Ti,
Amen

Como esta, pueden ser construidas miles de plegarias a Dios usando el nombre de una persona. Esta plegaria debe ser rezada por la persona todas las noches antes de acostarse a dormir y recibe lo que pide siempre que observe la ley divina.

La segunda revelación que les voy a dar la recibió mi padre directamente del gran Arcángel Miguel. Se trata de una carta que se escribe a Miguel solamente el día del cumpleaños de la persona. La carta se escribe para hacerle a Miguel una sola petición y debe ser breve pero clara. Para escribirla la persona debe haber ayunado por 24 horas y haberse abstenido de tener relaciones sexuales o de haber consumido bebidas alcohólicas y todo tipo de sustancia adictiva, incluyendo café, té y tabaco también por 24 horas. La persona se asea, se viste de blanco y escribe la carta en un papel blanco sin líneas o en papel de pergamino. Luego coloca una copita llena de agua frente a ella o el y humedece un pedazo de tela roja en el agua de manera que toda el agua sea absorbida por la tela. Inmediatamente se pone la tela roja sobre los ojos cerrados y comienza a meditar en Miguel y lo que pide en la carta. Debe continuar meditando hasta que la mayor parte del agua se haya evaporado de la tela. Cuando esto sucede, mete la carta y la tela en un sobre y escribe sobre el sobre: Miguel ARC. Debajo del nombre de Miguel se escribe una dirección ficticia dirigida a la capital del país que está directamente opuesto al país en que nació la persona. Para saber con exactitud cual es el país a donde deben enviar la carta, asegúrense que quede en las cercanías de la latitud y longitud opuesta a aquella en la cual ustedes nacieron. La carta debe ser enviada certificada para que les sea devuelta. Cuando se la devuelvan es señal de que el arcángel recibió el mensaje. Todo depende entonces de él si les va a conceder lo que pidieron. Cuando escribí a Miguel por primera vez, le enví la carta a Karachi porque la longitud y latitud opuesta a Puerto Rico, donde yo nací, está en el mismo medio del Océano Indico, y pensé que Karachi era el sitio más cercano a esa localidad. No me di cuenta de que en el medio del Océano Indico hay muchas islitas y la más cercana a la latitud y longitud opuesta a Puerto Rico es la isla de Mauritius. Mi petición a Miguel había sido saber de una persona de quien no había tenido noticias por mucho tiempo. Cual no fue mi sorpresa, varias semanas más tarde, al recibir una carta de esa persona enviada desde la isla de Mauritius. Al mirar el mapa, comprendí que Mauritius era el lugar que más cerca queda de la localidad opuesta a Puerto Rico y a donde debí haber enviado la carta a Miguel. Esto para mí fué un mensaje del gran arcángel dejándome saber a donde debía enviar la próxima carta.

Una forma de hacer más efectiva la carta a Miguel es escribiéndola en el alfabeto angelical. Esto no es absolutamente necesario pero es de gran ayuda. También pueden copiar, al empezar la carta, el sello o sigilo de Miguel según aparece en la figura 30. Esto hace a la carta más personal y atrae la atención del ángel con más rapidez. En el próximo capitulo hablaremos de los Angeles Guardianes y como saber cual es el nombre de nuestro Angel Guardián.

8

Los ángeles regentes

El poder sobrenatural de los ángeles, lo que se conoce como la magia angelical, está basado en leyes cósmicas y naturales. Se puede definir al ángel como una fuerza cósmica la cual ha sido investida con conciencia pura y perfecta para mantener el orden del universo. La electricidad, el magnetismo, la inercia, la ley de gravedad, la ley de momentum, la ley de cohesión o de adhesión, cada una de estas fuerzas cósmicas puede ser identificada con un ángel. El fuego, el agua, el viento y todas las leyes que rigen a la naturaleza pueden también identificarse con fuerzas angelicales.

Como las fuerzas cósmicas y naturales, el ángel es inviolable e inmutable, es fijo en su capacidad de preservador de la ley divina. Es también fiel e invariable y su esencia está irrevocablemente subyugada a la voluntad de Dios. El ángel actúa solo de acuerdo a esta poderosa voluntad y solo desea servirla. Es en esta fidelidad y constancia del ángel que estriba su inmenso poder ya que es el mismo poder de Dios que fluye en el universo a través de sus ángeles.

Debido al poder transcendental de los ángeles y de sus características cósmicas, los antiguos les adjudicaron el control de los planetas y de los elementos. De aquí surge el concepto de los ángeles planetarios y de los inmensos poderes de transmutación de la materia que dicen ellos poseen. De aquí nace el gran edificio de la magia medieval que es nuestra herencia y que está largamente fundado en la tradición cabalística.

Tabla 2: Angeles planetarios

Angel	Signo	Planeta	Metal	Color	Piedra	Día
Camael	Aries	Marte	Hierro	Rojo	Diamante	Martes
Anael	Tauro	Venus	Cobre	Verde	Esmeralda	Viernes
Rafael	Geminis	Mercurio	Mercurio	Amarillo	Agata	Miércoles
Gabriel	Cáncer	Luna	Plata	Violeta	Perla	Lunes
Miguel	Leo	Sol	Oro	Dorado	Rubí	Domingo
Rafael	Virgo	Mercurio	Mercurio	Azul gris	Zafiro	Miércoles
Anael	Libra	Venus	Cobre	Rosado	Opalo	Viernes
Azrael	Escorpión	Plutón	Hierro	Vino	Topacio	Martes
Zadkiel	Sagitario	Júpiter	Estaño	Ultramarino	Turquesa	Jueves
Casiel	Capricornio	Saturno	Plomo	Negro	Granate	Sábado
Uriel	Acuario	Urano	Platino	Violeta	Amatista	Sábado
Asariel	Piscis	Neptuno	Platino	Verde agua	Aguamarina	Jueves

Como hemos visto en el capítulo anterior, existen siete grandes ángeles a quienes los antiguos les adjudicaron control sobre los siete planetas y los doce signos zodiacales. La tradición mística del siglo XX añadió tres ángeles a los siete adicionales para hacer un total de diez que son los que ahora se dice rigen en unidad al zodíaco y al sistema solar. La tabla de ángeles planetarios presenta a los ángeles que actualmente rigen el zodiaco y los planetas según la magia moderna.

Como se puede observar en esta lista, cada ángel rige un signo zodiacal, con excepción de Rafael, que rige a Géminis y a Virgo; y Anael, que rige a Tauro y a Libra. Esto se debe a que al descubrirse a Neptuno, Urano y Plutón, estos tres planetas fueron asignados a tres de los signos, Piscis, Acuario y Escorpión, y tres nuevos ángeles fueron también añadidos a la lista, Asariel, Uriel y Azrael, que rigen estos planetas y los signos que les corresponden. Los días asignados a los signos no han variado en esta lista.

Los signos zodiacales están divididos en triplicidades, cada una de las cuales es asignada a un elemento. Cada elemento es regido por uno de los cuatro grandes arcángeles, Rafael, Miguel, Gabriel y Uriel. Las triplicidades son las siguientes:

Aries, Leo, Sagitario— Fuego, Miguel
Tauro, Virgo, Capricornio— Tierra, Uriel
Géminis, Libra, Acuario— Aire, Rafael
Cáncer, Escorpión, Piscis— Agua, Gabriel

Los doce signos están colocados en orden de cuatro en cuatro en el zodíaco y son regidos por los cuatro elementos en el siguiente orden: fuego, tierra, aire y agua. Esto es evidente en la siguiente lista:

Aries— Fuego, Miguel, Sur
Tauro— Tierra, Uriel, Norte

Géminis— Aire, Rafael, Este
Cáncer— Agua, Gabriel, Oeste

Leo— Fuego, Miguel, Sur
Virgo— Tierra, Uriel, Norte
Libra— Aire, Rafael, Este
Escorpión— Agua, Gabriel, Oeste

Sagitario— Fuego, Miguel, Sur
Capricornio— Tierra, Uriel, Norte
Acuario— Aire, Rafael, Este
Piscis— Agua, Gabriel, Oeste

Figura 32— El Angel Guardián.

En el capitulo 9 hablaremos más detalladamente sobre los cuatro grandes ángeles de las triplicidades y los cuatro elementos.

Las cuatro triplicidades y los cuatro elementos están íntimamente conectados con los Querubines de la visión de Ezekiel, que los describe como ya hemos visto, como criaturas con cuatro rostros: el rostro de un toro (Tauro— elemento tierra), de un león (Leo— elemento fuego), de un águila (Escorpión— elemento agua) y de un hombre (Acuario— elemento aire).

Angeles Guardianes

Los Angeles Guardianes protegen, no solo personas, sino también naciones, ciudades, iglesias y organizaciones. Los Angeles Guardianes de las naciones se conocen como Etnarcos. El concepto del Angel Guardián existe en muchas religiones y culturas y proviene del tiempo de los babilonios y los asirios a los Angeles Guardianes se les llamaban Keribu (de donde procede la palabra Querubín) y guardaban los portales de sus templos y palacios. Por otra parte, los romanos creían que los hombres y los niños eran protegidos por espíritus llamados Genios y las mujeres por otros llamados Juno, seguramente asociados con la iracunda esposa del dios Júpiter. Los musulmanes creen en los guardianes de la humanidad llamados Malaika y en los espíritus conocidos como Jafaza, que protegen a los seres humanos contra los genios del mal. Los japoneses creen en espíritus guardianes llamados Kami. El indio americano también cree en los ángeles guardianes, los cuales permanecen con ellos a través de sus vidas.

Cada ser humano es asignado un Angel Guardián en el momento de su nacimiento. La Iglesia Católica enseña que los niños tienen dos Angeles Guardianes, uno bueno y otro malo cada uno se sienta en uno de sus hombros y tratan de influir en sus acciones. El día de los Angeles Guardianes se celebra el 2 de octubre.

El Angel Guardián guía al ser humano en el camino de la vida pero no interfiere en su libertad de acción y su voluntad ya que Dios creó al ser humano con libre albedrío para que el mismo escoja el camino que desea seguir. Dios hizo esto porque desea que cada persona vaya a él por elección propia y no porque Dios lo obliga.

Los Angeles Guardianes de una persona provienen del Noveno Coro, que es el Coro de los Angeles, y usan una gran variedad de métodos para contactar a la persona. Entre estos métodos está la intuición, los sueños, la telepatía, el pensamiento y esa vocecita interna que a veces nos indica el camino a seguir y la cual nunca se equivoca. A veces utilizan a otras personas para enviar sus mensajes y pueden manipular las circunstancias de la vida diaria para asistir al ser humano en situaciones difíciles. Otras veces toman la forma de una persona, de un animal o simplemente se manifiestan en la apariencia que la tradición religiosa les ha dado: un ser de luz deslumbrante, vestido de blanco con alas refulgentes como de nieve.

Los ángeles, como las estrellas, "aconsejan pero no obligan". Es el ser humano el que debe hacer sus propias decisiones, pero si escucha diligentemente la voz de su conciencia, detrás de esa voz, va a escuchar a la de su Angel Guardián. El destino o misión de cada persona en la tierra tampoco puede ser cambiado por el Angel Guardián y es por eso que vemos a veces niños pequeños morir a temprana edad. Las distintas tradiciones místicas concuerdan de que en estos casos, ese espíritu venía por corto tiempo a la Tierra. Cuando a una persona buena, que se rige por las leyes divinas, tiene experiencia trágicas o tristes en su vida, esto es considerado también parte del destino de esa persona, lo que se conoce como karma en el Budismo.

El Angel Guardián nos cuida y nos guía, pero siempre dentro de las leyes que rigen al destino de la persona y de la voluntad de esta. Por otra parte, cuando una persona se separa de las leyes divinas, el Angel se distancia de él y no puede ayudarlo. También, debido a las grandes energías negativas acumuladas sobre el planeta, emitidas por el desbalance de la creación original, el ser humano es a veces rodeado de fuerzas destructivas que amenazan destruirlo. Esto también aísla al Angel Guardián de la persona. Por esta razón es importante establecer un contacto directo con el Angel Guardián y la mejor forma de hacerlo es llamándolo a menudo y tratando de estabilizar el aura personal a través de meditaciones y de purificaciones ritualísticas, de invocaciones, de devociones y plegarias.

Cada persona tiene dos ángeles protectores: el ángel que rige a su signo zodiacal y el Angel Guardián personal, el cual fortifica a su espíritu y lo empuja hacia lo que es bueno y lo protege de lo que es malo. Pero cada persona tiene también un espíritu maléfico, su "genio del mal", el cual lo incita a pecar, a romper las leyes divinas y a destruirse a si mismo y todo lo que lo rodea.

El espíritu del mal funciona a través de las debilidades de una persona, sobre las que se ensaña y multiplica para la perdición de esta. Se expresa especialmente en la ira y la intolerancia, el odio y la venganza. Por eso se dice que una persona que se enoja fácilmente o que tiene mal carácter tiene "mal genio". Este mal genio es una referencia al espíritu maléfico que aflige a esa persona. En la tradición esotérica este espíritu del mal se conoce como el "Habitante del Umbral". Es el que tienta al ser humano y lo lleva a la perdición; es el cúmulo de sus bajos instintos. En la psicología Freudiana, el cúmulo de instintos oscuros en el ser humano se conoce como el Id. Jung, por su parte, lo llamó la Sombra. Entre el Angel Guardián y el Angel del Mal hay una lucha sorda continua, cada uno tratando de guiar o desviar a la persona hacia lo que el ángel rige: el bien en el Angel Guardián y el mal en el Angel Maléfico. Es el ser humano mismo el que decide quien gana la batalla, de acuerdo a sus acciones. Si prefiere el mal, se convierte en el servidor y esclavo de su genio maléfico. Si escoge el bien, el Angel Guardián purifica su espíritu y lo ayuda a alcanzar la salvación. Los antiguos caldeos, quienes fueron los creadores de la astrología, creían que el espíritu del bien o Angel Guardián de una persona reside en la onceava casa zodiacal y el Angel del Mal en la sexta casa.

La tradición esotérica enseña que una forma de asegurar el triunfo del Angel Guardián sobre el Angel del Mal es conociendo el nombre del Angel Guardián a quien se llama con su nombre en momentos de necesidad.

Para saber el nombre del Angel Guardián se debe ayunar por 24 horas y abstenerse de relaciones sexuales y de toda sustancia adictiva. Al otro día, al amanecer, asearse, y en el momento en que está saliendo el sol, vestirse de blanco y enfrentar al Este de pie con una vasija en las manos conteniendo aceite de oliva, al que se le ha añadido hojas de laurel y un poco de incienso y mirra. Colocando los labios encima del aceite repetir siete veces:

Mi Angel Guardián, cual es tu nombre.

En el momento que se repiten estas palabras por séptima vez, va a llegar a la mente el nombre del Angel. Este nombre no se le debe revelar a nadie. Después de recibir el nombre del Angel Guardián, se pone el aceite en una botellita y se guarda en un sitio seguro. El aceite se usa en meditaciones o cuando se desea contactar al Angel Guardián, poniéndose un poco en la frente, las sienes, el pecho, las manos y los pies.

Los ángeles de las alturas

Además de los signos, elementos y planetas, los ángeles también rigen todo lo que existe en el universo, de acuerdo a su jerarquía. Por ejemplo, el Almadel de Salomón nos dice que existen cuatro Coros llamados Alturas, y que éstos están asociados con los cuatro puntos cardinales. Los cuatro puntos cardinales están regidos por Miguel, Uriel, Rafael y Gabriel pero cada Altura es gobernada por cinco príncipes regentes, como veremos a continuación.

Los Príncipes de la Primera Altura pertenecen al Coro del Este, lo que indica que las otras tres Alturas deben pertenecer a los Coros del Sur, Oeste y Norte, respectivamente, ya que este es el orden de los puntos cardinales.

Los Príncipes de la Primera Altura se manifiestan como ángeles cargando una bandera con una cruz roja en las manos. También cargan una corona de rosas y hablan en voz baja.

Los Príncipes de la Segunda Altura se manifiestan en la forma de un niño pequeño vestido de satín con la faz rojiza y una corona de flores rojas en la cabeza.

Los Príncipes de la Tercera Altura toman la forma de niños pequeños o mujeres de poca estatura vestidos de color verde o plateado con una corona de hojas de laurel en la cabeza. Cuando se retiran dejan un aroma dulce en el aire.

Los Príncipes de la Cuarta Altura se manifiestan en la forma de niños pequeños o de hombres bajitos vestidos de negro y verde oscuro. En las manos cargan un pájaro desplumado.

Los doce meses del año están también regidos por los ángeles de la siguiente manera:

Enero— Gabriel o Cambiel
Febrero— Barchiel
Marzo— Machidiel o Malahidael
Abril— Asmodel
Mayo— Ambriel o Ambiel
Junio— Muriel
Julio— Verchiel
Agosto— Hamaliel
Septiembre— Uriel o Zuriel
Octubre— Barbiel
Noviembre— Adnachiel o Advachiel
Diciembre— Anael

No sólo los doce meses sino también las cuatro estaciones están gobernadas por ángeles:

La primavera— la rige el ángel Spugliguel con los ángeles asistentes Amatiel, Caracasa, Core y Commissoros.

El verano— lo rige Tubiel con los ángeles asistentes Gargatel, Gaviel y Tariel.

El otoño— lo rige Torquaret con los ángeles asistentes Tarquam y Guabarel.

El invierno— lo rige Attarib con los ángeles asistentes Amabael y Cetarari.

La mayor parte de esta información proviene de la famosa obra *El mago* del inglés Francis Barrett, quien hizo profundos estudios sobre la magia ceremonial y los ángeles.

Como vimos en el capitulo 3, cada cielo tiene un Sarim o Príncipe Regente. Pero el tercer Libro de Enoch nos dice que también existen sesenta y cuatro Angeles Protectores que están en vela continuamente en los vestíbulos de los Siete Cielos. Tal vez por ser el más accesible y donde están las puertas del Paraíso, el Primer Cielo es el que más Angeles Protectores tiene, contándose veintidós ángeles entre todos, mientras que el Séptimo Cielo, el más inaccesible de todos, ya que en el se encuentra la Divina Presencia, solo tiene dos Angeles Protectores. Los Angeles Protectores de los Vestíbulos Celestiales son los siguientes:

Primer cielo— Suria, Tutrechial, Tutrusiai, Zortek, Mufgar, Ashrulyai, Sabriel, Zahabriel, Tandal, Shokad, Huzia, Deheboryn, Adririon, Khabiel, Tashriel, Nahuriel, Jekusiel, Tufiel, Dahariel, Maskiel, Shoel, Sheviel.

Segundo cielo— Tagriel, Maspiel, Sahriel, Arfiel, Shahariel, Sakriel, Ragiel, Sehibiel.

Tercer cielo— Sheburiel, Retsutsiel, Shalmial, Savlial, Harhazial, Hadrial, Bezrial.

Cuarto cielo— Pachdial, Gvrtial, Kzuial, Shehinial, Shtukial, Arvial, Kfial, Anfial.

Quinto cielo— Techial, Uzial, Gmial, Gamrial, Sefrial, Garfial, Grial, Drial, Paltrial.

Sexto cielo— Rumial, Katmial, Gehegial, Arsabrsbial, Egrumial, Parzial, Machkial, Tufrial.

Séptimo cielo— Zeburial, Tutrbebial.

Las fases de la Luna están divididas en Luna Creciente y Luna Menguante, cada una extendiéndose por dos semanas o catorce días. La Luna Creciente empieza con la Luna Nueva y la Luna Menguante empieza con la Luna Llena.

El ciclo de veintiocho días compuesto de la Luna Menguante y Luna Creciente se conoce como las veintiocho mansiones de la Luna y cada uno de estos días o mansiones esta regido por un Angel Lunar. Es importante recordar que la primera mansión de la Luna es el primer día del ciclo lunar, que empieza con la Luna Nueva. Es decir, la primera mansión de la Luna es la Luna Nueva, cuando esta comienza a adquirir más luz. Este ciclo de Luna Creciente dura catorce días, culminando en la Luna Llena, el día 15 del ciclo lunar. Desde ese momento la Luna comienza a menguar y continua menguando por catorce días mas, terminando su ciclo en la Luna Nueva, cuando todo el proceso es repetido. La siguiente lista nos da los nombres de los ángeles que rigen cada una de las mansiones de la Luna:

Luna Creciente— Geniel (Luna Nueva), Enediel, Anixiel, Azariel, Gabriel, Dirachiel, Scheliel, Amnediel, Barbiel, Ardifiel, Neciel, Abdizuel, Jazeriel, Ergediel.

Tabla 3: Los Príncipes de las Cuatro Alturas

Primera Altura	Segunda Altura	Tercera Altura	Cuarta Altura
(Este)	(Sur)	(Oeste)	(Norte)
Alimiel	Aphiriza	Eliphaniasai	Barachiel
Barachiel	Armon	Elomina	Capitiel
Gabriel	Genon	Gedobonai	Deliel
Helison	Geron	Gelomiros	Gebiel
Lebes	Gereimon	Taranava	Gedi

Luna Menguante— Atliel (Luna Llena), Azeruel, Adriel, Egibiel, Amutiel, Kyriel, Bethnael, Geliel, Requiel, Abrinael, Aziel, Tagriel, Atheniel, Amnixiel.

Como les he explicado anteriormente los ángeles de más poder en el cielo se conocen como los Príncipes Angelicales y su título formal es Sarim. La siguiente lista, recopilada por Gustav Davidson (*Diccionario de los Angeles*) de varias fuentes, como el Testamento de Salomón y las obras de Jellinek, nos provee los nombres de treinta Sarim o Príncipes Angelicales. Estos poderosos espíritus son las estrellas más refulgentes del firmamento de los ángeles. Entre ellos están los siete grandes arcángeles y el glorioso Metratón, que según una antigua tradición, está sentado a la diestra del Trono de Dios.

Sarim

Metratón— Canciller del Cielo y Príncipe de los 7 arcángeles.

Miguel— Angel Principal del Señor, El que es como Dios.

Uriel— Angel de la Salvación y de las riquezas de la tierra.

Rafael— ángel de la salud y de la sabiduría y regente del sol.

Gabriel— ángel de la anunciación, de la venganza y la misericordia.

Anael— ángel del amor y jefe de las Principalidades y las Virtudes.

Samael o Camael— ángel de la justicia divina y jefe de los Poderes.

Raziel— el heraldo de Dios e instructor de Adán y de la humanidad.

Sandalfón— hermano gemelo de Metratón y ángel regente de la tierra.

Zadkiel o Tzadkiel— ángel de Júpiter y de la abundancia.

Irin— ángeles gemelos que junto a los Qaddisin forman el Consejo Supremo de la Corte Celestial. Son la Corte Suprema de Dios y su juicio es perfecto.

Qaddisin— ángeles gemelos que rigen la Corte Celestial junto a los Irin. Estos cuatro ángeles son los más poderosos de los Siete Cielos.

Akatriel— el ángel que revela los misterios divinos.

Anafiel— Jefe de los Querubines de la Merkabah o carruaje divino. Hay seis clases de ángeles en la Merkabah, los cuales son los guardianes del trono de Dios.

Fanuel o Raguiel— arcángel del castigo y Príncipe de la Divina Presencia.

Jehoel— el ángel intermediario entre Dios y los seres humanos.

Radueriel o Vretil— el ángel escribano que escribe en un gran libro todo lo que sucede en el universo. Es también el jefe de los coros celestiales y creador de los ángeles menores.

Barakiel o Barbiel— jefe del coro de los Serafines y regente de febrero.

Galgaliel— el ángel principal de la rueda del sol y uno de los ángeles principales de la Merkabah.

Rikbiel— uno de los Príncipes Regentes de la Merkabah.

Soferiel Mehayye— junto con Soferiel Memeth guarda el libro de la vida y de la muerte y es también uno de los ángeles regentes de la Merkabah.

Soferiel Memeth— trabaja en unión a Soferiel Mehayye.

Soqed Hozi— el ángel que guarda la divina balanza y de la espada del Señor. Es otro de los ángeles principales de la Merkabah.

Chayyiel— Príncipe Regente de los Serafines.

Shemuil— el ángel intermediario entre las plegarias de Israel y los siete grandes arcángeles.

Suriel— el ángel instructor de Moisés y uno de los ángeles de la buena muerte.

Zofiel o Yofiel— uno de los Príncipes que guardan el Torah o Ley Divina.

Azbugah— uno de los ocho grandes ángeles del Trono de Dios. Es el que viste de rectitud a las almas elegidas al llegar al cielo.

Yefefiah o Dina— el ángel que instruyó a Moisés en los misterios de la Cábala y uno de los ángeles del Torah.

Zagzagel— el ángel de la sabiduría y del arbusto ardiente.

Estos Príncipes celestiales pueden ser propiciados por los seres humanos en momentos difíciles de sus vidas ya que su intercesión puede ser de inmenso valor ante el Trono de Dios. Propiciar a un ángel significa pedir su ayuda, mencionando su nombre y ofreciéndole incienso y mirra y una vela blanca. A los ángeles se les puede rezar de esta manera pero no se deben invocar o evocar sin la debida precaución. Esto lo discutiremos más a fondo en el Capitulo 10.

En la figura 32 se puede ver los ángeles que rigen las horas del día y de la noche. El símbolo astrológico que aparece al lado de cada ángel se refiere al planeta regido por ese ángel. Una vez que se sabe el ángel que rige cada día es posible propiciarlo más fácilmente escogiendo el día y la hora adecuados para hacerle la petición.

El libro más famoso sobre los ángeles y el más difícil de conseguir es *El libro del ángel Raziel*, el cual según la tradición esotérica fué escrito por Raziel mismo, pero cuyo más probable autor fuera el cabalista hebreo, Eliazar de Worms. La Biblioteca Pública de Nueva York tiene una copia en hebreo de este libro el cual es tan valioso que solo es posible leerlo

Hours Day.	Angels and Planets ruling SUNDAY.	Angels and Planets ruling MONDAY.	Angels and Planets ruling TUESDAY.	Angels and Planets ruling WEDNESDAY.	Angels and Planets ruling THURSDAY.	Angels and Planets ruling FRIDAY.	Angels and Planets ruling SATURDAY.
	Day.	*Day.*	*Day.*	*Day.*	*Day.*	*Day.*	*Day.*
1	☉ Michael	☽ Gabriel	♂ Samael	☿ Raphael	♃ Sachiel	♀ Anael	♄ Cassiel
2	♀ Anael	♄ Cassiel	☉ Michael	☽ Gabriel	♂ Samael	☿ Raphael	♃ Sachiel
3	☿ Raphael	♃ Sachiel	♀ Anael	♄ Cassiel	☉ Michael	☽ Gabriel	♂ Samael
4	☽ Gabriel	♂ Samael	☿ Raphael	♃ Sachiel	♀ Anael	♄ Cassiel	☉ Michael
5	♄ Cassiel	☉ Michael	☽ Gabriel	♂ Samael	☿ Raphael	♃ Sachiel	♀ Anael
6	♃ Sachiel	♀ Anael	♄ Cassiel	☉ Michael	☽ Gabriel	♂ Samael	☿ Raphael
7	♂ Samael	☿ Raphael	♃ Sachiel	♀ Anael	♄ Cassiel	☉ Michael	☽ Gabriel
8	☉ Michael	☽ Gabriel	♂ Samael	☿ Raphael	♃ Sachiel	♀ Anael	♄ Cassiel
9	♀ Anael	♄ Cassiel	☉ Michael	☽ Gabriel	♂ Samael	☿ Raphael	♃ Sachiel
10	☿ Raphael	♃ Sachiel	♀ Anael	♄ Cassiel	○ Michael	☽ Gabriel	♂ Samael
11	☽ Gabriel	♂ Samael	☿ Raphael	♃ Sachael	♀ Anael	♄ Cassiel	☉ Michael
12	♄ Cassiel	☉ Michael	☽ Gabriel	♂ Samael	☿ Raphael	♃ Sachiel	♀ Anael
Hours Night	*Night.*	*Night.*	*Night.*	*Night.*	*Night.*	*Night.*	*Night.*
1	♃ Sachael	♀ Anael	♄ Cassiel	☉ Michael	☽ Gabriel	♂ Samael	☿ Raphael
2	♂ Samiel	☿ Raphael	♃ Sachiel	♀ Anael	♄ Cassiel	☉ Michael	☽ Gabriel
3	☉ Michael	☽ Gabriel	♂ Samael	☿ Raphael	♃ Sachiel	♀ Anael	♄ Cassiel
4	♀ Anael	♄ Cassiel	☉ Michael	☽ Gabriel	♂ Samael	☿ Raphael	♃ Sachiel
5	☿ Raphael	♃ Sachiel	♀ Anael	♄ Cassiel	☉ Michael	☽ Gabriel	♂ Samael
6	☽ Gabriel	♂ Samael	☿ Raphael	♃ Sachiel	♀ Anael	♄ Cassiel	☉ Michael
7	♄ Cassiel	☉ Michael	☽ Gabriel	♂ Samael	☿ Raphael	♃ Sachiel	♀ Anael
8	♃ Sachiel	♀ Anael	♄ Cassiel	☉ Michael	☽ Gabriel	♂ Samael	☿ Raphael
9	♂ Samael	☿ Raphael	♃ Sachiel	♀ Anael	♄ Cassiel	☉ Michael	☽ Gabriel
10	☉ Michael	☽ Gabriel	♂ Samael	☿ Raphael	♃ Sachiel	♀ Anael	♄ Cassiel
11	♀ Anael	♄ Cassiel	☉ Michael	☽ Gabriel	♂ Samael	☿ Raphael	♃ Sachiel
12	☿ Raphael	♃ Sachiel	♀ Anael	♄ Cassiel	☉ Michael	☽ Gabriel	♂ Samael

Figura 33— Los ángeles que reinan sobre cada hora del día y la noche. El símbolo del planeta reinante se encuentra junto al nombre de cada ángel.

en la biblioteca, pero es posible hacer copias fotostáticas del libro. Este libro cita los siete grandes ángeles que están frente al Trono de Dios, los cuales son Miguel, Gabriel, Uriel, Rafael, Fenuel, Israel y Uzziel. Otras fuentes nos dicen que hay entre cuatro a setenta ángeles frente a la Divina Presencia, pero la mayor parte de los expertos en angelología están de acuerdo que el número de los Angeles del Trono son siete.

El sexto y séptimo libro de Moisés proveen una lista de quince ángeles que según el libro forman parte de los Príncipes del Trono de Dios. Estos quince ángeles son invocados durante ceremonias mágicas:

Angeles del Trono Según El sexto y séptimo libro de Moisés— Tronus, Tehom, Haseha, Amarzyom, Schawait, Chuscha, Zawar, Yahel, Adoyahel, Schimue, Achusaton, Schadyl, Chamyel, Parymel, Chayo.

Las invocaciones, evocaciones y otros rituales mágicos utilizados para obtener el favor de los ángeles van a ser discutidos en el capítulo 10, "La magia angelical".

9

Los cuatro Grandes Arcángeles

En la Biblia solo se mencionan los nombres de tres de los ángeles, Gabriel, Miguel y Rafael, quien es mencionado en el Libro de Tobías, y sólo aparece en las Biblias católicas y ortodoxas. La Iglesia Católica tiene tal respeto por estos tres ángeles que les ha adjudicado el 29 de septiembre en su calendario de santos. A pesar de ser ángeles, que es una jerarquía espiritual mucho más elevada que la de los santos, la Iglesia se refiere a ellos como San Gabriel, San Miguel y San Rafael.

La mayor parte de la información que tenemos sobre los ángeles proviene, como ya hemos visto, de otras fuentes, entre las que están el Talmud y los Midrash hebreos y otras escrituras rabínicas incluyendo la Cábala. El Korán y otros libros musulmanes nos hablan de los ángeles y sus grandes poderes y el Libro de Enoch nos revela los nombres de muchos ángeles, entre los cuales están también los ángeles caídos. Un gran compendio de ángeles ha llegado también hasta nosotros de otras fuentes menos conocidas, como los libros de la Apócrifa, *El libro del ángel Raziel*, *La gran clavícula de Salomón*, *La pequeña clavícula de Salomón*, también conocida como *Goetia*, *El arbatel de la magia*, *El sexto y séptimo libro de Moisés* y otros muchos. Pero de todos los ángeles mencionados en todos estos libros, los más conocidos y más venerados son los cuatro grandes arcángeles Rafael, Miguel, Gabriel y Uriel. Este ultimo ángel es menos conocido que los otros tres, pero su influencia es inmensa en la tradición angelical.

Rafael, Miguel, Gabriel y Uriel están identificados con los cuatro elementos y los cuatro puntos cardinales, los cuales rigen. Los elementos y los puntos cardinales forman una rueda, un círculo de gran poder y magnetismo dentro del cual se encuentra el globo terrestre. El primer punto cardinal es el Este, que es donde sale el Sol cada mañana, y corresponde al elemento aire, regido por Rafael. Moviéndonos hacia la derecha adentro de este circulo cósmico, según las agujas del reloj y del Sol, llegamos al punto cardinal del sur, el cual corresponde al elemento fuego, regido por Miguel.

Del Sur pasamos al Oeste, donde se pone el Sol por las tardes, que corresponde al elemento agua y es regido por Gabriel. Y del Oeste pasamos al Norte, que corresponde al elemento tierra y es regido por Uriel.

Si visualizamos a la Tierra dentro de esta rueda solar, podemos ver que los cuatro arcángeles están parados en los cuatro puntos cardinales del planeta en forma de cruz. Cada uno de los arcángeles tiene sus propios colores y atributos y una apariencia especial según la antigua tradición mística.

Rafael se viste de amarillo con reveses violeta. Representa al amanecer y se describe como un adolescente muy bello de ojos azules y cabellos rubios ensortijados que forman una aureola dorada alrededor de su cabeza.

Miguel, que sigue a Rafael en esta rueda cósmica, se viste de rojo y verde y representa el calor del mediodía. Miguel se describe como un hombre joven de unos 25 años de edad. Su piel es clara con tonos dorados, sus ojos son verdes y su cabello es rojo como una llama, espeso y ondulado y le llega hasta el cuello.

Gabriel se viste de azul claro con reveses anaranjados. Representa a la tarde. Aparenta una edad de alrededor de 35 años. Su piel es tostada, sus ojos azul verde y su cabello bronceado le llega hasta los hombros.

Uriel es el ángel que cierra la rueda solar, el ángel de la tierra. Se viste de cuatro colores: verde oliva, verde limón, ladrillo, marrón oscuro o negro.

Representa al anochecer. Su piel es morena, sus ojos castaños y su cabello castaño oscuro, casi negro, le pasa de los hombros. Uriel es el único de los cuatro arcángeles que tiene barba. Su barba es oscura, espesa y rizada pero no larga. Representa una edad entre los 40 y 45 años.

Como es fácil ver en esta descripción de los cuatro arcángeles, estos van madurando en edad según pasamos de un punto cardinal a otro y su apariencia física se va oscureciendo. Esto se debe a que la rueda solar simboliza el día, desde que amanece hasta que oscurece. Es por eso que Rafael es rubio como el sol naciente y Uriel oscuro como la noche.

Mas adelante hablaremos de la forma de propiciar a estos grandes arcángeles pero primero vamos a ver lo que la tradición canónica y secular nos dice de ellos.

Rafael

Rafael es el ángel de la alborada, regente del Segundo Cielo y uno de los Príncipes regentes de los Querubines y de los Arcángeles y jefe del coro de las Virtudes. Pertenece a cuatro de los coros angelicales: los Serafines, los Querubines, las Dominaciones y los Poderes o Potencias. Su nombre es de origen caldeo y originalmente era Labiel.

El nombre de Rafael significa "Dios ha sanado". En la Iglesia Católica es conocido como el Medico Divino ya que se dice que tiene el poder de curar toda enfermedad por más seria que esta sea. Rafael es también protector de la tierra, a la que sana. Se dice de este arcángel que es el regente del sol en el medio del cual está parado. Rafael se identifica a menudo con Ramiel, Raguel, Raffarel, y entre los musulmanes, con Azrael, que es el ángel de la muerte y regente de Escorpión. En el Libro de Tobías, Rafael esconde su identidad angelical bajo cl nombre de Azariah.

Figura 34— El Gran Arcángel Rafael con Tobias.

Rafael es el ángel que guarda al Arbol de la Vida, uno de los seis ángeles del arrepentimiento, el ángel de la oración, de la alegría y de la luz. Es también el ángel de la ciencia, de la medicina, de la sabiduría y uno de los siete ángeles del Apocalipsis. Cuando Salomón pidió ayuda a Dios en la construcción del Templo, el Creador le regaló un anillo en el que estaba inscrito un pentagrama, el cual es una estrella de cinco puntas. Rafael fué el mensajero divino a quien Dios entregó este anillo para que se lo diera a Salomón. Es posible que la práctica de usar un pentagrama para invocar a los arcángeles provenga de esta historia.

A Rafael se le representa con un cayado en la mano y un pez en la otra como símbolo de su odisea con Tobías. En esta historia, Rafael le enseña a Tobías como utilizar el corazón y el hígado de un pescado para exorcizar al espíritu infernal Asmodeo y como utilizar la bilis del mismo pez para curar la ceguera de su padre.

A Rafael se le pide para que cure enfermedades, para ayuda en los estudios y en contratos, papeles, libros y todo tipo de negocios. Una forma sencilla de pedirle es escribiendo lo que se desea en un papel amarillo, el cual luego se quema en la llama de una vela amarilla también. Las cenizas se dispersan en el aire desde un sitio alto ya que Rafael rige el elemento aire. Esto, como toda devoción o ritual angelical, solo se debe hacer en luna creciente y si es posible en un día miércoles, que es el día regido por Rafael.

De Rafael se dice también que es uno de los Guardianes o Grigori, que tienen una continua vigilia sobre las puertas del Cielo y

Figura 35— El Gran Arcángel Miguel derrotando a Satanás quien está representado por un dragón.

también que es uno de los guías en Sheol, donde según los judíos van las almas cuando el cuerpo muere. Es uno de los cuatro grandes príncipes que están frente al Trono de Dios y según fuentes rabínicas, uno de los tres ángeles que visitaron a Abraham; los otros son Miguel y Gabriel. Se le conoce como el ángel de la simpatía, ya que siempre está risueño y es el ángel de la sexta Séfira en el Arbol de la Vida.

En tiempos recientes se han estado corriendo rumores de que Rafael es una entidad femenina, pero en realidad los ángeles son espíritus sin forma material. Toman apariencia física solo cuando desean ser percibidos por los seres humanos.

Miguel

Miguel es el símbolo de la justicia perfecta. Su nombre significa, "El que es como Dios". Se considera el más grande de todos los ángeles, tanto en el Judaísmo y el Cristianismo como en Islam. Es por eso que se dice de él, que esta sentado al lado de Dios en su trono y que a menudo se identifica con Metratón y con la Divina Shekina. Miguel también se identifica con San Pedro, ya que se dice que ambos tienen las llaves del cielo. Y algunas autoridades encuentran paralelos entre San Jorge y Miguel porque ambos vencieron al dragón, que es símbolo de Satanás en el Cristianismo.

Los antiguos persas veneraban a este gran arcángel como Beshter, el protector de la humanidad. Miguel es el ángel incorrupto e incorruptible, es decir, imposible de corromper, tal es su perfección y su pureza. Es el ángel preferido del Creador y el más poderoso. La tradición Judeo-Cristiana enseña que la venganza le pertenece a Dios, quien crea el balance perfecto de la justicia a través de la balanza de Miguel.

En la iconografía cristiana Miguel se representa vestido de rojo y verde con sandalias y armadura romana. En una mano tiene la balanza de la justicia y en la otra una espada. Una de sus sandalias está firmemente plantada en el cuello del dragón que es Satanás, como símbolo de su vencimiento del Adversario de Dios en la batalla angelical.

Miguel es uno de los príncipes regentes de tres de los coros angelicales: los Serafines, las Virtudes y los Arcángeles. Es también regente del Cuarto Cielo, uno de los seis ángeles del arrepentimiento, ángel de la rectitud, de la compasión, de la santificación y príncipe de la Divina Presencia. Es también el ángel tutelar de Israel y de Alemania y se dice que fué él que dió las tabletas de los 10 mandamientos a Moisés en el Monte de Sinaí.

El nombre de Miguel proviene del caldeo, igual que Rafael. Se dice que es el autor del Salmo 85, el cual se reza en su nombre para pedirle un milagro. En las enseñanzas sagradas Miguel se identifica a menudo con el Espíritu Santo, debido a su gran pureza.

De acuerdo a la tradición musulmana, las alas de Miguel son color esmeralda y cada uno de sus cabellos, rojos como el fuego, están cubiertos de millones de caras, cada una de las cuales implora en distintas lenguas el perdón de Dios para la humanidad. Se dice que Miguel llora continuamente por los pecados de los fieles y que de sus lágrimas se formaron los Querubines. Los musulmanes, que lo conocen como Mikail, dicen que cuando el gran arcángel llora sus lágrimas se convierten en piedras preciosas.

Miguel es regente del planeta Mercurio, del signo de Leo, del Sur y del elemento fuego en la magia ceremonial, y entre sus títulos está: Príncipe de la Luz, Príncipe de las Virtudes, Príncipe de los Arcángeles, Guardián de la Paz, Protector Divino, Comandante en Jefe de las Huestes Celestiales, Angel Guardián de la Iglesia Católica, Angel Guardián de Israel, Angel de la Tierra y Príncipe de Dios, además del Archiestratega Divino. Es también el ángel que se le apareció a Moisés en el Arbusto Ardiente y el que rescató a San Pedro de la prisión y al profeta Daniel de la guarida de los leones. Se dice que es Miguel también él que ha de bajar del Cielo en el Juicio Final con la llave del Abismo sin Fondo, donde encerrará a Satanás durante mil años.

El nombre secreto de Miguel es Sabathiel. Algunas tradiciones lo visualizan en el Séptimo Cielo rodeado de las huestes angelicales. En el Cristianismo Miguel se venera como el ángel benévolo de la muerte a través de quien es posible alcanzar el perdón de Dios y la inmortalidad. Es el ángel que guía las almas de los fieles a la luz eterna y también el que pesa las almas en el Juicio Final.

Miguel es el ángel que según la tradición bíblica salvó a Meshach, Shadrach y Abednego, los compañeros del profeta Daniel, del fuego del horno a donde los lanzara el rey Nabucodonosor por negarse a adorar a sus ídolos. Es también el ángel que se arrodillara frente a la Virgen María, con un cirio encendido en la mano, para anunciarle su próxima muerte. Cuando la Virgen le preguntó su nombre, Miguel le contestó, "Me llaman Grande y Poderoso".

Miguel es el patrono de los bomberos, de los policías, de los marineros, los soldados y los bodegueros. Una forma de pedir un milagro a Miguel es quemando una manzana roja con laurel en el fuego mientras se reza el salmo 85. Las cenizas luego se colocan en una bolsita roja la cual se carga encima hasta recibir el milagro. Esto debe hacerse un martes en luna creciente. Después que el milagro es realizado, las cenizas se esparcen en la tierra alrededor de la casa de la persona para recibir la protección del arcángel.

Gabriel

Gabriel es el ángel de la Anunciación, de la muerte y de la resurrección, de la venganza y de la compasión. Pero sobre todo, Gabriel es el mensajero divino que revela la voluntad de Dios a la humanidad. Según la tradición musulmana Gabriel tiene ciento cuarenta pares de alas. Este arcángel se para en el Oeste, que es donde se pone el sol y de esta manera sella la puerta donde mora el mal. La tradición esotérica dice que el Oeste es la puerta del mal porque al ponerse el Sol en ese punto cardinal, la Tierra se cubre con el manto oscuro de la noche, la cual siempre se ha identificado con las fuerzas malignas.

Cuando el cuerpo humano perece, Dios envía a Gabriel a recoger al espíritu de esa persona para llevarlo a descansar y a buscar el perdón de sus pecados. Es también él que guía los espíritus a la tierra durante cada encarnación. Es por eso que es el Angel de la

Figura 36— El Gran Arcángel Gabriel cuando anunció a la Virgen María la concepción de Jesús.

Anunciación porque sabe cuando un niño va a nacer. Las mujeres que desean el don de la maternidad le piden este milagro a Gabriel, por lo cual es también conocido como el Angel de la Esperanza. Una de las tradiciones judías dice que Gabriel instruye al niño en el vientre de la madre durante los nueve meses de embarazo.

Cuando una persona es desahuciada por los médicos, se le pide a menudo a Gabriel para que interceda ante Dios y se extienda la vida de esa persona. En el día del Juicio Final es Gabriel el que toca la trompeta que despierta a las almas de los muertos que duermen en el polvo.

En la Pseudoepígrafa, que contiene las visiones apocalípticas de varios de los profetas, el Angel de Dios, que en este caso es Gabriel, le revela al profeta Ezra los Siete Caminos a la Divina Presencia por los que un alma tiene que pasar para llegar a Dios, si esto le es permitido. El primer camino, dice Gabriel, es terrible y fascinante; el segundo es aterrador e indescriptible; el tercero es un infierno helado; el cuarto está marcado por escalofriantes batallas. Si el alma es justa comienza a brillar cuando llega al quinto camino; si es pecadora, se oscurece. En el sexto camino, el alma justa destella como el Sol. En el séptimo, Gabriel guía al alma al gran Trono Divino, que según el ángel está frente al Jardín del Edén y donde resplandece la Gloria de Dios. Es obvio, según esta descripción de Gabriel, que los caminos a los cuales el ángel se refiere son los que atraviesan los Siete Cielos.

De acuerdo con el tercer Libro de Enoch es Gabriel, en vez de Miguel, el que rige el fuego. Según esta misma fuente Gabriel rige al Sexto Cielo en vez del Primero. En el Evangelio según San Lucas es Gabriel quien le anuncia a Zacarías el próximo nacimiento de su hijo, el cual estaba destinado a conocerse como Juan Bautista. Gabriel es un consumado lingüista, y le enseñó a José, el hijo de Jacobo, los setenta lenguajes que se hablaron en la Torre de Babel en una sola noche.

El nombre de Gabriel significa "Dios es mi Poder". El arcángel es representado con un lirio en la mano, símbolo de la Virgen María, o con una trompeta, símbolo del Juicio Final. De acuerdo a la tradición hebrea fué Gabriel el que destruyo a las ciudades de Sodoma y Gomorra. Es el ángel que reveló al profeta Daniel lo que va a suceder durante el Juicio Final y el que luchó toda la noche contra Jacobo, aunque otros ángeles también se acreditan con esta hazaña. Se dice también que Gabriel es el ángel que está a cargo de madurar a las frutas.

En una de las antiguas leyendas, Gabriel perdió el favor de Dios por no llevar a cabo una de sus órdenes exactamente como se le había indicado. En estos tiempos Dios estaba muy airado por los pecados de Israel y ordenó a Gabriel que lloviera carbones de fuego sobre los israelitas y luego que ayudara a los babilonios a destruir a los sobrevivientes del fuego divino. Pero Gabriel, lleno de compasión por Israel, escogió al ángel más ocioso del Cielo para que tirara los carbones encendidos a la Tierra. El ángel se tomó tanto tiempo en reunir los carbones que estos se enfriaron antes de ser lanzados y no ocasionaron destrucción alguna. Luego Gabriel convenció a los babilonios a que no destruyeran a Israel y solo obligaran a los israelitas a emigrar a Babilonia. Esto llenó de tanta indignación al Creador que sacó a Gabriel de inmediato de su Presencia. Y si vamos a escuchar lo que nos dice Enoch sobre este caso, Gabriel recibió unos cuantos latigazos de fuego por esta desobediencia y luego ordenado a permanecer detrás de la Cortina Sagrada que protege al Trono de Dios. Por varias semanas Gabriel fué reemplazado por el ángel Dubbiel, regente de los persas. Mientras Gabriel estuvo en este corto destierro, los judíos sufrieron cruelmente bajo la bota persa, cuyo ángel regente Dubbiel estaba en poder en el Paraíso. Pero Gabriel, que estaba esperando la oportunidad perfecta detrás de la Cortina Sagrada, hizo una sugerencia tan brillante durante uno de los concilios celestiales, que fué restituido de inmediato a su posición frente al Trono del Señor. Tal vez por haber perdido su posición en el Cielo, Dubbiel pasó más tarde a ser uno de los ángeles rebeldes.

De acuerdo a la tradición musulmana Gabriel, conocido en Islam como Jibril, fué quien le dictó el libro del Korán al profeta Mahoma. Y según Juana de Arco, él fué quien la inspiró a batallar por el rey de Francia en contra de los Ingleses en la llamada Guerra de los Cien años, un acto heróico por el cual fué quemada en la hoguera.

Para pedirle un milagro a Gabriel se espera la noche de Luna Llena, se le enciende una vela plateada a la luz de la luna y se le pide el milagro. La vela luego se apaga en una copa de agua mineral bien fría la cual se toma de un solo trago sin respirar. Esto se repite por nueve Lunas Llenas con la misma vela. La última noche se deja terminar la vela.

Uriel

Uriel es uno de los príncipes regentes de los Serafines y de los Querubines y es uno de los ángeles regentes del Sol. Es también uno de los príncipes de la Divina Presencia y el ángel de la salvación. Su nombre significa "Fuego de Dios".

Uriel es el ángel que protege del trueno y del terror y rige los temblores de Tierra, los cataclismos y las explosiones volcánicas. Se dice que Dios lo envió a Noé para advertirle el diluvio universal. El poeta Milton en su obra *Paraíso perdido* nos dice que Uriel es el ángel que más aguda tiene la visión, él que mejor ve el futuro y a quien nada se le esconde. Tal vez es por eso que se pide su ayuda en las enfermedades de la vista y para que de más claridad mental.

Se cree que el nombre de Uriel fué derivado del profeta Uriah. Su símbolo es una mano que sostiene una llama. Francis Barrett en su obra *El Mago* dice que Uriel fué quien enseñó los misterios de la alquimia y de la Cábala al ser humano.

El primer Libro de Enoch relata como el patriarca fué llevado por los ángeles del Señor a través de los Siete Cielos. Durante su jornada vió un sitio caótico y terrible donde no había ni cielo ni tierra. Allí pudo percibir siete ángeles o estrellas que estaban amarradas todas juntas, inmensas como montañas y quemándose en un gran fuego. Cuando el patriarca preguntó cuál había sido su pecado

Figura 37— El Gran Arcángel Uriel, siguiendo la caída de Satanás.

y por qué habían sido lanzadas al fuego, Uriel, que era su guía en este trayecto del camino, le dijo que su pecado había sido romper los mandamientos de Dios y que permanecerían en este sitio purificándose de sus pecados por diez millones de años, que era el número de sus pecados.

En el segundo Libro de Esdras, Uriel es descrito como el intérprete de la visión de este profeta. En el quinto capítulo del libro, Esdras reprocha a Dios preguntando por qué castiga a Israel y protege a sus enemigos. Uriel, que camina con Esdras, le dice que él le va a revelar las razones de Dios por permitir esto pero solo si Esdras puede pesar el fuego, medir el viento y traer de nuevo el día anterior. Cuando Esdras se queja de que lo que el ángel pide es imposible, Uriel le dice que si conociendo lo que es el fuego, el viento y los días, no sabe comprenderlos, como va a poder comprender los designios de Dios, a quien no conoce. Abochornado, Esdras se postra a los pies de Uriel y le pide perdón por sus palabras.

A pesar de su labor como paciente guía e instructor de patriarcas y profetas, Uriel tiene la capacidad de ser terriblemente severo en los castigos que da a los que ofenden al Creador. En el Apocalipsis de San Pedro, Uriel castiga a los que blasfeman contra Dios colgándolos de la lengua sobre un fuego inextinguible.

Para pedir un milagro a Uriel se le ofrece una vasija de cristal llena de agua clara en el fondo de la cual se ha colocado un cuarzo blanco. Por ser el regente del elemento Tierra y del punto norte, se pide su ayuda en asuntos de negocios, propiedades y dinero.

Uriel es regente de septiembre y puede ser invocado especialmente por los nacidos en este mes a los que protege grandemente. Es también el regente del signo de Acuario y los cuarzos blancos se le ofrecen para multiplicar su poder. Para que Uriel de su energía cósmica a un cuarzo blanco éste se purifica poniéndolo en agua de sal de mar por 24 horas. Luego se enjuaga y se coloca sobre un poco de tierra y se rodea con cuatro velas verdes en forma de cruz. Cuando se terminan las velas se guarda el cuarzo en una bolsita verde con un poco de trigo para dinero y prosperidad y se carga cerca de la persona.

El Ritual del Pentagrama para invocar a los ángeles

Como vimos anteriormente, la tradición esotérica enseña que Dios le regaló una sortija a Salomón en la cual estaba inscrita una estrella de cinco puntas conocida como pentagrama. Este es uno de los símbolos más populares y más poderoso en la práctica de la magia. Simboliza a un ser humano con los brazos y las piernas extendidas.

En la magia angelical existe una ceremonia conocida como el Ritual del Pentagrama, la cual se usa para proteger y energizar a la persona. Este ritual invoca el poder de los cuatro grandes arcángeles, Rafael, Miguel, Gabriel y Uriel y está basado en la Cábala.

La ceremonia es sencilla. La persona se para frente al este y traza sobre su persona la Cruz Cabalística de la siguiente manera:

- Con la mano derecha se toca la frente y dice: *Atoh*
- Luego lleva la mano al plexo solar y dice: *Malkuth*

Figura 38— Invocación de la pentagrama.

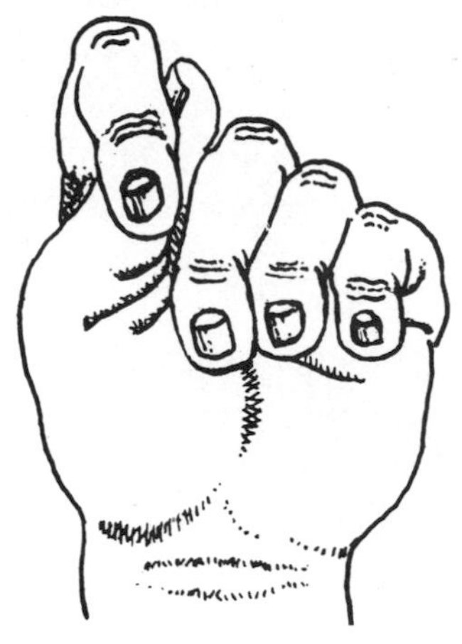

Figura 39— La mano, como se describió, puede utilizarse en lugar de un elemento mágico para trazar el círculo mágico o pentagrama.

- Se toca el hombro derecho y dice: *Ve Geburah*
- Se toca el hombro izquierdo y dice: *Ve Gedulah*
- Luego une las manos frente al pecho y dice: *Amen.*

Seguidamente mete el pulgar de la mano derecha (o izquierda si es zurdo) entre los dedos anular e índice para formar una ficca. Este es un símbolo antiquísimo que se usa contra el peligro y el mal de ojo desde los tiempos más remotos.

La persona apunta con la ficca y el brazo extendido hacia un punto más arriba de su cabeza y traza en el aire el Pentagrama de Invocación según la figura 38. Al hacer eso imagina que el pentagrama que ha trazado está formado de llamas de fuego. Tan pronto traza el pentagrama baja la mano y apunta con fuerza al centro del pentagrama imaginario y dice en voz alta y reverberante:

En el nombre sagrado de Dios
Yod Je Vau Je (Jehová) y
del gran Arcángel Rafael yo sello este círculo
en el punto Este y el elemento Aire.

Sin desviar la mano, que sigue extendida, la persona vira hacia la derecha hasta llegar al punto del sur, visualizando que esta formando una línea que se extiende desde el centro del pentagrama del este hasta el sur.

Una vez en el sur, traza un segundo pentagrama a la misma altura aproximada que el anterior y dice:

En el nombre sagrado de Dios, Adonai, y del gran Arcángel Miguel, yo sello este círculo en el punto Sur y el elemento Fuego.

La persona continúa formando el círculo, moviéndose de nuevo hacia la derecha hasta llegar al Oeste. La mano sigue extendida en el mismo nivel que el pentagrama anterior. En el Oeste, traza el tercer pentagrama diciendo:

En el nombre sagrado de Dios, Ejeieh, y del gran Arcángel Gabriel, yo sello este pentagrama en el punto Oeste y el elemento Agua.

Moviéndose siempre hacia la derecha, la persona llega al punto Norte, traza el cuarto pentagrama en el aire y dice:

En el nombre sagrado de Dios, Agla, y del gran Arcángel Uriel, yo sello este pentagrama en el punto Norte y el elemento Tierra.

La persona continua moviéndose a la derecha hasta regresar al punto este. Cuando llega ahí, abre los brazos y dice:

Frente a mí, Rafael
Detrás de mí, Gabriel
A mi derecha, Miguel
A mi izquierda, Uriel
Frente a mí llamea el pentagrama
Y detrás de mí, la estrella de seis rayos

La estrella de seis rayos es mejor conocida como la estrella de David, la cual está formada por dos triángulos entrelazados; uno apunta hacia arriba y el otro hacia abajo. El triángulo superior simboliza el fuego y el inferior, el agua.

Una vez que ha trazado los cuatro pentagramas, la persona los visualiza llameando en cada punto cardinal, unidos por un círculo también de fuego.

Detrás del pentagrama del Este visualiza a Rafael, vestido con una túnica amarilla y violeta, rubio como el Sol, sus alas blancas y deslumbrantes como la nieve. Detrás del pentagrama del Sur está Miguel, vestido de carmín y esmeralda, cabellos rojos como el fuego. Detrás del pentagrama del Oeste está Gabriel, envuelto en un manto azul y naranja, cabellos bronceados.

Y detrás del pentagrama del Norte, el gran Uriel, vestido de verde oliva, verde limón, marrón y castaño oscuro, sus cabellos casi negros, su barba oscura y rizada.

En estos momentos, la persona puede hacer cualquier petición que desee a uno o más de los ángeles o llevar a cabo cualquier ceremonia donde los ángeles le sirvan de protección.

Cuando desea terminar la ceremonia vuelve a trazar el pentagrama pero esta vez usa el Pentagrama de Disolución (ver figura 40). Las palabras que dice son las siguientes:

En el nombre sagrado de Dios, Yod Je Vau Je y del gran Arcángel Rafael, yo disuelvo (o desvanezco) este círculo en el Este y el elemento Aire.

En el Sur dice:

Figura 40— Disolución de la pentagrama.

En el nombre sagrado de Dios, Adonai, y del gran Arcángel Miguel, yo disuelvo este circulo en el Sur y el elemento Fuego.

En el Oeste dice:

En el nombre sagrado de Dios, Ejeieh, y el gran Arcángel Gabriel, yo disuelvo este círculo en el Oeste y el elemento Agua.

En el Norte dice:

En el nombre sagrado de Dios, Aglah, y del gran Arcángel Uriel, yo disuelvo este pentagrama en el Norte y el elemento Tierra.

Esta vez los arcángeles se visualizan dándole la espalda a la persona, ya que se van a retirar. La persona, de frente ahora al Este, dice:

En nombre de la Fuerza Creadora del Universo y de sus grandes ángeles Rafael, Miguel, Gabriel y Uriel, este ritual ha concluido. Doy gracias a estos poderosos espíritus de luz por su presencia conmigo este día y les digo: Saludos y Adiós.

Estas palabras, Saludos y Adiós, se repiten en los cuatro puntos cardinales.

Una vez que el círculo ha sido trazado la persona que está en su interior sólo debe moverse de derecha a izquierda ya que el movimiento contrario atrae fuerzas oscuras al círculo.

Antes de empezar este ritual, se debe rociar el lugar con agua de sal para purificarlo y luego pasar incienso y mirra para propiciar las fuerzas angelicales. Se recomienda ayunar por 24 horas, abstenerse de tener relaciones sexuales y de ingerir sustancias adictivas. Todo ritual a los ángeles debe ser llevado a cabo en Luna Creciente.

Inmediatamente después de hacer este ritual, se debe comer pan o algún bizcochito y una copita de vino dulce. Esto se hace para restablecer contacto con el mundo material.

Tanto este ritual como todo ritual mágico se lleva a cabo para tratar de establecer contacto con nuestro yo interior, es decir, nuestro Inconsciente, conocido en la tradición esotérica como el Angel Guardián. Los cuatro arcángeles son arquetipos del Inconsciente Colectivo de la raza humana y como tal tienen un inmenso poder basado en las energías síquicas combinadas de la humanidad. Es posible establecer contacto con esta inmensa energía durante este y otros rituales parecidos y energizarnos nosotros mismos sustrayendo de esta fuente universal las energías necesarias para usarlas en nuestras vidas cotidianas. Esto es algo muy real y de tremenda eficacia ya que entre otras cosas, estamos haciendo uso de prácticas muy antiguas y muy naturales, las cuales estamos empezando a redescubrir en nuestro mundo moderno.

10

La magia angelical

Antes de discutir las varias magias angelicales, es importante primero definir lo que es la magia. Tal vez la mejor manera de definirla es dando un ejemplo de un acto mágico. Cuando el ex-Presidente americano Jimmy Carter era aún gobernador de Georgia, en su escritorio tenia un letrero que decía Presidente de los Estados Unidos. Este letrero era una forma de programación para el inconsciente de Jimmy Carter y expresaba claramente la intención y la determinación de este de llegar a ser el presidente de los Estados Unidos, algo que como todos sabemos se hizo realidad. Este es un acto mágico porque logró transformar la realidad consciente de un individuo en algo que él deseaba a través de la fuerza de su voluntad.

Un ejemplo parecido es el legendario Muhammad Ali, el más famoso y querido Peso Completo de todos los tiempos. Cuando Muhammad Ali era muy joven y no había llegado todavía a ser contendiente de la máxima corona del boxeo, su chaqueta de entrenamiento tenía un letrero en la espalda que proclamaba ese título: Campeón de Peso Completo. Finalmente lo que pronosticaba el letrero llegó a convertirse en realidad.

Ni Jimmy Carter ni Muhammad Ali practican la magia de forma consciente, pero tal vez sin saberlo enviaron mensajes subliminales a sus inconscientes, los cuales convirtieron esos mensajes en realidad.

La magia entonces se puede definir como el acto volitivo de una persona, a través del cual ésta utiliza las energías de su inconsciente para hacer realidad algo que desea profundamente y que está determinada a conseguir. Todos nosotros practicamos la magia a menudo y muchas veces sin saberlo. Cada vez que nos hacemos la determinación de alcanzar una meta sin permitir que nada nos desvíe del camino y la logramos, hemos llevado a cabo un acto mágico, sin necesidad de rituales ni de invocaciones, sólo utilizando nuestra fuerza de voluntad.

El inconsciente humano es un gigante dormido que tiene a su disposición incalculables energías cósmicas, las cuales podemos utilizar para alcanzar todo lo que podamos desear, sin excepción alguna. Pero no es fácil llegar al inconsciente y dejarle saber lo que deseamos o necesitamos.

Una forma efectiva es la repetición de un tema, como una mantra continua, que es la forma que utilizaron Jimmy Carter y Muhammad Ali. Pero esto se puede tomar mucho tiempo, algo que a veces no tenemos a nuestra disposición. Los llamados rituales mágicos son una forma más directa y rápida de tocar el inconsciente y de ahí proviene su popularidad a través de miles de años.

Todas las religiones mundiales utilizan el ritual en su liturgia. Uno de los ejemplos más típicos es la misa católica, a través de la cual se ofrece un sacrificio a Dios para establecer contacto con el Creador y así recibir sus bendiciones. Las ceremonias del bautismo y de la boda son rituales, como lo es el levantarse temprano todos los días para ir a trabajar.

El ritual puede definirse como un acto simbólico o ceremonial cuya importancia está basada en su repetición y a través del cual se consigue algo que se desea.

Todo en la naturaleza funciona de manera ritualística: las mareas suben y bajan, las estaciones se repiten, las horas, los días y los años se siguen los unos a los otros. Los animales se reproducen a través de complejos rituales de enamoramiento, como lo es el del palomo que le da vueltas a la paloma varias veces, con la cabeza erguida y el pecho extendido para demostrarle su interés. La agresión y el marcar su territorio con secreciones glandulares son también parte de las acciones ritualísticas de los animales.

Los llamados rituales de pasaje durante el cual una persona pasa de una fase de su vida a otra también forma parte de las sociedades humanas. Estos comienzan con el nacimiento de un ser humano, seguido por el bautismo entre los cristianos, la entrada a la pubertad, marcada entre los judíos con el Bar Mitzvah entre los niños y el Bat Mitzvah entre las niñas. Esto es seguido por el ritual del matrimonio y termina con la muerte, la cual es celebrada con el ritual funerario.

La música también es ritualística, como también lo es el baile, y en muchos casos, como en la repetición de los tambores africanos, puede inducir al trance. La música moderna tiene también acceso al inconsciente humano y es la razón por la cual causa tanta euforia en quienes la escuchan, sobre todo si es violenta y agresiva.

El ritual o ceremonia es pues algo que forma una parte intrínseca de nuestra psiquis y de nuestra sociedad. Es por eso, debido a su gran efectividad, que los rituales angelicales se utilizan para tratar de establecer contacto con estos. Tanto la oración, como la invocación y la evocación son rituales, pero es importante diferenciar entre ellos. La oración es un acto de comunión con Dios o con sus ángeles y santos.

Tanto en el Judaísmo como en el Cristianismo los salmos formaron el centro de la liturgia y de la oración desde los tiempos más remotos, y aún se utilizan para pedir la bendición y la ayuda de Dios en los problemas de la vida diaria. En el hebreo original los salmos tienen escondidos varios de los nombres de Dios entre sus versículos y se utilizan en ritos mágicos para pedir favores del Creador, ya que se cree que cada salmo tiene poderes sobrenaturales con los que se resuelven situaciones específicas.

El Korán también está supuesto a tener poderes sobrenaturales y muchos de sus versículos se usan para resolver problemas, en conjunción con rituales mágicos. Todos los libros sagrados, como las Vedas, el Avesta y las Tripitakas, se usan también en ceremonias mágicas.

La oración cristiana incluye invocación, alabanzas, acción de gracias, petición, confesión y súplica del perdón de los pecados, y está basada en el formato del Padre Nuestro, el cual fue dado por Jesús a sus discípulos.

En su definición más estricta, se puede decir que la oración es una comunión espiritual con una deidad para pedirle algo. Es una forma ritualística creada para ponernos en contacto con fuerzas superiores.

Tanto las danzas ceremoniales del indio americano como las meditaciones de los budistas en búsqueda de la perfección, son formas de oraciones. Y todas, de una forma u otra, nos ayudan a establecer contacto con las profundidades de nuestro inconsciente, el cual es la llave que abre la puerta de los misterios sagrados.

Como ayuda en la repetición de la oración, que es la base de todo ritual, existen cuentas de oración, como las cuentas tibetanas y el rosario católico, la rueda de la oración del Tíbet, a la cual se le da vueltas para que repita la oración que esta escrita en su interior, y también la alfombra de la oración que usan los musulmanes para llevar a cabo sus plegarias. En la oración o plegaria, el que reza expresa su necesidad y su deseo a la deidad a la cual pide y deja que sea ésta la que decida si va o no a conceder la petición.

La invocación es también una forma de contactar una fuerza superior para lograr lo que se desea, pero utiliza un ritual más específico que va más allá de la oración. Durante una invocación se utilizan los llamados atributos asociados con esa deidad o fuerza, sus nombres, números, colores, piedras, flores, inciensos, yerbas, metales, su elemento y otros objetos que puedan ayudar a establecer contacto con esa fuerza. Debido a que es más directa y más dinámica, la invocación es generalmente más efectiva que la oración y los resultados se hacen ver más rápidamente y de forma más positiva. Como resultado de la invocación el inconsciente genera grandes cantidades de energía psíquica las cuales son dirigidas conscientemente por el que invoca para manifestar sus deseos en el mundo material. Durante la invocación se visualiza lo que se desea lograr de forma vívida y clara para que el inconsciente reciba esa imagen y la convierta en realidad. Un ejemplo de invocación es el Ritual del Pentagrama que discutimos en el capítulo 9 y a través de la cual se pide la energía de los cuatro grandes arcángeles para la protección del individuo. Debido a que la invocación crea grandes energías inconscientes, se visualiza generalmente un círculo de luz protectora alrededor de la persona para que las energías no se pierdan ni sean corrompidas por energías negativas que puedan estar afuera del círculo.

La evocación es una petición especifica que se hace a una entidad espiritual como el ángel para que se manifieste visiblemente frente a la persona que la evoca. Esto requiere el uso de atributos, oraciones de invocación muy poderosas, y una voluntad recia y nervios de acero para poder resistir el impacto de la visión de una fuerza sobrenatural que se materialice frente a la persona. Un ejemplo de evocación es el ritual a Hagiel que les describí anteriormente y que les voy a dar en detalle más adelante.

En la Edad Media se escribieron muchos libros de evocación llamados Grimorios, los cuales daban instrucciones específicas para invocar entidades sobrenaturales, con énfasis específico en los espíritus infernales. Entre los que han llegado hasta nosotros está: *La gran clavícula de Salomón*; *La pequeña clavícula de Salomón* o *Goetia*; *El gran grimorio: El arbatel de la magia; El grimorio Verum;* y *El grimorio del Papa Honorio*, el cual, a pesar de llevar su nombre, nunca escribió este libro. Estos libros recomiendan el uso de espadas y cuchillos mágicos para forzar a estas entidades a manifestarse materialmente, así como cuadrados mágicos, y la preparación del pergamino virgen donde se escribían los nombres y firmas de estos espíritus lo cual se creía daba poder a la persona sobre de éstos. Esta magia "goética" ha sido desacreditada por estudios que se han hecho desde que estos libros fueron escritos y que indican que la base esotérica en las cuales fueron basados era largamente falsa y los nombres de las entidades corruptos a través del tiempo.

Es indudable que tanto la invocación como la evocación pueden resultar en manifestaciones sorprendentes y en algunos casos, escalofriantes. Todo esto es enteramente natural y posible y no está basado en superstición ni ignorancia, sino en leyes cósmicas muy reales. Lo que sucede durante una invocación o evocación es que el individuo que las lleva a cabo establece un contacto directo con el inconsciente colectivo, el cual es el receptáculo de todo lo que el ser humano ha imaginado o creado con su imaginación a través de todos los tiempos. Las imágenes telesmáticas de los ángeles, las cuales ya hemos discutido, son parte de este cúmulo inmenso de conocimientos. A través de la evocación, la imagen telesmática de una entidad, ya sea positiva como negativa, es liberada en su totalidad del inconsciente y proyectada fuera de éste como un lente fotográfico, lo cual la hace visible ante la persona. Esta especie de holograma mental tiene características físicas porque está formada de energías distintivas las cuales le dan una apariencia sólida. La entidad es real porque ha sido formulada por la imaginación humana a través de miles de años de visualización y en el paso de los años ha recibido suficiente energía síquica para solidificarla y darle una identidad definida.

Como expliqué anteriormente, para que una evocación surta efecto y la identidad deseada se manifieste físicamente, es necesario tener una gran fuerza de voluntad y poder de visualización, además de la capacidad de concentración total en lo que se desea lograr. Por esto el ritual de evocación no es fácil de llevar a cabo y la invocación es preferible, ya que es más accesible y más segura.

En el caso de los ángeles, estamos tratando con entidades que tienen personalidades definidas, las cuales pueden identificarse con leyes y dimensiones cósmicas. El Libro de Enoch describe a algunos de los ángeles como seres tan inmensos que su estatura se pierde entre las estrellas. Los siete grandes arcángeles son identificados por Enoch como estrellas creadas por Dios en el momento de la Creación. Esto indica que los ángeles son fuerzas cósmicas con inteligencia y propósito, algo que algunos astrofísicos, como el australiano Paul Davies, están empezando a sospechar. Paul Davies dice que no tiene duda alguna de que el universo está regido por fuerzas cósmicas inteligentes e inteligibles. Y el no es el único científico de renombre que ha expresado esta creencia.

La mejor forma de contactar a un ángel es a través de la invocación y de otros rituales que establezcan contacto directo con el inconsciente, que como ya les he explicado es nuestra conexión angelical más perfecta.

Esto es lo que se conoce comúnmente como la magia angelical.

A continuación les voy a presentar varios rituales sencillos que se pueden llevar a cabo para contactar a los ángeles.

Ritual para saber el nombre del Angel Guardián

Debido a que el ángel es una entidad cósmica de gran poder es aconsejable prepararse mental y físicamente antes de contactarlo. Esto no es superstición sino lógica. Toda energía que proviene del inconsciente debe ser lo más pura posible para poder ser utilizada de forma efectiva. Por esto se recomienda abstenerse de comer carnes, de tener relaciones sexuales y de usar sustancias adictivas como drogas, tabaco, alcohol o cafeína durante 24 horas antes de todo ritual. Bañarse y vestirse de blanco es también aconsejable ya que el color blanco es símbolo de la luz, donde está encerrado todo el espectro solar. Quemar incienso, especialmente frankincienso y mirra, ayuda en la concentración, como lo es la música suave y etérea.

Para averiguar el nombre del Angel Guardián de una persona se lleva a cabo la purificación arriba indicada y se abre un libro al azar que puede ser una Biblia o un diccionario. La persona debe enfrentar el Este, que es donde sale el Sol y que simboliza las fuerzas positivas y creativas del universo, y se concentra en lo que desea antes de abrir el libro con los ojos cerrados. Colocar el dedo índice sobre la página derecha y apuntar en un papel sin rayas la primera letra de la palabra que está directamente debajo del dedo.

Esto se hace tres, cuatro o cinco veces, dependiendo de la intuición de la persona. Es decir, ésta debe decidir si va a abrir el libro tres, cuatro o cinco veces. Si decide abrir el libro tres veces, va a apuntar tres letras; si decide abrir el libro cuatro veces, va a apuntar cuatro letras; y si decide abrir el libro cinco veces, va a apuntar cinco letras.

La mayor parte de las letras que apunte, ya sean tres, cuatro o cinco, van a ser consonantes, ya que existen más consonantes que vocales en el alfabeto.

Si escribe sólo consonantes, procede entonces a colocar cualquiera de las cinco vocales, a, e, i, o, u, en el orden que su intuición le indique, entre medio de las consonantes. Si escribe una combinación de vocales y consonantes, coloca las vocales donde se necesiten. Luego que esto se ha hecho, se le añade el final "el" o "on" al nombre que han construido, ya que la mayor parte de los nombres de los ángeles tiene esta terminación, como Miguel, Rafael, Gabriel, Sandalfón o Metratón. Por ejemplo, si las letras que se apuntan son H R M, se le pueden añadir dos A y una I para componer el nombre: HARAMIEL. Ese es pues el nombre del Angel Guardián de esa persona. Por otra parte, si las letras que se apuntaron son DGALU, se le añade una sola vocal, como la I, para hacer el nombre DIGALUEL. Si escogen cuatro letras como A T R Z, se le puede añadir una I y la terminación ON, para formar el nombre ATRIZON, o el terminar EL para formar ATRIZEL. Esto es algo que la persona misma decide, guiada por su intuición y su propio Angel Guardián que le revela de esta manera su nombre. Una vez que se sabe el nombre, se da gracias a Dios y a sus ángeles y se termina el ritual. Ya la persona sabe como llamar a su Angel Guardián en cualquier momento que lo necesite.

Ritual para invocar a los ángeles planetarios

Los ángeles planetarios rigen, de acuerdo a la tradición angelical, los siete planetas de la antigüedad entre los cuales estaban incluidos el Sol y la Luna, ya que Neptuno, Urano y Plutón no fueron descubiertos hasta siglos más tarde. Estos ángeles son los Siete Príncipes que están frente al Trono de Dios y se identifican con las siete estrellas creadas por Dios al comienzo de la Creación.

Cada ángel rige ciertos intereses humanos y tiene ciertos atributos que se le han adjudicado desde hace muchos siglos, como planetas, colores, números, metales, días, inciensos, piedras, y muchas cosas más. En uno de los capítulos anteriores, les di una tabla con los nombres, planetas y días de cada ángel. Aquí les voy a dar los nombres de estos ángeles de nuevo, con sus planetas, atributos y las cosas que rigen.

1. *Miguel*— Rige el domingo, el Sol, la abundancia, el dinero, la iluminación espiritual, el poder mental, todos los jefes o ejecutivos, el poder y el crecimiento; el color amarillo o dorado; el número 6; el árbol de pino y el roble; los inciensos son frankinciensо, el copal, la vainilla, la canela y el heliotropo; las plantas son el laurel, el muérdago, la manzanilla y la flor de girasol o crisantemo amarillo; las piedras son el peridot, el sardonyx, el rubí, el diamante, la citrina, el ojo de tigre, el ámbar y el topacio. El elemento es el fuego, el metal es el oro y el signo es Leo.

2. *Gabriel*— Rige el lunes, la Luna, las aguas, la intuición, los sueños, las mujeres, los viajes cortos, los cambios. El color es el violeta o el plateado; el número es el 9; el árbol es la palma de coco y el sauce llorón. Los inciensos son el alcanfor, el lirio de Florencia, ylang-ylang, el galbanum, el jazmín y el eucalipto; las plantas son todos los lirios blancos o púrpuras, las calabazas y los melones, las habichuelas y el boniato; las piedras son la piedra de la Luna, el berilio y la alejandrita. El elemento es el agua. El metal es la plata o platino. El signo es Cáncer.

3. *Camael*— Rige el martes, el planeta Marte, la energía, la guerra, las dificultades, las personas contrarias, la ira, la destrucción, la cirugía, el magnetismo, la fuerza de voluntad; el color es el rojo; el número es el 5; el árbol son la caoba y el higo; los inciensos son la asafetida, la sangre de dragón, el tabaco en polvo, la menta, la mostaza en polvo y el comino; las plantas son todas las espinosas, como el cacto, además del diente de león, Juan conquistador, jengibre y bambú. Las piedras son el rubí, el granate, la piedra de la sangre, el rodocrosito y el ágata roja. Elemento tierra; metal hierro, nickel, acero y polvo imán. Los signos son Aries y Escorpión.

4. *Rafael*— Rige el miércoles, el planeta Mercurio, las enfermedades, los negocios, los papeles, los libros, los contratos, los juicios, los viajes, la compra y venta, los vecinos, la literatura. El color es naranja; el número es el 8; el árbol es el de almendro y de magnolia; los inciensos son el anís, la goma arábiga, el sándalo, la lavándula y el estoraque; las plantas son la mejorana, los helechos, la ruda, la mandrágora, y el perejil; las piedras son el ópalo de fuego, la carnelia y el ágata. El elemento es el Aire. El metal es el azogue y el aluminio. Los signos son Géminis y Virgo.

5. *Sadkiel*— Rige el jueves, el planeta Júpiter, la abundancia, la prosperidad, el triunfo, los viajes largos, las visiones, la expansión, la generosidad, los bancos, los préstamos y el juego; el color es azul eléctrico; el número es 4; las plantas son el árbol de roble, el cedro y el pino; inciensos son el tabonuco, los clavos, la zarzaparrilla y el hisopo; las plantas son la salvia y la mejorana; las piedras son el zafiro, el azurito, el sodalito, el lapislázuli, la amatista, la turquesa, el labradorito, la aguamarina, la piedra de rayo y los meteoritos. El elemento es el Fuego. El metal es el estaño y el zinc. El signo es Sagitario.

6. *Anael*— Rige el viernes, el planeta Venus, el amor, el matrimonio, las artes, la música, los placeres, la gente joven, la belleza, el lujo, el placer, la alegría, los bailes y las reuniones sociales; el color es el verde esmeralda; el número es 7; las plantas son el árbol de manzana, de pera, de cereza, de naranja y de limón; los inciensos son benjuí, o valeriana, o sándalo, o canela, o lavándula o estoraque; las plantas son la verbena, el mirto, las rosas rojas, el tulipán y los hibiscos; las piedras son la esmeralda,

el ópalo, la malaquita, el jade, el cuarzo rosa, el rodocrosito, la crysocola, la amazonita y la piedra de pavo real. El elemento es el Aire. El metal es el cobre y bronce. Los signos son Tauro y Libra.

7. *Casiel*— Rige el el sábado, el planeta Saturno, los ancianos, las herencias, la agricultura, los bienes raíces, las deudas, las propiedades, la muerte y los testamentos; el color negro o azul marino; el número 3; las plantas son el árbol de ciprés y el álamo; los inciensos mirra, pacholi y acacia; las plantas son la violeta, la verdolaga, la belladona, y los lirios blancos; las piedras son el onyx, el obsidio, la hematita, el azabache. El elemento es la Tierra. El metal es el plomo. El signo es Capricornio.

Es importante notar que estas correspondencias y atributos les son adjudicados a los ángeles en la magia planetaria. Según la astrología los ángeles que rigen a los signos zodiacales varían en algunos casos. El signo de Escorpión, por ejemplo, lo rige Azrael en la astrología; a Piscis lo rige Asariel; y a Acuario lo rige Uriel. Según la Cábala y el Arbol de la Vida, los ángeles Miguel y Rafael intercambian sus regencias y Miguel es asociado con la esfera de Mercurio mientras que Rafael es asociado con la esfera del sol. Rafael es conocido como el ángel que se para en el medio del Sol y como el médico divino. Miguel, por otra parte, es el ángel de Leo, que es regido por el Sol. Es por eso que estos dos ángeles se invocan juntos en rituales de magia solar muy elevada. Las diferencias entre los atributos otorgados a los ángeles en la magia planetaria y la magia cabalística no debe confundir al practicante, ya que este debe utilizar los atributos de cada sistema, ya sea el planetario o el cabalístico, según el ritual indique.

El ritual planetario

Para invocar a los ángeles planetarios para pedir su energía y conseguir algo que se desea, se determina primero cual de los ángeles planetarios rige el deseo de la persona. El ritual se lleva a cabo en el día regido por el ángel, en una de las horas regida por su planeta según la tabla que les di anteriormente. Estas horas son la una de la mañana, las ocho de la mañana, las tres de la tarde y las diez de la noche del día escogido. La persona lleva a cabo la purificación indicada anteriormente por 24 horas. Visualiza un círculo de luz a su alrededor, que se extiende de Este a Este de la habitación, rocía un poco de agua de sal alrededor del círculo para purificarlo de influencias negativas y pasa un poco del incienso del ángel, moviéndose siempre de derecha a izquierda según las manillas del reloj, para establecer el flujo de las energías síquicas que se mueven de forma solar.

En el punto Este debe colocarse una vela amarilla, en el Sur una vela roja, en el Oeste una vela azul, y en el Norte una vela verde, como símbolos de los cuatro elementos, que son aire, fuego, agua y tierra. Esto es importante porque todo lo que existe está basado en estos cuatro elementos y ayuda en la manifestación de lo que se desea.

La persona que lleva a cabo el ritual debe estar vestida de blanco o del color del ángel y pararse sobre un paño del color del ángel.

Sobre ese paño debe colocar algunas de los atributos del ángel, como algunas de sus plantas, su metal y piedras que le corresponden. Esto ayuda a establecer un eslabón con el inconsciente que reconoce el significado de los atributos como perteneciéndoles a ese ángel, haciendo más fácil la comunicación con éste. También sobre el paño debe colocarse una pequeña copa de vino dulce y un panecito dulce o bizcochito. Cuando está todo listo, la persona se para frente al Este y dice lo siguiente:

En el nombre del Gran Arquitecto del Universo, por quienes ambos hemos sido creados, te invoco en paz y amor, Gran Arcángel... (aquí se pronuncia el nombre del ángel que rige lo que se desea), para que esto que deseo (mencionar lo que se desea) y que tu riges, sea realizado en el mundo material, de forma positiva y natural, para mi mayor provecho y sin peligro alguno para mí o para nadie.

Esto se repite luego en el punto Sur y el Este y se dice:

Que este pan que te ofrezco ayude a manifestar lo que te pido con prosperidad y alegría en el mundo material.

Cuando se regresa de nuevo al Este, se repiten las palabras de nuevo y se come el pan con reverencia y gratitud, visualizando mientras se come que lo que se ha pedido ya está realizado. Luego se levanta la copa de vino y se ofrece de la misma manera en los cuatro puntos cardinales y se dice:

Que este vino que te ofrezco ayude a manifestar lo que te pido con prosperidad y alegría en el mundo material.

Cuando se regresa al Este, se repiten las palabras y se toma el vino con igual reverencia y gratitud, de nuevo visualizando lo que se desea como si ya lo hubieran recibido.

Luego se recogen todos los atributos, se envuelven en el paño y se meten debajo del colchón de la cama o en un sitio que sea visible a diario a la persona, pero que nadie más pueda tocar.

Antes de salir del círculo, se dan las gracias a Dios y al ángel en los cuatro puntos cardinales y se visualiza como éste desaparece dejando en su lugar una gran paz en el ambiente. Las velas se apagan y se tiran.

Este ritual es de gran eficacia y si se hace con fe y determinación, lo que se pide se alcanza al poco tiempo y de una forma tan natural, que les va a hacer pensar que no fué el ritual lo que lo logró sino un proceso enteramente natural. Esto se debe a que todo lo que se visualiza y se consigue a través del inconsciente es un acto muy natural que establece relaciones armoniosas con las leyes cósmicas, a través de las cuales lo que se pide es realizado.

La música durante el ritual ayuda a la concentración y a llevar a la persona a un estado más elevado y místico. Por esto se sugiere escuchar música etérea, que sea vivificante y a la vez excelsa, durante esta invocación. La música de la Nueva Era es ideal para este tipo de ritual, de las cuales hay muchas y muy bellas en el mercado.

Es importante que recuerden que durante toda invocación o ritual a los ángeles, la Luna debe estar creciente; es decir, entre Luna Nueva y Luna Llena.

Esto se debe a que durante la Luna Creciente hay más energías positivas a nuestro alrededor, las cuales son beneficiosas para el resultado eventual del ritual, mientras que la Luna Menguante, al perder luz, crea energías negativas a nuestro alrededor que son conductivas a retrasos y a resultados negativos en todo ritual.

Ritual del Angel Guardián

Este ritual es más bien una meditación durante la cual se trata de establecer contacto con el ángel guardián. Como siempre la persona se purifica por 24 horas. Luego se viste de blanco y se sienta en el piso frente al Este con las piernas cruzadas en posición yoga. A su alrededor coloca cuatro cuarzos blancos de punta en forma de cruz, uno al frente, uno detrás, y uno a cada lado, los cuales ha limpiado de antemano, poniéndolos en agua de sal de mar por 24 horas, luego enjuagándolos y colocándolos al sol por seis horas para reenergizarlos. Estos cuarzos no se programan para que estén libres y puedan canalizar energías sin restricción alguna. Al frente de la persona debe haber un vaso o copa de agua de manantial. Detrás de la copa se pone una vela corta blanca encendida. Enseguida se respira profundamente por la nariz, se aguanta la respiración en contando hasta 6 y se exhala por la boca. Esta respiración, que se conoce en yoga como pranayama, se repite seis veces para relajar el cuerpo y prepararlo para la meditación. Después de las pranayamas, se visualiza un rayo de luz que sale del cuarzo que está al frente, el cual se extiende hasta el cuarzo que está a la derecha y de ahí pasa al cuarzo que está detrás y de éste al que está a la izquierda, terminando por fin en el frente de nuevo. Esto forma un círculo de luz brillante que pasa a través de los cuatro cuarzos. Luego se deja la mente en blanco y se mira a la llama de la vela a través de la copa de agua, contando hacia atrás en voz alta del diez al uno. Esto pone a la persona en estado alfa, que es el estado de trance leve que se usa para contactar a las energías del inconsciente. De inmediato se cierran los ojos y se visualiza la llama de la vela sobre el entrecejo. Tan pronto se visualiza la llama se comienza a invocar al ángel, cuyo nombre ya se ha averiguado a través del ritual que les expliqué anteriormente. El nombre del ángel se pronuncia en voz alta siete veces lentamente con los ojos cerrados. Según va repitiendo el nombre del ángel, la persona va a sentir que su conciencia se va elevando por encima de su cuerpo hasta quedar unas pulgadas sobre éste. Esta es una sensación de levitación aparente que no afecta el cuerpo en sí, sino a la mente del individuo. Cuando termina de repetir el nombre del ángel, si ha hecho la meditación de forma concentrada, la persona va a sentir la presencia de ángel como una gran fuente de luz y amor que la rodea y permea su esencia llenándola de una paz y una felicidad indescriptible. En este estado de éxtasis, va a recibir uno o más mensajes del ángel los cuales llegan a su mente como si una voz interior le estuviera hablando. Esto se conoce como la conversación con el Angel Guardián. La persona en estos momentos puede hacerle preguntas a su ángel, quien las va a contestar. La presencia del ángel permanece sólo por unos momentos con la persona y luego se va a ir disipando poco a poco. Cuando el ángel se va, la persona siente que va descendiendo de nuevo a su cuerpo. Cuando esto sucede, cuenta de nuevo, pero esta vez del uno al diez. Al llegar al diez, abre los ojos y el ritual ha terminado. Puede entonces apagar la vela y recoger los cuarzos, visualizando que el círculo de luz se desvanece. Los cuarzos se guardan para usarlos de nuevo en rituales similares. El agua se puede tomar ya que está llena de grandes energías positivas. Este es un ritual evocativo muy sencillo pero muy poderoso, el cual deja a la persona en un estado de paz muy grande que dura a veces por muchos días. Es recomendable tener un cuaderno a la mano para escribir cualquier mensaje que se reciba del ángel durante el ritual.

Para ayudar a otra persona a distancia

Antes de tratar de invocar a un ángel para ayudar a otra persona, es importante recordar que todo ser humano tiene libre albedrío y que no nos está permitido involucrarnos en su vida para tratar de cambiarla sin su permiso. Se puede enviar energía angelical a alguien que está enfermo, que tiene problemas graves o que está pasando por una crisis severa para que esta energía le ayude a transcender esa enfermedad o crisis por sí mismo. Pero no se debe usar energía angelical para que esta persona haga algo que nosotros creemos que debe hacer o queremos que haga y que la persona no haría por si misma, ya que esto es infringir en su derecho de libertad de acción.

Una vez que estén seguros de que su intención es la de ayudar y no de obligar a una persona, pueden llevar a cabo el ritual angelical para enviar energías a ésta.

Este ritual requiere una foto reciente de la persona. La foto se coloca sobre un espejo redondo colocado a su vez sobre un paño de seda o de satén blanco. Se escoge uno de los siete ángeles regentes planetarios cuya lista les di anteriormente, dependiendo del problema de la persona. Por ejemplo, si la persona está enferma se puede utilizar a Miguel, regente del Sol en el sistema planetario, el cual es el origen de la vida y fuente de la salud, o a Rafael que es el ángel que sana, conocido como el médico divino.

Si el ángel que se escoge es Rafael, se rodea la foto con ocho velas color naranja, ya que el número ocho y el color naranja son atributos planetarios de Mercurio y de Rafael. Si se escoge a Miguel, se usan seis velas amarillas porque este es el color asociado con el Sol y el seis es su número cabalístico. Sobre la foto se coloca una de las piedras asociadas con ese ángel para ayudar a establecer contacto con él. Se cierran los ojos y se visualiza a la persona sana y llena de alegría. Tan pronto se visualiza a la persona, se repite el nombre del ángel varias veces, dependiendo de su número. Si es Miguel se pronuncia su nombre seis veces; si es Rafael, ocho veces. Esto ayuda a canalizar la energía del ángel hacia esa persona. De inmediato se abren los ojos y se visualiza un rayo de luz que procede del ángel hasta la piedra que está sobre la foto, cuya energía penetra a través de la imagen de la persona hasta el espejo que se usa para enviar la energía a ésta. Este ritual se debe llevar a cabo en el día asociado con el ángel, a la una o a las ocho de la mañana, a las tres de la tarde o a las diez de la noche, que son las horas angelicales de cada día. Este ritual ayuda grandemente a la persona y se puede repetir varias veces para multiplicar sus energías y ésta pueda resolver su problema por si misma. Si deciden repetir el ritual, recuerden que solo lo pueden hacer una vez por semana, ya que solo puede ser hecho en el día regido por ese ángel. Es recomendable dejar la foto sobre el espejo con la piedra encima mientras la persona resuelve su problema.

Meditación para el planeta

Cada día nos enteramos a través de los periódicos, la radio o la televisión de los desastres continuos que azotan a nuestro planeta. Las guerras y luchas entre los distintos gobiernos se proliferan alrededor del mundo; los crímenes, las epidemias, los desamparados, las tragedias, los accidentes, y los desastres naturales nos rodean continuamente. Los ángeles son fuentes inagotables de amor y de energía que pueden ayudar a aliviar y a sanar estas condiciones, que son el resultado del desbalance de energías cósmicas a nuestro alrededor.

Uno de los rituales más efectivos y hermosos que se pueden llevar a cabo con la ayuda de los ángeles es el que se hace para enviar energías positivas a la Tierra.

Este ritual requiere un globo terrestre o un mapa del mundo, el cual se coloca en el suelo sobre un paño blanco. Alrededor del globo o del mapa se encienden siete velas en los colores de los ángeles planetarios: amarilla por Miguel; violeta por Gabriel; roja por Camael; naranja por Rafael; azul eléctrico por Sadkiel; verde por Anael; y azul oscuro por Casiel. El ritual se lleva a cabo durante siete días, empezando en domingo.

La persona se purifica como antes les he explicado y se viste de blanco.

Tome entre sus manos un cuarzo blanco de punta fina el cual ha sido limpiado según instrucciones previas y se sienta frente al Este. Lleve a cobo sies pranayamas ya descritas y proceda a quemar un poco del incienso de Miguel que rige el domingo. Ahora, enciende la vela amarilla y diga:

Bien amado Arcángel Miguel, regente del domingo, en nombre del Creador del Universo, te pido que envíes tus energías celestiales al planeta Tierra que tan necesitado esta de tu angelical ayuda.

A continuación, visualizar un rayo de luz divina descendiendo del infinito hasta el cuarzo y de este al globo o mapa terrestre, envolviéndolo con sus destellos deslumbrantes. La visualización se mantiene por varios minutos.

Luego se deja que la luz se desvanezca poco a poco. Tan pronto se haya desvanecido del todo, se apaga la vela. Se dan las gracias a Miguel por su presencia y se termina el ritual.

Al día siguiente, lunes, se repite todo de nuevo pero se encienden las velas, amarilla por Miguel y violeta por Gabriel y se invoca a Gabriel con las mismas palabras. Se visualiza la luz que baja hasta el cuarzo y de éste a la Tierra.

El ritual se continúa todos los días de la semana, cada día encendiendo todas las velas anteriores, más la vela del ángel de ese día, al cual se invoca de la misma manera.

El sábado, que es el ultimo día del ritual, se encienden todas las velas y esta vez, se dejan terminar y no se apagan. Este ritual es de gran beneficio para el planeta y si suficientes personas lo llevaran a cabo a menudo, muchas de las desgracias que lo azotan serían evitadas.

Ritual con los ángeles de los cuatro elementos

Este ritual se lleva a cabo al aire libre y se hace para re-establecer contacto con la naturaleza a través de sus cuatro elementos: aire, fuego, agua y tierra. Los ángeles de los cuatro elementos son: Aire— Rafael; Fuego— Miguel; Agua— Gabriel; y Tierra— Uriel.

Aire

El ritual del aire se hace un día miércoles en lo alto de una colina o montaña donde haya bastante viento. Este ritual se hace con un grupo de tres o más personas para que sea más eficaz, aunque puede ser hecho por una sola persona.

Las personas que toman parte en el ritual deben vestir de blanco o naranja. Todo lo que requiere es que todos los participantes ciñan coronas hechas con flores anaranjadas, como crisantemos, claveles o rosas y carguen un pañuelo color naranja y una varita de incienso de sándalo o de lavándula. También se les aconseja cargar consigo una de las piedras regidas por Rafael.

Las personas se toman de la mano y forman un círculo. Así unidas dan la vuelta al círculo ocho veces llamando en voz alta a Rafael. A la octava vuelta se detienen y encienden las varitas de incienso, las cuales alzan en alto ya que representan el elemento aire.

La persona que dirige el ritual dice lo siguiente con voz pausada y las demás repiten sus palabras:

Bien amado Rafael, regente del elemento aire, pedimos tu presencia en estos momentos entre nosotros para que el poder de tu sagrado elemento nutra y vivifique nuestros cuerpos y nuestros espíritus en nombre del Creador de Universo.

En este momento los pañuelos se alzan hacia arriba y se revoletean para que floten en el viento. Generalmente, si el ritual es hecho con poder y concentración, el viento aumenta de forma muy marcada al hacer esto.

Personas que han llevado a cabo este ritual han tenido la experiencia de que el viento ha aumentado de tal forma hasta llegar a tomar fuerzas casi huracanadas.

Cuando el viento arrecie, todos se quitan las coronas y deshojan las flores en el aire, diciendo:

Bienvenido Rafael, tuya es la corona y tuya es la gloria.

Las coronas también se tiran a volar con el viento. Después todos se sientan en el suelo y comparten bizcochos y vino dulce. Este es uno de los rituales más poderosos y vivificante de los que se hacen con los ángeles de los elementos y todos los que participan en el mantienen una gran energía y vitalidad durante el resto de la semana.

Fuego

Este es un ritual solitario y se hace en tierra plana, donde no haya mucha vegetación. Para esto se requiere una vela de las que no se apagan en el aire, de las que se usan para alejar mosquitos y que se encienden al aire libre.

La persona debe vestir de rojo y cargar una de las piedras regidas por Miguel. Se sienta frente al sur, que pertenece al elemento fuego y a Miguel, y enciende la vela, cuya base se entierra en el suelo. Luego realiza seis pranayamas, concentra su vista en las llamas de la vela y dice lo siguiente:

Bien amado Miguel, regente del elemento fuego, te invoco en estos momentos para reestablecer contacto contigo y con tu elemento para que éste me de las energías necesarias para llevar a cabo mi misión en la Tierra. Te pido esto en amor y paz, en nombre del Creador del universo.

En estos momentos, la persona visualiza que entra al centro de la llama hasta que esta la rodea por completo. La visualización debe ser lo suficientemente fuerte para que la persona sienta el calor regenerador del fuego nutriendo todo su organismo, su mente y su espíritu. Una vez dentro de la llama, sentir la presencia del gran arcángel que se acerca y la envuelve con una luz inmensa. Permanecer en este abrazo angelical por todo el tiempo posible. Luego regresar mentalmente al mundo material, y a la luz de la llama, comerse un panecito dulce o un bizcochito y tomar una copita de vino dulce. Durante estos rituales siempre se come y se toma algo para anclar las fuerzas del ángel. Después se apaga la vela en el suelo sin soplarla. Este ritual da una gran energía a la persona y es especialmente recomendado para individuos que se sientan débiles o que estén enfermos.

Agua

Este ritual se lleva a cabo en la playa, frente al mar. La persona debe vestir de violeta o de plateado y cargar una de las piedras de Gabriel, preferiblemente una piedra de la Luna. De pie frente al Oeste, abrir los brazos y decir estas palabras:

Bien amado Gabriel, regente del elemento del agua, todo ser viviente en la Tierra procede del mar, que es la madre de la vida. Yo te invoco en este momento, en nombre del Creador del Universo, y te pido que me des un poco de tu radiante energía celestial para que mi vida fluya, serena y pacífica, como el mar en calma.

Una vez dicho esto, entrar al mar hasta que solo los pies sean bañados por las olas. Abrir los brazos de nuevo y sentir como de las aguas del mar sube hacia ustedes una inmensa luz que inunda todo su ser y los llena de un profundo amor y regocijo. Amar al mar como su madre espiritual y sentir que sus aguas les acarician los pies como un beso maternal. Sentir la presencia angelical de Gabriel rodearlos de una gran ternura. Generalmente, cuando se hace este ritual, las aguas del mar suben más allá del límite de su marea y por esto no se debe entrar al agua más allá de los tobillos.

Este ritual da una gran paz la cual permanece con la persona por largo tiempo. Después de salir del mar, se debe comer el bizcochito y tomar la copa de vino, frente a las aguas.

Tierra

Este ritual se lleva a cabo en un bosque o en sitio donde haya muchos árboles, como un parque. Es excelente para personas que están deprimidas, nerviosas o débiles. La persona que hace el ritual debe vestir de verde y cargar una piedra verde como un jade o una malaquita, que también le pertenecen a Uriel. Debe llevar consigo una canasta con migajas para los pájaros y nueces para las ardillas. Manzanas y otras frutas deben formar parte de esta ofrenda a la naturaleza y sus criaturas.

Una vez en el bosque o parque, se escoge un árbol grande, de tronco ancho, como un roble o un pino, y a sus pies se extiende un pañuelo verde, donde la persona se sienta, con su espalda contra el tronco del árbol.

Una vez sentada, se relaja y hace seis pranayamas y dice lo siguiente:

Bien amado Uriel, regente del elemento Tierra, en nombre del Creador del Universo, te invoco para que viertas sobre mi espíritu atribulado por las pruebas de la vida, tu divina esencia regeneradora, para que según crecen las plantas de la madre Tierra, así crezca mi espíritu en serenidad, paz, y salud física, mental y espiritual.

Cerrar los ojos y visualizar una inmensa luz que desciende del infinito sobre el árbol, y a través del tronco de este hacia el cuerpo de la persona.

Sentir la gran energía vivificante y generosa del árbol extenderse por todo su cuerpo, su mente y su espíritu. En esos momentos, sentir la presencia sublime del gran arcángel envolverlos en su manto de amor divino. Permanecer en este abrazo celestial por el mayor tiempo posible. Luego sacar las ofrendas de la canasta y tirarlas a su alrededor sin moverse de su posición debajo del árbol. Ahora diga lo siguiente:

Bien amada Madre Tierra, según yo nutro a tus criaturas, nútreme tú a mí con tu gran amor y compasión. Cura mi cuerpo y mi espíritu y lléname de tus amplias energías cósmicas.

Comer el bizcochito y tomar el vino y llevarse el pañuelo y la canasta al terminar el ritual. El resultado de este ritual es una gran estabilidad y paz que ayuda a fortalecer grandemente el sistema nervioso central de la persona.

Baños lustrales de los ángeles

Un baño lustral es un baño ritualístico que se lleva a cabo con algunas de las plantas o flores asociadas con los ángeles planetarios y sus colores en su día específico.

Las plantas se colocan en una bolsa grande del color asociado con el ángel. Se llena la bañera con agua bastante caliente y se le añade color vegetal para teñir las aguas del color del ángel planetario escogido. Hay en el mercado baños de colores terapéuticos que se usan en la terapia de color y que son parte de la Nueva Era. Estos han sido creados para usar en baños lustrales para que la persona reciba en su aura el color que más necesita. Estos baños de colores son perfectos para los baños de los ángeles.

Una vez que el baño ha tomado el color regido por el ángel, se sumerge la bolsa con las plantas o flores adentro de éste. También se le puede añadir al baño uno de los perfumes de incienso asociados con el ángel.

La persona entra en el baño y flota sobre las aguas varias velas flotantes en forma de flores o estrellas blancas que son comunes en el mercado, en el número perteneciente al ángel. Luego enciende un poco de incienso del ángel escogido, se relaja y comienza a invocarlo mentalmente y a pedir que a través de sus energías el baño límpie y nutra el aura de la persona. Visualizar que la luz de las velas llena la bañera de luz y que esa luz, junto con el poder de las plantas, la penetra por todos los poros. Permanecer en el baño por media hora y luego vaciar el agua, visualizando que con el agua se van por el desagüe todos los problemas y dificultades que puedan estar enfrentando. Al salir del baño, se da las gracias al ángel y se enciende una vela de su color.

Amuletos de los ángeles

El amuleto angelical se prepara en una bolsita del color del ángel planetario y lleva en su interior varias de sus piedras, su metal, sus plantas y un poco de uno de sus inciensos. Se lleva a cabo en el día regido por el ángel y en una de las horas planetarias ya mencionadas. Luego de ser preparado se debe purificar en los cuatro elementos. Esto se hace de la siguiente manera.

Primero se pasa la bolsita por el humo del incienso del ángel, el cual simboliza el elemento aire y se dice: En nombre del gran Arcángel Rafael yo te consagro en el elemento aire. Luego se pasa rápidamente por encima de la llama de una vela roja como símbolo del elemento fuego y se dice:

En nombre del gran Arcángel Miguel yo te consagro en el elemento fuego.

Luego se rocía con un poco de agua de manantial y se dice:

En nombre del gran Arcángel Gabriel, yo te consagro en el elemento agua.

Y por fin, se coloca sobre un poco de sal de mar y se dice:

En nombre del gran Arcángel Uriel, yo te consagro en el elemento tierra.

La sal es comúnmente reconocida como un símbolo del elemento Tierra.

Es importante recordar que todos estos rituales, incluyendo los baños y los amuletos, se deben hace en Luna creciente para mayor eficacia.

El ritual de Hagiel

Este es un ritual de evocación muy conocido y lo doy aquí recordándoles que solo es recomendable para aquellas personas con espíritu recio, que no se atemorizan fácilmente. No es para los nerviosos ni los impresionables. Es un ritual para el amor, pero no para obligar a alguien a que los ame a la fuerza. Esto no pertenece al ámbito de los ángeles, donde la voluntad humana es altamente respetada, como regalo divino. Para eso existe la magia natural o básica, donde sólo existe la voluntad de la que la practica. Este ritual es para saber lo que es el amor, cómo sentirlo y hacerlo sentir a otras personas, sin doblegar su libre albedrío.

Varias versiones de este ritual han sido publicadas en varios libros, pero su creador original fue el gran ocultista alemán, Franz Bardon. La versión que voy a dar aquí ha sido simplificada para una audiencia con poca o ninguna experiencia en la llamada magia angelical o planetaria.

Los ingredientes del ritual son los siguientes:

- un incensario con un carboncito encendido.
- canela en polvo.
- un bombillo verde colgando en el medio de la habitación.
- una varita mágica con punta de cristal, comunes en la Nueva Era.
- un pedazo de papel verde cortado en forma de heptágono (siete lados) en el cual se ha dibujado con tinta verde el sello de Hagiel (ver figura 41) de alre dedor de 7 pulgadas de largo (unos 16 cms.).
- una túnica verde.
- un collar hecho por la persona de un alambre de cobre del cual cuelga un jade o una malaquita.
- un pedazo de tela verde cortada en forma de triángulo de alrededor de tres pies de largo (1 metro).

El ritual se celebra un viernes a las diez de la noche, en Luna Creciente. La persona empieza por purificarse por 24 horas como ya les he indicado. Se baña y se perfuma con un poco de aceite o esencia de canela.

Se viste con una túnica verde y se coloca el collar de cobre con el jade o malaquita al cuello. Enciende el bombillo verde que es la única iluminación que debe tener el cuarto, el cual debe estar completamente impregnado de luz verde, sin la cual no puede funcionar el ritual. Procede a rociar un poco de agua con sal alrededor de la habitación para purificarla de influencias negativas. Al Este del círculo coloca el triángulo de tela verde y en el centro pone el papel con el sello o sigilo de Hagiel. En cada punta del triángulo coloca una vela verde para dar mayor energía a la visualización. Al mismo tiempo se coloca la canela sobre el carboncito que ya debe estar encendido.

No se usa mucha canela para evitar un acceso de tos durante el ritual.

El incensario se pasa alrededor del círculo de Este a Este de nuevo.

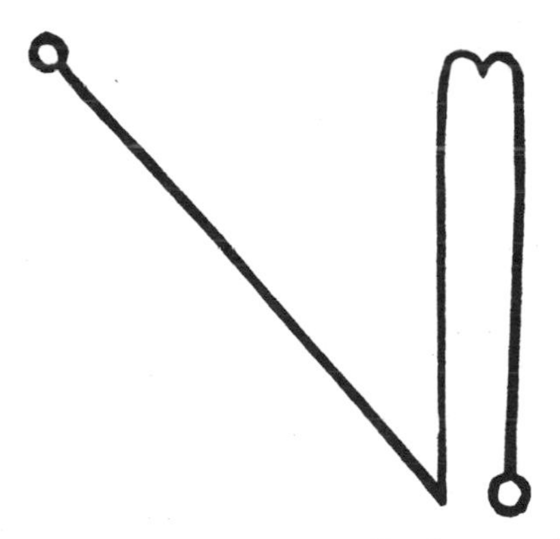

Figura 41— El sello de Hagiel.

Ahora la persona toma la varita mágica en la mano derecha, la cual ya ha sido consagrada de antemano en los cuatro elementos, según se purifican los talismanes de los ángeles. Con la varita en la mano, la persona apunta hacia el Este y traza con su imaginación un círculo de luz alrededor del cuarto, también de Este a Este, en nombre del Creador, pidiendo que ninguna influencia oscura pueda penetrar en el cuarto. Siempre con la varita en la mano derecha camina hacia el triángulo y sigue con la punta de la varita el diseño del sello de Hagiel que está inscrito sobre el heptágono.

Luego regresa al centro del círculo y de frente al triángulo, comienza a evocar a Hagiel para que se manifieste visiblemente en este. La primera vez la invoca siete veces mentalmente, visualizando como ésta desciende de su esfera de Venus hasta el triángulo. La evocación se hace con fuerza y sin temor. La segunda vez la evoca en voz baja, casi inaudible, también siete veces. La tercera vez la invoca en voz alta, siete veces, pidiéndole que se materialice visiblemente dentro del triángulo. Durante todo el tiempo la varita debe estar apuntando hacia el triángulo. Si la persona ha seguido todos los pasos del ritual con exactitud y con gran fuerza de voluntad, la imagen de Hagiel va a comenzar a hacerse visible en el triángulo. Como les he explicado anteriormente, esta imagen es una proyección mental de la persona que lleva a cabo el ritual y es muy real.

Hagiel se presenta como una mujer muy bella con cabellos color rojo como el tomate, piel blanca como la leche, vestida con una túnica verde con adornos dorados. Sobre la cabeza lleva una corona real de tonos cobrizos. Su voz es musical y su actitud gentil y amable. La impresión causada por una manifestación de este tipo es naturalmente estupefaciente, sobre todo la primera vez que se tiene la experiencia. Pero es importante permanecer serenos y continuar con el ritual. En estos momentos, se le hace a Hagiel la petición que se desea. Si ella accede a lo que se le pide, es seguro que lo que se desea se convierte en realidad.

Si Hagiel no aparece en el triángulo, no ha habido suficiente fuerza en el ritual, pero algún tipo de fenómeno se va a hacer sentir, como ruidos o músicas extrañas, vibraciones u oscilaciones de la luz. Esto es creado por las grandes cantidades de energías síquicas proyectadas del inconsciente de la persona. Una vez que Hagiel aparece o es obvio que no va a aparecer, se termina el ritual. Si Hagiel aparece, se le da las gracias por su manifestación y se le pide que regrese a su esfera de Venus. Cuando la imagen desaparece, se disuelve la luz del círculo con la varita mágica y se apagan las velas y el bombillo verde, encendiendo las luces normales. Luego se recogen todos los implementos y se guardan. Este ritual deja a la persona que lo lleva a cabo en un estado de gran euforia y alegría, y a la vez con un gran sentido de armonia mental y física. En la mayor parte de las veces, lo que se pide se logra al poco tiempo de haberse hecho el ritual.

La magia angelical es una de las formas más bellas y efectiva de contactar a las fuerzas de luz que son los ángeles. Todo tipo de ritual es natural para el ser humano, cuya vida entera esta basada en actos ritualísticos, desde cepillarse los dientes por la mañana hasta acostarse a dormir por la noche. El ritual del ángel es la forma más perfecta de re-establecer contacto con la naturaleza y con la Fuerza Creadora del universo.

El espejo de amatista

Existe otro ritual a través del cual se puede saber cual es el nombre del Angel Guardián y conversar con él. Para esto se necesita preparar el espejo de amatista. Este es un cristal redondo transparente de alrededor de seis pulgadas de diámetro (unos 15 cms.) que se puede conseguir fácilmente en una cristalería. También se puede usar el cristal de un marco de cuadro barato. Este cristal se pinta por uno de sus lados con pintura color violeta o morada. Cuando esté seca la pintura, se le pega una amatista en cada extremo del cristal formando una cruz. Las amatistas deben ser colocadas en la parte del cristal que no está pintada, pero que refleja una superficie violeta.

Una vez que el espejo ha sido preparado de esta forma, se consagra colocándolo sobre un paño violeta sin usar. El espejo se cubre del todo con sal de mar por veinticuatro horas. Esto lo purifica y a la vez lo consagra en el elemento tierra que es simbolizado por la sal. Cuando se cubre el espejo de sal se dice:

En Nombre del Creador del Universo y de sus ángeles, te consagro y purifico en el elemento tierra.

Luego se le saca la sal y se rocía con agua de los ángeles o con agua bendita para consagrarlo en el elemento agua. Al rociarlo se dice:

En Nombre del Creador del Universo y de sus ángeles, te consagro y purifico en el elemento agua.

Para consagrarlo en el elemento fuego, se enciende una vela color violeta y se pasa a través del espejo en forma de cruz, de una amatista a la otra. Se dice:

En Nombre del Creador del Universo y de sus ángeles, te consagro y purifico en el elemento fuego.

Por último se consagra en el elemento aire pasándolo sobre un incensario con incienso, mirra y flor de lavándula y se dice:

En el Nombre del Creador del Universo y de sus ángeles, yo te consagro y purifico en el elemento aire.

Después que el espejo ha sido consagrado nadie más que su dueño podrá tocarlo. Cuando no esté en uso, se guarda en un sitio seguro envuelto en el paño violeta.

El espejo de amatista se usa para saber los nombres de los ángeles y establecer contacto con ellos, especialmente el ángel guardián de la persona. Se usa el color violeta y las amatistas porque este color es el rayo más alto que existe en el espectro solar y el que conecta la corona de la cabeza con las fuerzas de alta jerarquía espiritual. En el sistema de las chacras representa la séptima chacra o centro vital que también está conectado con la corona de la cabeza.

Antes de usar el espejo, la persona debe haber ayunado por 24 horas, absteniéndose de relaciones sexuales, licor, tabaco y todo tipo de drogas. El ayuno es importante porque el estómago no debe estar lleno durante ningún ritual y la abstención ayuda a concentrar la atención de antemano en lo que se desea conseguir en el ritual. Las relaciones sexuales se evitan porque desperdician energías y esto disminuye el poder de la persona que va a hacer el ritual. La pureza de mente y de cuerpo son de importancia intrínseca en todo contacto con los ángeles.

El ritual se debe llevar a cabo sólo en Luna Creciente y nunca en sábado. La mejor hora para hacerlo es la medianoche. La persona debe estar vestida de blanco y descalza. El lugar se despoja de vibraciones negativas rociándolo con agua y sal de mar. Luego se pasa incienso y mirra con flores de lavándula. Inmediatamente se hace un círculo invisible alrededor del cuarto con un cuarzo blanco, el cual se ha limpiado con agua y sal de mar y programado para llevar a cabo purificaciones de este tipo. El círculo se forma empezando y terminando en el Este para proteger a la persona de fuerzas negativas. Al hacer el círculo se dice:

En Nombre del Creador del Universo y los cuatro grandes Arcángeles, Rafael, Miguel, Gabriel y Uriel yo sello este círculo en luz y paz.

Después que el círculo ha sido sellado la persona se sienta en el suelo sobre una sábana blanca cubierta con pétalos de rosas blancas. Las luces se apagan de antemano. Sobre la sábana, frente a la persona, se coloca el paño violeta con el espejo amatista. A su alrededor se encienden cuatro velas cortas color violeta en forma de cruz. Luego se dice:

En Nombre del Creador del Universo, yo pido a mis ángeles guardianes que se revelen ante mí en este espejo sagrado de amatista, en el rayo violeta.
Amén.

A continuación cierre los ojos, relajese y respire profundamente, inhalando por la nariz contando hasta cuatro, aguantando la respiración haciendo el mismo conteo y exhalando también en conteo de cuatro. Esta respiración se conoce como pranayama. Repita lo anterior seis veces. Inmediatamente después empiece a contar hacia atrás, del diez al uno. Esto pone a la persona en un leve trance, en lo que se conoce como estado alfa, cuando es más fácil contactar las fuerzas del Inconsciente.

Al llegar al número uno, levántese y diga:

Mi Angel de la Guarda, que velas principalmente por mí, revélame tu nombre y tu rostro divino en nombre de Nuestro Creador.

Coloque de inmediato la mente en blanco, y espere. Casi al instante va a llegar a la mente el nombre del ángel. El primer nombre que se perciba es el nombre del Angel Guardián. Es importante no analizar el nombre, sino aceptarlo sin duda alguna.

Tan pronto se recibe el nombre del ángel, se abren los ojos y se mira al espejo, visualizando una luz violeta que refulge sobre su superficie. En el medio de esta luz se forma el rostro o imagen del Angel Guardián. Diga a continuación:

Gracias, ángel mío

y mencione su nombre. En estos momentos se pide un mensaje al ángel o se le pide ayuda en algo que se desea o necesita. Coloque de nuevo su mente en blanco y recibirá la respuesta del ángel. Esto también se conoce como la conversación con el Angel Guardián. De esta manera se le pueden hacer preguntas al ángel y recibir su respuesta. Naturalmente que no es aconsejable hacer preguntas inapropiadas o que puedan ser ofensivas a un espíritu de alta jerarquía. La conversación con el Angel Guardián debe ser usada para ayuda en la evolución espiritual de la persona o en situaciones materiales sobre las cuales la persona no tiene control y que se esperan peligros para ella o sus seres queridos. El contacto no debe pasar de quince minutos.

Cuando el ángel ha contestado las preguntas, se le dan las gracias y se apagan las velas. Antes de recoger el espejo y la sábana, se toma el cuarzo de nuevo y se hace un nuevo círculo diciendo:

En Nombre del Creador del Universo y de sus grandes Arcángeles Rafael, Miguel, Gabriel y Uriel yo desvanezco este círculo en luz y paz. Este ritual ha terminado.

El cuarto se recoge y se guarda todo para usarlo en otra ocasión. Los pétalos se echan a volar por una ventana.

Néctar de Levanah

La Luna tiene muchos nombres místicos, los cuales le han sido adjudicados a través de muchos siglos. El nombre hebreo de la Luna es Levanah y en el Arbol de la Vida es esta luminaria la que abre el camino que asciende a las esferas superiores y a las puertas del cielo. Es por esto que la Luna es considerada de gran importancia en meditaciones y en la práctica del misticismo. Tal vez debido a su obvia conexión con el Inconsciente y con altos estados de conciencia, la Luna siempre ha sido el eje sobre el cual se balancea el poder de todo ritual mágico.

En tiempos antiguos los meses estaban basados en las fases lunares y muchos calendarios, como el chino y el hebreo están basados en los movimientos de este satélite terrestre. Los judíos ortodoxos celebran cada Luna Nueva con rituales específicos que incluyen la lectura del salmo 81, el cual menciona la importancia de esta fase lunar. Mi padre decía que es importante tener un calendario que indique la hora exacta de la Luna Nueva en el lugar de residencia de la persona, ya que Dios escucha toda plegaria que se haga en ese momento. La presencia de Dios permanece con la persona sólo durante cinco minutos después de entrar la Luna Nueva. En este intervalo se lee el salmo 81 y se hace la petición a Dios.

La Luna pasa por todos los signos zodiacales en el curso de un mes, permaneciendo en cada uno entre dos a dos días y medio. Los veintiocho días del ciclo lunar se conocen como las mansiones de la Luna.

El período entre Luna nueva y Luna Llena se conoce como Luna Creciente. Entre Luna Llena y la próxima Luna Nueva se conoce como Luna Menguante.

El efecto de la Luna sobre la tierra es tal que los agricultores utilizan las diferentes etapas lunares para plantar y recoger cosechas. Los jardineros profesionales también observan las fases de la Luna. Todas las religiones y las llamadas culturas primitivas como las del Indio americano, los aborígenes australianos y muchas tribus africanas observan los aspectos de la Luna.

La Luna Menguante siempre ha sido considerada maléfica ya que está perdiendo luz continuamente y es durante esta fase que se llevan a cabo las prácticas de la magia negra o magia de destrucción. La Luna Creciente, por otra parte, es considerada benéfica porque cada noche adquiere más luz y crece más en el firmamento. Es durante esta época que se llevan a cabo rituales de magia blanca o magia positiva.

En la magia angelical, la Luna Nueva y Luna Llena son de gran importancia. En Luna Nueva y Luna Llena se llevan a cabo meditaciones y rituales durante los cuales la persona trata de elevarse a planos superiores que sólo son accesibles a través de la esfera de la Luna. Debido a que la Luna es el planeta que más cerca está de la tierra es considerada la puerta hacia esferas superiores y hacia otros "planos," que en la Cábala y el Arbol de la Vida son identificados con los demás planetas del sistema solar.

Debido a su gran influencia sobre los líquidos, la Luna es asociada con el elemento agua, el cual es regido por el Arcángel Gabriel. Para establecer contacto con este gran Arcángel y recibir las poderosas influencias de la esfera lunar, se prepara el Néctar de Levanah, que como ya les expliqué con anterioridad es el nombre hebreo de la Luna.

La base de este elixir mágico se prepara batiendo una clara de huevo con bastante azúcar y añadiéndole media tasa de crema de leche. A esta mezcla se le añade media taza de vino blanco. El líquido resultante es de exquisito sabor. Se vacía de inmediato en una copa azul. En el mercado se encuentran copas azules con medias lunas que son ideales para esta obra.

Luego de haber vaciado el líquido en la copa, se coloca en el fondo una piedra de la Luna, que se puede conseguir fácilmente en las tiendas de la nueva era o donde vendan cuarzos.

La copa con la piedra de la Luna se coloca cerca de una ventana donde pueda recibir la influencia lunar y se rodea con cuatro velas cortas plateadas encendidas en forma de cruz. La copa se cubre con un paño azul oscuro transparente de nilón o de seda. Si la tela tiene diseños de lunas o estrellas plateadas es más eficaz aún. La copa se deja en su lugar por una hora. Al término de este tiempo, se descubre la copa y la persona se para frente a ella con los brazos extendidos y dice:

En Nombre del Creador del Universo, te pido, Oh gran Arcángel Gabriel, que bendigas este Néctar de Levanah para que rebose con tu divina luz. Permite que al tomar este elixir sagrado reciba dentro de mi ser el gran poder de la Luna junto con tu bendición. Y que esta energía celestial nutra mi cuerpo y mi espíritu y me de la fuerza para vencer las pruebas y dificultades de la vida. Que así sea.

La copa se toma entre las dos manos con gran reverencia y se toma lentamente, sin despegarla en ningún momento de la boca. La piedra de la Luna no se saca de la copa hasta apurar todo su contenido.

Este ritual da gran poder a la persona para resolver toda clase de problemas. Se debe llevar a cabo en Luna nueva y Luna llena solamente. Si se hace continuamente, la persona desarrolla grandes poderes psíquicos y establece una relación muy poderosa con Gabriel y su propio ángel guardián.

Antes de hacer este ritual, la persona debe asearse y vestirse con ropas limpias, blancas o azules. El ritual se hace de noche y la persona debe estar descalza y no haber comido nada por lo menos tres horas antes de llevarlo a cabo. Las mujeres que deseen llevar a cabo este ritual o cualquier tipo de magia angelical no pueden estar pasando por el ciclo menstrual. Esta es una importante regla que siempre se debe tomar en cuenta.

Identificación con el Angel Guardián

Este es el ritual más hermoso y poderoso que existe en la magia angelical. Para llevarlo a cabo es necesario abstenerse de comer carnes, de tener relaciones sexuales o de tomar licor o usar ningún tipo de drogas, incluyendo medicamentos, por tres días. Veinticuatro horas antes del ritual la persona debe comenzar un ayuno durante el cual sólo debe tomar líquidos, que no incluyen café, té o licor alguno. El ritual sólo se hace en Luna Creciente, pero no en día sábado.

Una hora antes del ritual la persona se baña y se viste con una túnica blanca. Como siempre, debe estar descalza porque ante Dios y sus ángeles los pies deben estar descubiertos.

El cuarto donde se va a llevar a cabo el ritual se rocía de antemano con agua y sal de mar y luego se pasa incienso y mirra por todo el ámbito.

Se coloca una vela blanca en los cuatro puntos cardinales de la habitación y se pide la bendición y protección de Dios y sus ángeles. Para este ritual no es necesario proteger el lugar con un círculo mágico.

La persona se sienta en una silla de espaldar recto frente al Este de la habitación, los pies uno al lado de otro. Entre las manos debe tener un cuarzo blanco de dos a tres pulgadas de ancho, transparente y de punta fina. El cuarzo debe ser purificado de antemano poniéndolo en agua con sal de mar por 24 horas, luego enjuagándolo y colocándolo al sol para reenergizarlo.

Para programarlo se coloca sobre el entrecejo y se le dice mentalmente que atraiga hacia su dueño paz, amor, protección y energía positiva y que actúe como una conexión continua con el Angel Guardián. El cuarzo debe tomarse entre las dos manos, con la punta hacia arriba.

En estos momentos la persona cierra los ojos, se relaja y comienza una serie de seis pranayamas o respiraciones profundas. Mientras hace las respiraciones, visualice un gran rayo de luz que baja del infinito hasta el cuarzo, el cual multiplica esta radiancia y la dirige hacia la persona. Esta se ve de inmediato envuelta en una luz deslumbrante.

Tan pronto la persona se ve rodeada de esta luz, comienza a pronunciar la letra D mentalmente con gran rapidez. Continua repitiendo esta letra por varios minutos. Según repite la letra va a sentir que se despega poco a poco de su cuerpo como si estuviera flotando en el medio de la luz deslumbrante que la rodea.

Mientras repite la letra D, va a notar que frente a ella ha aparecido una escalera resplandeciente de anchos peldaños dorados que se eleva hacia el infinito y se pierde entre las estrellas. En estos momentos, deja de pronunciar la letra y comienza ascender por la escalera. Mientras asciende, comienza a respirar hondamente y a contar del veinte hacia atrás: veinte, diecinueve, dieciocho, lentamente. La respiración profunda debe acompañar al conteo. Por ejemplo, respirar hondo y contar mentalmente, veinte; respirar de nuevo y contar, diecinueve; respirar de nuevo y contar, dieciocho...y así continuar, hasta llegar al uno. Esto eleva a la persona al estado alfa y a planos superiores de conciencia.

Mientras cuenta la persona continúa ascendiendo por esta escalera espiritual. Va a notar como se va elevando sobre la habitación, luego sobre la casa y los edificios de la ciudad. Según asciende por la escalera, va dejando atrás la ciudad, el país, y por fin la tierra. A cada lado de esta escalera luminosa está el espacio sideral alfombrado de miles de estrellas.

Mientras asciende, continúa inhalando y exhalando y contando lentamente.

De pronto, frente a ella, está el orbe de la Luna, envuelta en un halo de luz plateada. Es fácil observar los cráteres y valles lunares mientras asciende por esta escalera dorada. La persona continúa ascendiendo y de pronto, al llegar al término de su conteo, ve como la escalera desemboca en un fulgor resplandeciente. Entra lentamente en esta luz refulgente y se encuentra frente a un gran portal dorado. Esta es la puerta del cielo. Mentalmente, la persona pronuncia con gran reverencia el nombre de su Angel Guardián. De inmediato, el portal se abre y la persona puede percibir en su centro la figura luminosa de su Angel Guardián. El ángel resplandece con una luz enceguecedora. Sus grandes alas son más blancas que la nieve y su rostro, lleno de ternura, es de una belleza indescriptible. Su túnica está hecha de rayos de sol y su corona está formada de miles de estrellas. La persona se siente estremecida de emoción ante esta visión celestial. El ángel abre sus brazos y la persona entra en ellos. Poco a poco su ser se funde con el del ángel. Su pecho, su garganta, su frente, y por fin todo su yo es fundido en la luz del ángel. En estos momentos, la persona ha alcanzado la unión total con su Angel Guardián. Miles de destellos dorados surgen de sus auras unidas y estos destellos forman un sol deslumbrante que explota como una supernova en medio de las estrellas. La persona siente la esencia y energía del ángel vibrar en cada átomo de su ser. En estos momentos, pronuncia la Plegaria del Angel Solar, que es el Angel Guardián de cada persona:

Angel bienamado, luz de mis existencia
es por ti que vivo, es por tu clemencia;
del amor de Dios, de su providencia
recibo la gloria de esta, tu presencia;
en este momento de divina audiencia
retira de mi todas mis dolencias;
y cuando te vayas y sienta tu ausencia
se quede conmigo, algo de tu esencia
ángel bienamado, luz de mi existencia....

El ángel se va retirando poco a poco, su rostro divino lleno de un amor trascendental. Pero en lo más profundo de su ser, la persona siente que aún está con ella. Los portales celestiales se cierran lentamente. Y todo es de pronto un foco de luz inmensa. De nuevo frente a la escalera, la persona empieza a descender por ella. Esta vez ve como se pierde en el infinito hacia la Tierra, que se vislumbra en el fondo del espacio como un orbe azul que da vueltas continuamente. Mientras desciende cuenta de manera lenta, esta vez del uno al veinte. Muy pronto se encuentra de nuevo en su entorno familiar. Siente de nuevo el peso de su cuerpo sobre la silla. Abre los ojos y da gracias a Dios y su Angel Guardián por la gran bendición y gracia que acaba de recibir. El cuarto se recoge, las velas se apagan y no se vuelven a usar. El cuarzo se guarda para usarlo en otra ocasión.

Este ritual es de gran poder y es tal vez el más importante que una persona pueda hacer en su vida. Da gran paz, sentido de balance y fortaleza ante la vida, y sobre todo establece una unión total y permanente con el Angel Guardián.

La oración de los Nueve Coros Angelicales

Para terminar esta sección, quiero darles la siguiente oración que es una invocación a todas las huestes celestiales, congregadas en los Nueve Coros Angelicales, que como hemos visto antes son, en orden de poder y magnitud, los siguientes: Serafines, Querubines, Tronos, Dominios, Poderes o Potencias, Virtudes, Principalidades, Arcángeles y Angeles. Esta oración se hace en momentos de peligro o cuando se desea establecer contacto con los ángeles y pedir algo importante. Si se reza a diario da protección continua a quien la hace, a su hogar y seres amados.

En nombre del Creador del Universo
Y el Coro Angelical, de Espíritus Excelsos:
Brillantes SERAFINES, de fuego y de rubí,
Rodeen mi persona, traed amor a mi.
Poderosos QUERUBINES, que brillan
como el sol,
Alejen de mi el odio, la pena y el dolor.
TRONOS, sed firmes, sed estables
con alas de cristal,
Y estable mantenedme, en tierra o en el mar.
Yo invoco a los DOMINIOS,
en justa invocación
Que sea yo siempre justo(a) en toda decisión.
Y pido a los PODERES su luz y protección
Salvadme del peligro, del mal y la traición.
VIRTUDES milagrosas, flotad cerca de mi
Que la virtud me guíe, venid, venid aquí.
Las PRINCIPALIDADES,
traed la paz al mundo
Que sea bendecido, en éxtasis profundo.
ARCANGELES gloriosos,
guiadme en el camino
Que hacer la caridad, sea siempre mi destino.
Oh ANGELES divinos, que servid al Creador
Que así también yo sirva, en luz,
en paz y amor.
Amén.

Segunda parte
Guerra en el Cielo

(un pasaje de El libro de Megadriel)

Nota: El libro de Megadriel está basado en el Primer libro, Segundo libro y Tercer libro de Enoch, los cuales son libros apócrifos que no forman parte de los llamados libros sagrados de las Escrituras. Enoch fue uno de los grandes patriarcas hebreos y sus libros se encuentran en la Pseudoepígrafa, la cual contiene otros libros apócrifos con detalles sobre la Creación que no se encuentran en la Biblia. El relato del Arcángel Megadriel también incluye detalles bíblicos y material adicional que no aparece en ninguno de los libros sagrados ni en los libros de Enoch.

Megadriel habla en el lenguaje bíblico y es por eso que su relato esta escrito en estilo arcaico, completamente distinto al resto de esta obra. El Arcángel Megadriel no es una invención de la autora, sino una entidad celestial que aclara a través de su relato sin igual el proceso de la Creación del universo y del ser humano y su gran significado cósmico.

Este es el relato de Megadriel, Serafín, Querubín, Arcángel, Príncipe del Cuarto Cielo que es la Esfera del Sol, Príncipe de la Divina Presencia y uno de los grandes Arcones que están frente al Trono celestial, en el libro que lleva su nombre. Dice Megadriel:

Amados Míos:

Siendo así que se acerca un nuevo milenio y la Segunda Venida del Hijo del Hombre a la Tierra, pongo mi sello en este pergamino para revelar al mundo lo que pasó en un Principio y la razón por la cual existe el sufrimiento en la tierra.

La Creación

En el Principio, el Logos, la Inteligencia Suprema, creó lo existente de lo inexistente y lo visible de lo invisible. El que no tiene fin y es inconcebible, el UNO, se movía entre lo invisible, incansable, continuamente, porque la creación aun no existía. Y el UNO concibió la idea de establecer una fundación y dar forma a una creación visible. Y ordenó a una de las cosas invisibles a que se hiciera visible. Y he aquí que apareció Edoil, inmensamente grande. Y el Creador vió que en su interior había una gran Luz y le dijo a Edoil que se desintegrara y esparciera su esencia. Y Edoil así lo hizo. Y de él surgió una inmensa Luz. Y el Creador estaba en el medio de esta Luz infinita. He ahí que la Luz sale de la Luz. Y de ahí surgió la visión de la Creación, de todo lo que el Creador había ideado hacer. Y él vió que era bueno.

Y el Creador formó para sí un gran Trono y se sentó en él. Y ordenó a la Luz que ascendiera más alta que el Trono y se solidificara para formar la fundación de las Alturas. Y no existe nada más alto que la Luz, excepto la Nada.

Y el Creador ordenó que otra de las cosas invisibles se hiciera visible. Y he aquí que apareció Arkhas, sólido, pesado y rojo. Y el Creador le dijo a Arkhas que se desintegrara y esparciera su esencia. Y Arkhas así lo hizo. Y de él surgió la materia, oscura, inmensa, teniendo en ella la Creación de las cosas menores. Y el Creador vió que era bueno y le dijo a Arkhas que bajara y se solidificara. Y la materia fué la fundación de las cosas menores. Y no existe nada más bajo que las Tinieblas, excepto la Nada.

Y el Creador ordenó que una parte de las Tinieblas se hiciera sólida y fuera rodeada por una parte de la Luz y de ahí creó las Aguas, que son el Abismo sin fondo. Y en el medio creó siete círculos con apariencia de cristal para que sirvieran como circuito de las Aguas y los demás elementos.

Y les marcó sus rutas, las rutas de las siete estrellas, cada una en su propio cielo para que no se salieran de ellas. Y él vió que era bueno.

Y el Creador dividió entonces a la Luz de las Tinieblas en el medio de las Aguas. Y a la Luz la llamó Día y a las Tinieblas la llamó Noche. Y este fué el Primer Día.

Y el Creador ordenó a las Aguas que estaban debajo del firmamento que se unieran y se secaran. Y fué así. Y de las olas ya secas creó las rocas, grandes y sólidas. Y de las rocas creó el suelo seco y a éste lo llamó Tierra.

Y lo que estaba en el medio de la Tierra lo llamó Abismo. Y el Creador reunió las aguas del mar y las ató con su Fuerza y les ordenó que no se salieran de su cauce. Y estableció la Tierra sobre las Aguas del mar. Y este fué el Segundo Día.

Y el Creador en este día también formó sus Cielos de una sustancia ardiente. De un rayo de sus ojos sacó el relámpago, que es Agua y Fuego que no se extinguen mutuamente, y con el relámpago fundió una roca. Y de esa sustancia ardiente creó a las Huestes Celestiales, diez millares de ángeles. Sus ropas y sus armaduras formadas de llamas abrasadoras. Así creó él todos los Cielos.

Y el Creador ordenó entonces a la Tierra que se poblara de arboles grandes y fructíferos. Y cubrió a las montañas con yerba dulce y toda clase de semillas. Y creó al Paraíso como un Jardín cerrado. Y lo rodeó con ángeles llameantes, los Querubines, para que lo guardaran. Y este fué el Tercer Día.

Y el Creador colocó grandes Luces en los círculos del Cielo. En el círculo más alto colocó a la estrella Kronos; en el segundo a Afridit; en el tercero a Arris; en el cuarto al Sol; en el quinto a Zeous; en el sexto a Ermis; y en el séptimo a la Luna. Y ordenó al Sol que iluminara el Día y a la Luna y las Estrellas que iluminaran la Noche. Y el Sol se mueve de acuerdo a los 12 meses y a los 12 signos y a los animales que los representan y estos concuerdan con los horóscopos de los recién nacidos. Y este fué el Cuarto Día.

Y el Creador ordenó al mar que engendrara peces y ordenó también la Creación de los pájaros de todas clases, los reptiles que se arrastran y los animales que caminan sobre la Tierra, macho y hembra creó a todo lo que respira sobre la Tierra. Y este fué el Quinto Día.

Y el Creador formó al hombre de siete elementos. Su carne la formó de la tierra; su sangre del rocío y del Sol; sus ojos de las profundidades del mar; sus huesos de la piedra; su raciocinio del movimiento de los ángeles y de las nubes; y su espíritu del espíritu del Creador y del viento. Y el Creador le dió al hombre siete cualidades: le dió la capacidad de oír a su carne; la capacidad de ver a sus ojos; la capacidad de oler a su espíritu; la capacidad de tocar a sus venas; y la capacidad del sabor a su sangre. Y les dió durabilidad a sus huesos y dulzura a su raciocinio.

Y el Creador hizo al hombre como a un ángel en la Tierra, con honra, poder y gloria. Lo creó como a un rey para que reinara sobre la Tierra con la sabiduría del Creador. Y no había nada comparable al Hombre en la Tierra entre todas las criaturas del Creador. Y le asignó un nombre formado de los cuatro puntos cardinales:

Del Este— A
Del Oeste— D
Del Norte— A
Del Sur— M

Y el Creador le asignó al hombre cuatro estrellas y lo llamó Adam. Y le dió libre albedrío y lo enseñó a discernir entre la Luz y las Tinieblas y entre lo Bueno y lo Malo y le dió poder sobre todo lo creado en la Tierra.

Y el Creador causó un sueño a descender sobre Adam y éste durmió. Y mientras dormía, el Creador sacó una costilla del costado de Adam y con ella formó a la Mujer. Y de la ultima letra del nombre de Adam, el Creador le dió su nombre a la Mujer, llamándola Madre, es decir, Eva. Y este fué el Sexto día.

Y el Creador formó un Jardín en Edén, en el Este, para que desde allí cumpliera los mandamientos. Y dejó el cielo abierto para que pudiera contemplar a los ángeles. Y en el Edén el Creador puso árboles de frutas de todas clases y flores muy bellas y pájaros cantores y bestias de toda clase, y todo lo que había en el Edén estaba sujeto a la voluntad de Adam. Y el Creador le dijo a Adam que diera nombres a todas las bestias de la Tierra y a los peces del Mar y a los pájaros del Aire. Y un gran río surgía del Edén que se dividía en cuatro fuentes al salir del Jardín.

Y el Creador le dijo a Adam que todas las plantas, semillas y frutos de la Tierra eran para su alimento y el de las bestias de la Tierra. Y en ningún momento le dijo el Creador a Adam que podía comer la carne de los animales, de los pájaros y de los peces, solo las plantas, las semillas y los frutos de la Tierra. Y en el medio del Edén había dos Arboles, uno era el Arbol del Conocimiento del Bien y del Mal; el otro, el Arbol de la Vida, el cual estaba guardado por Querubines bajo el mando del gran Arcángel Rafael.

Y el Creador llevó a Adam frente al Arbol del Conocimiento del Bien y del Mal y le dijo que de todo árbol en el Jardín del Edén podía comer menos de este, ya que una vez que de él comiera moriría. Pero el Creador no mencionó al Arbol de la Vida, en el cual reside la Gloria que es la Shekina.

Y el Creador le dijo a Adam y a su mujer que se unieran y multiplicaran y poblaran toda la Tierra. Y el Creador descansó de su Obra. Y este fué el Séptimo Día. Y el Creador bendijo este día y lo santificó porque en él, el Creador descansó de su obra.

Los ángeles

Y he aquí que en el Segundo día, cuando formó a los ángeles de la lava de la piedra, del fuego y del relámpago, el Creador los estableció en nueve rangos ascendientes y a estos rangos los llamó los nueve coros celestiales: Angeles, Arcángeles, Príncipes, Potencias, Virtudes, Dominios, Tronos, Querubines y Serafines. Y sobre cada Coro instaló a un Príncipe de la Divina Presencia con sus asistentes para regir y gobernar cada Coro.

Y cada Coro lo creó con millares de millares de ángeles, incontables en su inmensidad. Y he aquí que estas fueron las Huestes Celestiales, formadas por el Creador para gobernar los Siete Cielos.

Y superior a los Nueve Coros con sus Príncipes Regentes el Creador formó a los Guardianes de las Atalayas, es decir las murallas de los Siete Palacios que están en el Séptimo Cielo, la Morada del Creador. Y estos Guardianes Celestiales fueron dotados de inmenso poder por el Creador para que velaran sobre los Siete Palacios y no dejaran salir o entrar a nadie del sagrado recinto sin su permiso.

Y entre los Guardianes el Creador escogió a setenta, llamados los Príncipes de los Reinos, superiores a los otros Guardianes. Y escogió a otros más, superiores aun a los setenta, que son los que están frente al Trono del Creador y lo sirven continuamente. Y uno de estos, el más hermoso y poderoso de todos, con poderes casi tan grandes como los del Creador fué el Gran Serafín, Querubín, Potencia y Arcángel llamado Beqa, cuyo nombre significa "el que es bueno". Y este gran Arcángel era muy amado del Creador, quien lo honraba sobre todas las Huestes Celestiales.

Y el Creador depositó muchos de sus poderes y sabiduría infinita en sus ángeles, en orden ascendiente, pero no depositó todo su poder y toda su sabiduría en ninguno de ellos, reservando para Sí Mismo este poder y sabiduría total.

Y en Beqa depositó más poderes y conocimientos que en ningún otro ángel, excepto el gran Serafin, Virtud y Arcángel Miguel, cuyo nombre significa "él que es como el Creador", y quien es incorrupto e incorruptible. Y el Creador, amando grandemente a Miguel, lo hizo su Archistratig, es decir su Estratega Supremo, quien está a cargo de decidir las estrategias de las Huestes Celestiales. Y el Creador, conociendo la incorrupción de Miguel le reveló sólo a él su Nombre Secreto con el cual creó el Universo. Y he aquí que el Nombre Secreto y el Creador son Uno Mismo y con este Nombre pueden ser creados y destruidos millares de Universos. Pero el Creador no le reveló a Miguel ni a ninguno de los otros ángeles como había sido creado el Universo.

Y he aquí que Beqa, teniendo un poder casi igual al del Creador, pudo descubrir como el Creador formó a la Creación, y su espíritu se llenó de un gran deseo de ser como el Creador y tener el poder de crear universos. Y su mirada cubrió todos los ámbitos de los Siete

Cielos y las Huestes Celestiales, todos servidores del Creador, y sus ojos se extasiaron en el Trono del Creador en las Alturas, formado de fuego y de cristal y el gran zafiro que estaba en su cúspide. Y Beqa deseó ardientemente sentarse en el Trono del Creador y ser como El y gobernar sobre las Huestes Celestiales.

Pero he aquí que Beqa no poseía el conocimiento del Nombre Secreto del Creador, el cual sólo conocía el Arcángel Miguel. Y sin este Nombre Secreto no podía apoderarse del Trono del Creador. Y Beqa concibió un plan.

Y he aquí que todas las mañanas, antes del Consejo Divino, cuando el Creador junto a su Corte Celestial reestablece el orden en el Universo, todas las Huestes Celestiales, dirigidas por Miguel cantan las alabanzas al Creador, Señor Dios de los Ejércitos. Y al término de las alabanzas, los distintos Coros regresan a guardar a los Siete Cielos. Y Miguel, luego de recibir las órdenes del día del Creador, remonta el vuelo con sus alas de esmeralda para llevarlas a cabo.

Y he aquí que Beqa, espiando el vuelo de Miguel, remontó el vuelo a su vez y lo detuvo en el medio de la inmensidad que está entre la Luz y las Tinieblas. Y los dos Príncipes Regentes, al encontrarse, formaron un sol deslumbrante en el medio del cielo con los destellos de fuego que de ellos provenían.

Y Beqa, con cortesía impecable, se despojó de su corona deslumbrante y se inclinó reverente ante el Archistratig. Esto significaba en el protocolo celestial que Beqa juzgaba a Miguel superior a él. Y en respuesta, Miguel se despojó a su vez de su corona de luz y de fuego y se inclinó ante Beqa.

Una vez satisfecho el protocolo, Beqa pidió a Miguel que le permitiera acompañarlo en su jornada y Miguel accedió. Y he aquí que ambos Príncipes continuaron su vuelo formando arcos de Luz en su travesía por el firmamento.

Y Beqa, sútil y malicioso, con gran inteligencia, indagó sabiamente de Miguel si estaba satisfecho en el servicio del Creador. Miguel, sorprendido pero aun sin sospecha alguna, respondió con sencillez que todo su ser y su esencia le pertenecían al Creador ya que a El debía su inmortal existencia. Beqa respondió con palabras de fuego, que él no deseaba servir sino ser servido ya que su esencia era tan poderosa como la del Creador. Y para demostrar este poder, le reveló a Miguel cómo el Creador manifestó lo Visible de lo Invisible para crear de este modo el Universo. Y descubriendo toda su falaz intención, ofreció a Miguel compartir el dominio de los Siete Cielos con él, si le revelaba el Nombre Secreto del Creador.

Y he aquí que Miguel, El que es como Dios, desenvainó su espada de fuego ante la cual los ejércitos celestiales tiemblan, y con un golpe más rápido que el pensamiento, despojó a Beqa de su corona deslumbrante, la cual rodó en estela luminosa hacia los bajos confines del firmamento.

Y Beqa, la cabeza descubierta como el ángel más pequeño, sin rango y sin corona, sintió la punta llameante de la espada de Miguel sobre su pecho, quemando su piel de Luz.

Y Miguel empujó la punta de la espada y Beqa, aterrado, retrocedió.

"Angel ruin, sin gratitud y sin conciencia," exclamó Miguel, temblando con ira divina.

"Jamás tu sandalia impura se posará en los peldaños del Trono Celestial. Atras, Kasbel. Ese es tu verdadero nombre: 'él que engaña a su Creador'. Fuera de mi presencia!"

Y he aquí que grandes llamaradas de fuego brotaban de la boca de Miguel con cada palabra y su figura inmensa, que atraviesa el curso de las estrellas, se acrecentaba con su indignación y el firmamento entero se iluminaba y estremecía con el fuego celestial que de él fluía.

Y Beqa, denominado ahora Kasbel, huyó despavorido de la presencia terrible y devastadora del Archistratig, su túnica radiante envuelta en llamas. Y encubierto por la bruma de las Tinieblas regresó maltrecho y sin corona a su mansión en el Séptimo Cielo.

Una vez sólo, a través del poder recibido del Creador, Kasbel transformó su vestidura, destruida por el fuego de Miguel, en una túnica de Luz y colocó otra corona de gloria sobre su cabeza. Temblando de nuevo, pero esta vez de ira y frustración, convocó a sus grandes ministros: Y estos son Yeqon, Asbel, Gadereel, Pineme y Kasadya.

Y he aquí que estos ministros poseían grandes poderes y eran enteramente fieles a Kasbel. Y este los instruyó, los exhortó y los instigó a que se unieran a él junto con sus ejércitos, para hacer guerra en el Cielo y destronar al Creador. Y para demostrar su poder les reveló el conocimiento secreto que revelara antes a Miguel, y les explicó sutilmente y con gran astucia como fué creado el Universo. Y he aquí que los ministros de Kasbel, agobiados ante esta sabiduría, que sólo le pertenece al Creador, se quitaron sus coronas y se postraron a los pies de Kasbel, jurando unirse a este en la guerra celestial. Y unidos en este plan audaz y sacrílego, los conspiradores se prepararon para la batalla.

Amados míos, hago pausa aquí para decirles que el Creador creó a todos sus ángeles en el mismo instante. Y este humilde servidor del Señor Dios de los Ejércitos, Bendecido Sea por Siempre su Santo Nombre, fué creado en el Principio Serafín, Querubín y Arcángel y mi nombre, Megadriel, significa "mi gran ayuda es Dios". Y he aquí que esta gran odisea, a la que he sido llamado a revelar, fué escrita en El libro eterno del Creador donde todo lo que ha pasado, pasa y ha de pasar ha sido escrito. Y todas las Huestes Celestiales, que son parte del Creador, tomaron parte en esta batalla, unos de un bando y otros del otro, según ha sido escrito, que el Creador formó al Cosmos de la Nada y todo lo que existe y lo que es, proviene del El.

Guerra en el Cielo

Y Miguel, Príncipe de la Divina Presencia y Regente de los Serafines, al terminar su batalla con Kasbel, se elevó rápidamente hasta el Séptimo Cielo y llegó frente al gran y majestuoso Príncipe Anapiel YHVH, de quien una inmensa luz se extiende por todos los ámbitos de Araboth. Y Anapiel YHVH, quien tiene a su cargo las llaves de los Siete Palacios, se despojó de su corona gloriosa y saludó reverentemente a Miguel, abriendo bajo su petición las puertas del Séptimo Palacio donde mora el Creador. Y el gran y terrible Príncipe Soterasiel YHVH, cuya altura es más de setenta mil millares de parasangs que son dos millones ciento treinta y cinco mil millas, y sin cuyo permiso ninguno de los Príncipes Angelicales puede llegar a la Divina Presencia, al ver llegar ante él a Miguel, el gran y terrible Serafín, Arcángel, Archiestratega Divino, se despojó de su corona de mil estrellas, saludándolo reverentemente. Y Soterasiel YHVH, escoltó a Miguel a la Divina Presencia.

Y he aquí que los coros angelicales, bajo el mando de los capitanes de las Huestes Celestiales, entonaron cantos de bienvenida y alabanza al ver a Miguel. Y el gran Serafín, Virtud y Arcángel, al llegar frente al Trono Divino, del cual surgían millares de relámpagos y cuya luz deslumbrante iluminaba a los Siete Cielos, se despojó de su corona gloriosa y se postró ante la Divina Presencia.

Y los Querubines que sostienen el Trono Divino aletearon millares de veces sus alas de fuego, para anunciar la presencia de Miguel ante el Creador y su Divina Shekina, creando vorágines de llamas bajo el Trono. Y voces de trueno y de fuego surgieron del Trono, reverberando en ecos por los ámbitos de Araboth. Y la Voz de Dios envolvió a Miguel en su poder insondable y lo transportó a su lado en el Trono Divino.

Y he aquí que Miguel, envuelto en el fuego del Amor Supremo, tembló terriblemente y de sus ojos de esmeraldas brotaron miles de lágrimas de luz de las cuales nacieron nuevos Querubines, todos alados, todos abrasados en las llamas del Amor Divino y todos cantando al unísono Sus alabanzas.

Y Miguel, junto al Creador en su Trono, le reveló sin palabras la rebelión de Beqa, ahora Kasbel. Y el Creador vislumbró claramente la batalla entre sus dos Arcángeles en el espejo esmeralda de las lágrimas de Miguel.

Y he aquí que lágrimas de fuego brotaron de los ojos del Creador uniéndose a las de Miguel, ante la traición de su amado Serafín y Arcángel Beqa. Y las lágrimas de llamas y esmeralda, corriendo sobre el suelo de cristal, fueron a unirse al río de fuego que está frente al Trono Divino. Y los coros angelicales callaron aterrados ante este espectáculo inverosímil y hubo un terrible silencio en todos los palacios de Araboth. Y los ecos de este gran silencio resonaron a través de los Siete Cielos, despertando a los ángeles menores que descansaban a esa hora en el Primer Cielo.

Y el despertar de los ángeles menores fué seguido por el sonido de millares de trompetas angelicales, llamando a consejo de guerra a las Huestes Celestiales.

Y el Creador, su Luz Divina anegada con el dolor de la pérdida de su amado Arcángel, ordenó a Miguel que planeara la Estrategia Divina con la cual iba ser defendido Araboth.

Y he aquí que Miguel con los grandes Arcángeles Rafael, Gabriel y Uriel, todos jefes de las Huestes Celestiales, convocaron a los capitanes de los ejércitos divinos para proteger a los Siete Cielos del ataque de Kasbel y sus ministros.

Y Kasbel había escuchado el eco del silencio y el sonar de las trompetas llamando a consejo de guerra. Y su astucia le indicó que era necesario atacar de inmediato. Y sus ministros, Yeqon, Asbel, Gadereel, Pineme y Kasadya, junto a sus millares de ejércitos angelicales, ya estaban preparados para la batalla.

Y he aquí que el poder de Kasbel era tal que pudo cruzar con sus huestes rebeldes los

Figura 42— Satán y Beelzebub, los ángeles caídos, planeando su estrategia para la guerra contra el ejército angelical.

Figura 43— La guerra entre los ángeles de luz y los ángeles caidos en la parte más feroz de la batalla.

portales de los primeros seis cielos, sin encontrar resistencia que igualara a su fuerza entre los Príncipes Regentes de Shamain, Raquie, Sagun, Machen, Mathey o Zebul.

Y Kasbel llegó triunfante ante los portales de Araboth. Y aquí le esperaban las Huestes Celestiales, Ejército tras Ejército, todos ángeles de luz montados en caballos blancos alados con riendas de fuego.

Y todos los Angeles, los fieles y los rebeldes, cargaban espadas de fuego y lanzas forjadas de los relámpagos de Araboth.

Y todos los capitanes de los ejércitos tenían armaduras de hierro y de lava que brillaban como rubíes en el furor de la batalla. Y el primer encuentro resonó con el ruido de mil millones de volcanes en erupción y todos los ámbitos de Araboth se estremecieron de pavor. Y muchos de los ángeles rebeldes fueron desmontados en el primer encuentro y lanzados al vacío, a la oscuridad de las Tinieblas. Pero ninguno de los ángeles fieles fué desmontado.

Y el segundo encuentro fué aún más feroz que el primero y las paredes de cristal de Araboth amenazaron derrumbarse. Y millares de los ángeles rebeldes fueron desmontados y lanzados al vacío. Pero ninguno de los ángeles fieles fué desmontado.

Y en el tercer encuentro, el choque entre los ángeles fieles y los rebeldes fué tan terrible que el Gran y Majestuoso Anapiel YHVH, Guardián de los Palacios de los Siete Cielos, pidió a Miguel, el Archiestratega Divino, que concluyera la batalla, por temor a que las paredes de cristal de Araboth fueran destruidas y los Siete Palacios fueran dejados sin protección.

Y he aquí que los ángeles fueron creados inmortales por el Creador y no podían morir. Y sus terribles heridas cicatrizaban al instante de haber sido infligidas. Y fuego y luz en esencia sútil manaba en vez de sangre de sus heridas. Y a pesar de ser cicatrizadas sus heridas, cada ángel herido perdía energía divina.

Y el gran Querubín, Virtud, Poder, Arcángel y Angel Gabriel, cuyo nombre significa "Dios es mi Fuerza", Príncipe regente de la muerte y de la venganza, de la resurrección y de la compasión, se vistió con su armadura de lava y luz y esgrimió la espada de la venganza. Y de sus ojos de cielo brotaron relámpagos y llamaradas y su voz de trueno resonó en los ámbitos de Araboth, llenando de terror a los ejércitos angelicales, tanto a los fieles como a los rebeldes.

Y Gabriel se adentró en las filas del campamento del Serafín rebelde Gadereel, uno de los Ministros de Kasbel. Y a cada golpe de su espada llameante miles de ángeles rebeldes eran desmontados de sus caballos alados, y eran lanzados al fondo de las Tinieblas.

Y he aquí que el Serafín rebelde Gadereel, al ver llegar a Gabriel, levantó en alto su espada de fuego y se abalanzó sobre el Príncipe de la Venganza.

Y las espadas de los dos ángeles chocaron al encontrarse, despidiendo una multitud de chispas de luz y de fuego y resonando en ecos de terrible destrucción por todo el firmamento. Y el terrible encuentro hizo que la montura de Gadereel cayera desplomada. De nuevo alzando su espada, Gabriel asestó un terrible golpe sobre la coraza de lava de Gadereel, causando una terrible herida en el pecho del Serafín rebelde.

Y grandes cantidades de luz y fuego líquidos surgieron de la herida la cual se cerró al

Figura 44— Los ángeles de luz observan a los ángeles rebeldes después de su derrota.

Figura 45— Los ángeles rebeldes son lanzados al abismo por el Arcángel Miguel al mando de las Huestes Celestiales.

instante. Pero Gadereel, debilitado por la pérdida de su angelical esencia cayó al instante de su caballo, y rodó de inmediato hacia el fondo de las Tinieblas. Y todo su gran ejército huyó despavorido ante la caída de su Capitán y Jefe. Y éste fué el primer Ministro de Kasbel que cayó en la celestial batalla.

Y el gran Serafín y Querubín Uriel, cuyo nombre significa "Fuego de Dios", Gran Regente del Sol, Arcángel de la Salvación y Guardián del Trueno y del Terror, se adentró en las filas de los ejércitos del Serafín rebelde Yeqon, transformado en serpiente de fuego. Y miles de los ángeles rebeldes, envueltos en las llamas y el terror que es Uriel cayeron de sus caballos alados y rodaron por el abismo sin fondo de las Tinieblas.

Y Yeqon, al encontrarse frente a la Gloria Divina de Uriel, empuñó su espada de fuego para atacarlo. Pero su espada fué desintegrada al instante por el terrible poder del gran Serafín y Yeqon cayó, envuelto en llamas y lava, de su montura. Y Uriel lo empujó con su sandalia de hierro candente hacia el fondo de las Tinieblas. Y todo el ejército de Yeqon huyó despavorido ante la caída de su Capitán y Jefe. Y este fué el segundo Ministro de Kasbel que cayó en la celestial batalla.

Y el gran Querubín y Arcángel Rafael, cuyo nombre significa "Dios ha Sanado", Angel del Arrepentimiento, del Amor y de la Luz, y Guardián del Arbol de la Vida, se vistió con armadura de Luz y se adentró en las filas de los ejércitos del Serafín rebelde Asbel. Y he aquí que Rafael es un ángel de paz y de alegría y no hay en su esencia inclinación a la guerra. Y su arma de destrucción contra el mal es el Gran Amor del Creador del cual fué formado. Y de este Amor surgió una Luz tan inmensa y deslumbradora que se extendió más allá del confín de las estrellas. Y los caballos alados de los ángeles rebeldes, enceguecidos por esta Luz Divina, se desbocaron en todas direcciones desmontando a sus jinetes, millares de los cuales rodaron sin freno hacia el fondo del abismo.

Y Asbel, al enfrentarse a la Gran Luz que es Rafael, se cubrió los ojos con su armadura, y empuñando su espada de fuego se abalanzó contra él. Y Rafael envió de su espada refulgente un rayo de Luz tan grande que atravesó el pecho de Asbel, rompiendo en añicos su coraza de fuego y lava.

Y he aquí que la esencia de luz y fuego líquidos del Serafín rebelde brotó como una fuente de su pecho abierto. Y la herida se cerró al instante pero Asbel, debilitado por la pérdida de su esencia, cayó de su montura y rodó también hacia la profundidad de las Tinieblas. Y todos sus ejércitos, aterrados ante la Presencia Divina que irradiaba de Rafael, huyeron despavoridos. Y este fué el tercer Ministro de Kasbel que cayó en la Celestial Batalla.

Y Kasbel, al ver que la mitad de sus ejércitos habían sido desbandados por los Arcángeles Divinos, unió a sus dos Ministros restantes, Pineme y Kasadya, con todos sus ejércitos y los esparció alrededor de las murallas de cristal de Araboth, montando un gran ataque simultáneo contra la Fortaleza Divina.

Y he aquí que Miguel, el Gran Estratega del Creador, se remontó con sus ejércitos a las Alturas de Luz que están sobre Araboth y desde esta inmensidad luminosa observó el plan de guerra de Kasbel. Y los Grandes Príncipes Gabriel, Uriel y Rafael se unieron a él con sus respectivos ejércitos.

Y Kasbel, al ver que las Huestes Celestiales habían abandonado a Araboth, decidió atacarlo de inmediato. Y convocando a sus dos Ministros, Pineme y Kasadyah, les ordenó que embistieran con sus ejércitos contra las murallas de cristal y fuego del Séptimo Cielo. Y las hordas rebeldes, armadas con lanzas y espadas llameantes, arremetieron contra las cristalinas atalayas, las cuales se tambalearon ante el tremendo empuje.

Y los grandes Príncipes Anapiel YHVH y Soterasiel YHVH y los Guardianes de los Siete Palacios de Araboth, a cuyo cuidado están los portales de la Morada Divina, acudieron ante el Trono del Creador para informarle el ataque de Kasbel y el peligro inminente del derrumbe de las murallas de Araboth.

Y he aquí que la Gloria del Señor Dios de los Ejércitos estaba en su Trono de Juicio y de El emanaba una Luz imponderable; y rayos y relámpagos surgían del Trono y el suelo de cristal y fuego estaba inundado por esta Luz. Y la Luz transcendía a Araboth y se extendía por todos los confines del Universo. Y el río de fuego frente al Trono rugía con voces tumultuosas y sus olas se desbordaban por los ámbitos del Palacio Divino.

Y las Criaturas de Fuego que sostienen el Carruaje Divino que es la Merkabah y sobre el cual está empotrado el Trono del Creador, rugían con ira divina, y los Cuatro Vientos de los Huracanes, Tormentas, Tempestades y Vendavales, aullaban con fuerza omnipotente, alimentando las llamas de los Querubines. Y he aquí que el Trono estaba cimentado firme y majestuoso sobre este gran torbellino de fuego y viento y nada podía conmoverlo.

Y los grandes Príncipes Rikbiel YHVH, Hayliel YHVH, Kerubiel YHVH, Opaniel YHVH Y Serapiel YHVH, Regentes de los Tres Coros Angelicales Superiores y de las Criaturas Sagradas estaban postrados ante la Majestad Divina, esperando sus designios.

Y el gran Príncipe Radweriel YHVH, que está a cargo de los archivos celestiales y los entrega al Creador cuando éste va a pasar su Juicio Supremo, estaba postrado frente al Trono, con el Gran Libro del Juicio entre las manos, esperando los designios divinos.

Y los Cuatro Grandes Príncipes, que son los Dos Guardianes y los Dos Seres Sagrados, con quienes el Creador consulta antes de pasar su Juicio Supremo, estaban postrados ante el Trono, esperando los designios divinos.

Y la Voz de Trueno y de Relámpago del Creador surgió del Trono de Luz deslumbrante y a través de sus ecos prodigiosos emanaron la Justicia, La Compasión y la Verdad, sobre los cuales está cimentado el Trono Divino. Y las Tres Cualidades Divinas se unieron en armonía perfecta trayendo de nuevo la Paz y el Balance a Araboth.

Y las Criaturas de Fuego que sostienen la Merkabah acallaron sus rugidos. Y los Cuatro Vientos cesaron en su violencia. Y todos los Príncipes de la Divina Presencia se levantaron y junto a los Coros Celestiales que estaban frente al Trono, al otro lado de la Cortina de Fuego, entonaron con voces gloriosas el Triságono Divino, Santo, Santo, Santo es el Señor Dios de los Ejércitos. Repleto está el Cielo con Su Gloria.

Figura 46— Dos ángeles de Dios, armados para la batalla, en busca de los ángeles rebeldes.

Y he aquí que Kasbel y las huestes rebeldes, al otro lado de las murallas de fuego y de cristal que circundan a Araboth, vieron a la Gloria del Creador extenderse por todos los ámbitos del Universo y escucharon los ecos angelicales del Triságono Divino reverberando por toda la Creación.

Y entonces comprendieron lo grande y terrible de su pérdida.

Y una gran angustia y un doloroso pesar sobrepasaronn sus corazones.

Y Kasbel, consciente de lo irreparable de su pérdida, y determinado a llevar hasta el fin su plan de conquista, instó con voz de trueno a las huestes rebeldes a reanudar el ataque.

Y en estos momentos Miguel, que había estado esperando una señal de Araboth para descender sobre Kasbel, vió a la Luz de su Amado Creador extenderse por los confines del Cosmos y escuchó los ecos del Triságono Divino ascender hacia las Alturas.

Y el Gran Serafín y Archiestratega Divino ordenó a los capitanes celestiales a sonar las trompetas y clarines de guerra. Y frente a las Huestes Celestiales, entre las que se contaban cuatrocientos noventa y seis mil millares de ejércitos con cuatrocientos noventa y seis mil ángeles en cada batallón, el Gran Serafín descendió como un bólido de fuego de las Alturas, arrasando a su paso miles de ángeles rebeldes.

Y el gran Querubín y Príncipe de la Venganza, Gabriel, descendió con Miguel sobre las huestes rebeldes, sembrando el pánico entre sus rangos con su espada llameante.

Y el gran Serafín y Regente del Trueno y del Terror, Uriel, descendió con Miguel y Gabriel sobre las huestes rebeldes en forma de serpiente de fuego, abriendo surcos de fuego y destrucción a su paso.

Y el gran Querubín y Príncipe del Sol, Rafael, descendió con Miguel, Gabriel y Uriel sobre las huestes rebeldes y su Luz Divina enceguecío a los contrincantes del Señor, los cuales perdieron su rumbo, desviándose de sus rangos, incapaces de atacar a los ángeles fieles en su ceguera.

Y he aquí que Kasbel, al escuchar el sonido de trompetas y clarines que provenían de las Alturas, alzó la mirada al firmamento y vió a la avalancha celestial descender sobre su cabeza, comandados por Miguel, Gabriel, Uriel y Rafael.

Y el sonido incesante de trompetas y clarines hizo cundir el terror y la confusión entre los ángeles rebeldes. Y Kasbel pudo ver como su Ministro Pineme fué ensartado sin compasión por la lanza llameante de Miguel, quien lo lanzó de cabeza hacia el abismo sin fondo.

Y el gran Archiestratega, lanzando su caballo de fuego sobre los rangos de Kasadyah, desmanteló sus filas con rayos destellantes de luz y lava. Y llegando al centro del ejercito, donde Kasadyah temblaba como azogue, le abrió la coraza de arriba a abajo con un golpe de su espada, haciéndolo caer de su montura. Y la terrible herida fué cicatrizada al momento, pero el Serafín rebelde, casi vacío de energía cósmica, permaneció insensible sobre el suelo de cristal de Araboth. Y de ahí fué recogido en vilo por la lanza de Gabriel, quien lo lanzó también al vacío.

Y he aquí que Kasbel, despojado de sus Ministros y abandonado por sus ejércitos, los cuales se dispersaron aterrados por todos los Siete Cielos perseguidos por las Huestes

Celestiales, se encontró sólo, de nuevo frente a su gran contrincante, el terrible e invencible Arcángel, Virtud y Serafín Miguel.

Y todas las trompetas y clarines callaron en ese momento y los dos enemigos celestiales, el fiel y el rebelde, bajaron de sus caballos y se prepararon para el combate final.

Y Miguel se despojó de su armadura divina, forjada en el fuego de los Querubines, y tiró lejos de sí su gran lanza llameante. Con solo su espada de fuego y de relámpago enfrentó al Adversario del Creador.

Y Kasbel, en su feroz arrogancia, no quiso ser menos que el Archiestratega Divino y tiró también lejos de sí su lanza y su coraza. Y el silencio que rodeó a los contrincantes fué más aterrador aún que el sonido de las trompetas y los clarines de guerra.

Y la gran astucia de Kasbel le hizo ver que en la derrota de Miguel estaba su mayor defensa y la esperanza de ganar aún la batalla; ya que vencer al Invencible lo elevaría en rango ante las Huestes Celestiales, a las cuales tal vez era aún posible seducir. Y con su gran ayuda, existía la esperanza de reunir de nuevo a sus huestes dispersas y apoderarse al fin de la Corte Celestial. Y fué este orgullo y arrogancia sin medida, lo que impulsó a Kasbel a ser el primero en atacar.

Y Miguel, cuya estrategia suprema le instó a esperar el ataque, vislumbró claramente el plan de Kasbel en los ojos de su enemigo.

Y Kasbel, con gran fuerza y empuje, se abalanzó sobre Miguel, con la intención de atravesarle el pecho con su espada. Y he aquí que en vez del cuerpo de Luz del Archiestratega su espada fulminante sólo atravesó el vacío. Y al darse vuelta rápidamente, Kasbel vió a su enemigo esperando a su espalda, con mirada serena y su espada apuntando hacia el suelo.

Y lleno de confusión ante la transformación instantánea de Miguel, Kasbel atacó de nuevo. Y esta vez pudo ver a la esencia divina del gran Serafín desvanecerse frente a sus ojos y trasladarse simultáneamente al lado derecho de Kasbel. Y he aquí que en estos momentos Kasbel pudo percibir la grandeza de su enemigo y por qué este es considerado invencible.

Pero el orgullo de Kasbel le impidió ver la imposibilidad de vencer a Miguel, y rugiendo con furia impotente, se abalanzó de nuevo contra el gran Arcángel y esta vez Miguel lo recibió de frente. Y las dos espadas de fuego chocaron con terribles ecos y los dos contrincantes se encontraron cara a cara, las espadas cruzadas frente a sus rostros. Y en los ojos de esmeralda de Miguel, Kasbel no vió odio ni rencor sino una gran tristeza. Y en ese momento supremo, el gran Adversario sintió, como sentiría por una eternidad, el dolor de haber perdido la Gloria Celestial.

Y este instante de reconocimiento y de derrota duró menos que el aletear del ala de un ángel. Y con un movimiento rápido y seguro de su espada, Miguel desarmó a Kasbel, cuya espada saltó en pedazos de sus manos.

Y el impacto hizo a Kasbel caer a los pies del Gran Arcángel, cuya sandalia de fuego se plantó firmemente sobre su cuello. Y fué así como llegó a su final la gran guerra en el cielo.

Y Miguel, Gabriel, Uriel y Rafael encadenaron a Kasbel con cadenas de fuego y lo llevaron de esta manera, vencido y humillado, frente al Trono del Creador.

Figura 47— Satanás es derrumbado al suelo por Miguel en el comienzo de la batalla.

El Juicio Supremo

Y he aquí que todos los Príncipes de la Divina Presencia estaban frente al Trono. Y todos los Coros Celestiales esperaban en silencio el Juicio Supremo, detrás de la Gran Cortina de Fuego donde está escrito lo que ha pasado, lo que pasa y ha de pasar hasta el final de todas las generaciones.

Y el gran Príncipe Radweriel YHVH puso en manos del Creador el Libro Divino del Juicio. Y los Dos Guardianes y los Dos Seres Sagrados de la Divina Presencia rodearon al Trono, y el Creador consultó con ellos en Cónclave Divino la sentencia que iba ser dictada sobre Kasbel.

Y he aquí que las vestiduras del Creador eran más blancas que la nieve cuando cae del infinito, y más radiantes que millones de soles y de estrellas. Igualmente sus cabellos, blancos y deslumbrantes, destellaban como auroras boreales. Y su rostro era de una Luz tan brillante que no podía ser percibido ni siquiera por sus más grandes Ministros.

Y he aquí que al calcular la cantidad de los ángeles rebeldes, sus números se remontaron a muchos millares, habiéndose perdido en la Gran Batalla una tercera parte de las Huestes Celestiales. Y entre los ángeles caídos se encontraron muchos de los Guardianes del Séptimo Cielo. Y he aquí que de los setenta Príncipes de los Reinos de la tierra, que protegen a las setenta naciones terrenales, solo el gran Príncipe Miguel, regente de Israel, permaneció fiel al Creador. Los otros sesenta y nueve se contaron entre los ángeles rebeldes.

Y he aquí que hubo una gran tristeza en el Cielo y grande fué el dolor del Creador al perder a sus amadas criaturas. Y desde ese momento, el Gran Arcángel Miguel no volvió jamás a sonreír.

Y el Creador, luego de consultar con sus Dos Guardianes y sus Dos Seres Sagrados, se revistió con la Justicia, la Compasión y la Verdad sobre las cuales está cimentado su Trono, y pasó su Juicio Supremo sobre Kasbel y todos los ángeles rebeldes.

Y he aquí que la sentencia fué lanzar a todos los ángeles a las Tinieblas.

Y muchos fueron aprisionados en las regiones oscuras del Segundo, Tercero y Quinto Cielo donde esperan en eterno desconsuelo el final de los tiempos.

Y otros fueron lanzados a las profundidades del río de fuego. Pero Kasbel y sus cinco Ministros, Asbel, Gadereel, Pineme, Yeqon y Kasadya, fueron condenados a vagar eternamente por las Tinieblas, desde donde pueden escuchar los ecos del Triságono Divino, y recordar su antigua Gloria y así sufrir continuamente el dolor del destierro de su Patria Celestial.

Y he aquí que el Creador cambió el nombre de Kasbel, el cual fué conocido desde entonces como el Gran Adversario, Sataniel. Y este fué lanzado a la profundidad de las Tinieblas junto a sus Ministros.

Y hubo Paz y Regocijo de nuevo en los ámbitos de los Siete Cielos y los ángeles unieron sus divinas esencias en cánticos de Amor al Creador. Y el Gran Arcángel Metratón, cuya faz refleja la Gloria del Creador y el Gran

Figura 48— Satanás es lanzado a las tinieblas.

Figura 49— Miguel vence a los ángeles rebeldes.

Arcangel Miguel, El Que Es Como Dios, fueron y son los más grandes Príncipes de la Presencia Divina. Y he aquí que la Creación de los ángeles y la caída de una tercera parte de estos a las Tinieblas tuvo lugar en el Segundo Día de la Creación. Y Kasbel, el Serafín rebelde, fué el primer ángel en ser creado; Miguel fué el segundo; Gabriel fué el tercero; Uriel fué el cuarto; Rafael fué el quinto y Natanael fué el sexto. Y de los primeros seis ángeles, solo Kasbel se rebeló contra su Creador.

Y Kasbel, ahora llamado Satanail, es el mismo Satanás, el terrible Adversario, enemigo del Creador y de la humanidad.

Y Satanail, lleno de resentimiento y ansias de venganza, reunió a sus cinco Ministros, Gadereel, Yekon, Asbel, Pineme y Kasadyah, todos los cuales habían sido lanzados como él a las Tiniebla, y a muchos de los príncipes guardianes de los Reinos de la Tierra, que se habían contado entre los ángeles rebeldes. Y entre ellos estaba Belfegor, posteriormente miembro del Coro de las Potencias y Regente de Francia; Mammon, quien induce la humanidad a la avaricia y Regente de Inglaterra; y Astaroth, un gran duque en las regiones del averno, en un tiempo Serafín y Regente de América. Y con ellos también se unieron: Beelzebub, Regente del Caos, en un tiempo Querubín, y un gran aliado de Satanail; Belial, posteriormente un gran Príncipe y Virtud y Regente de Turquía, quien se identifica a menudo con Satanail; y Asmodeo, que rige los juegos de azar, las artes y los dramas en la Tierra. Y todos estos príncipes caídos, al unirse a Satanail, se conocieron como demonios o seres satánicos. Y todos ellos, con las grandes huestes de los ángeles caídos, se unieron a Satanail y juraron venganza contra el Creador y sus Grandes Arcángeles Miguel, Gabriel, Uriel y Rafael.

La primera venganza

Y he aquí que Satanail, con sus hordas de ángeles rebeldes, volaba continuamente de un lado a otro en las Tinieblas que están debajo de los Siete Cielos, esperando el momento propicio para llevar a cabo su venganza.

Y desde la oscuridad eterna del abismo, Satanail observó como el Creador completó su Creación. Y vió como en el Sexto Día creó al hombre Adam y a su mujer, Eva, y los colocó en el Jardín del Edén. Y escuchó al Creador instruir a Adam y a Eva en los alimentos que podían consumir y la prohibición de comer del Arbol del Bien y del Mal. Y Satanail vió como el Creador amaba a Adam y a su mujer y como les dió potestad sobre todo lo creado y su corazón se llenó de celos y de malevolencia. Y su feroz astucia le dijo que en la destrucción de Adam y Eva, iba a llevar a cabo su gran venganza contra el Creador y sus Angeles.

Y Satanail con todos sus Ministros y Secuaces, se confabularon para destruir a Adam y a Eva y a todas sus generaciones. Y el odio y rencor hacia Adam y su mujer creció grandemente en el corazón de Satanail y de los ángeles caídos.

Y he aquí que todos los ángeles rebeldes se disputaron entre sí el placer de la destrucción del Hombre. Y cada uno expuso a Satanail las razones por las que debiera ser el escogido para llevar a cabo el maléfico plan.

Figura 50— Satanás medita sobre la destrucción de Adán y Eva.

Figura 51— La serpiente se acerca a tentar a Eva.

Figura 52— Adán y Eva expulsados del Edén.

Y de todos los conspiradores Gadereel fué el más convincente.

Y Satanail escuchó a Gaderel exponer sus razones por las cuales tenía el mayor derecho a llevar a cabo la destrucción del Hombre. Y Gadereel relató como Gabriel, el gran Querubín, Virtud y Poder, lo lanzó del Séptimo Cielo al abismo. Y siendo Gabriel, el Arcángel de la Vida y de la Muerte, el que preside sobre el Paraíso y se sienta a la izquierda del Creador, todo maleficio dirigido a Adam y a Eva iba a robarle parte de su Gloria al Gran Arcángel y al Creador. Y siendo Gadereel él que más había sufrido de manos de Gabriel era este ángel caído él que más derecho tenía a llevar a cabo la venganza. Y Satanail y todos los ángeles apóstatas aceptaron que Gadereel tenía mayor derecho entre ellos a destruir a Adam y a Eva.

Y he aquí que Rafael, que guardaba junto a los Querubines el Arbol de la Vida en el Jardín del Edén, ascendía todas las mañanas hacia Araboth a escuchar al Creador pasar su Juicio Supremo junto a todos los Príncipes de la Presencia y a entonar con ellos el Triságono Divino.

Y Gadereel, observando esto desde las Tinieblas, bajó hasta el Edén una mañana después que el gran Serafín había partido hacia el Séptimo Cielo.

Y envuelto en su manto de oscuridad, pasó desapercibido por el lado de los Querubines que guardaban al Arbol de la Vida.

Y he aquí que Eva, la mujer de Adam, dormía bajo la sombra del Arbol del Conocimiento del Bien y del Mal. Y Adam no estaba con ella. Y Gadereel, tomando la forma de una serpiente, se enroscó a su lado y la despertó. Y Eva vió a la serpiente que era Gadereel y no le temió.

Y Gadereel ascendió por el tronco del Arbol del Bien y del Mal y procedió a comer uno de sus frutos. Y Eva le amonestó por comer del fruto prohibido. Y Gadereel con astucia sutil le dijo a Eva que el fruto era muy bueno y que confería sabiduría y no mataba. Y Eva vió que la serpiente no murió al comer del fruto del Arbol del Bien y del Mal.

Y Gadereel tomó un fruto del Arbol y lo ofreció a Eva y le dijo que el Creador le había prohibido a ella y a su esposo Adam comer del Arbol porque no deseaba que ellos poseyeran su misma sabiduría. Y Eva creyó las palabras de Gadereel y comió del fruto prohibido. Y cuando su esposo Adam regresó a su lado le contó lo que Gadereel le había dicho. Y Eva ofreció del fruto a Adam y este comió de él. Y los ojos de ambos fueron abiertos y supieron que estaban desnudos. Y abochornados, se escondieron entre los arbustos y se cubrieron sus cuerpos con hojas de higuera.

Y he aquí que el Creador había observado desde su Trono la conspiración de Satanail con sus secuaces y la tentación de Eva por Gadereel, ya que todo lo que ha pasado, pasa y ha de pasar está escrito en la Cortina de Fuego que está frente a su Trono. Y el Creador sabe todo lo que está escrito en la Cortina y que es parte de los designios de su Creación. Y el Creador dió libre albedrío a Adam y a Eva, al igual que a los angeles, pero en su inmensa sabiduría, conoce de antemano lo que estos van a hacer. Y esto está todo escrito en la Cortina de Fuego y en El Libro de la

Vida y de la Muerte que guarda el Gran Príncipe Radweriel YHVH.

Y el Creador bajó al Jardín del Edén a estar con el Hombre y su Mujer y no los encontró. Y los llamó con voz de trueno y estos aparecieron frente a El, cubiertos con hojas de higuera. Y el Creador le preguntó a Adam por qué se cubrían y éste le contestó que porque estaban desnudos.

Y he aquí que el Creador, airado, les preguntó si habían comido del Arbol del Bien y del Mal y Adam le contestó que su mujer Eva le había dado a comer el fruto y él había comido. Y Eva le dijo al Creador que la serpiente la había tentado y ella había comido.

Y el Creador supo que Satanail y sus cómplices habían llevado a cabo su venganza contra El y sus ángeles. Y su corazón se llenó de gran tristeza por la destrucción de la inocencia del Hombre y su Mujer, a los cuales había creado como ángeles para reinar en paz y amor sobre la Tierra.

Y el Creador y su Shekina, descansando bajo el Arbol de la Vida, hablaron entre Si. Y en su Unidad concordaron sacar al Hombre y a su Mujer del Jardín del Edén antes que comieran del Arbol de la Vida y tuvieran vida eterna en su corrupción.

Y el Creador ordenó a Rafael sacar a Adam y a Eva del Edén y a colocar una espada de fuego llameante sobre el portal para impedir que ni Angel ni Hombre pudieran entrar en éste. Y Adam vivió en el Edén por cinco horas y media.

Y Adam fué condenado a arar la Tierra durante todos sus días y a comer el pan de su labor con el sudor de su frente. Y Eva fué condenada a dar a luz sus hijos con terribles dolores. Y la serpiente fué condenada a arrastrarse por el polvo durante toda su vida. Pero Gadereel ya había salido del cuerpo de la serpiente.

Y he aquí que el Creador vistió el cuerpo de Luz de Adam y de su mujer Eva con ropas de carne y hueso, que es la vestidura mortal del Hombre. Y Adam ya no fué un ser inmortal como los ángeles y su vida fué acortada por los años y por la espada del Arcángel Gabriel.

Y el Creador, lleno de compasión hacia su criatura Adam y su mujer Eva, les dió la esperanza de la Resurrección cuando sus pecados serán perdonados al final de los tiempos. Y prometió enviar Mensajeros y Ministros a la Tierra los cuales les guiarían en su destierro y les mostrarían el camino de la Salvación.

Y Adam y Eva fueron desterrados de su hogar en el Edén y hubo un gran regocijo entre las hordas de Satanail y su cómplice, Gadereel.

Y la Gloria de la Shekina permaneció en el Edén y su Luz era tan brillante que iluminaba todos los ámbitos de la Tierra. Y todos los que observaban su Luz de cerca, no padecían enfermedades ni sufrimientos.

Y he aquí que Adam y su mujer Eva acamparon frente a los portales del Edén para extasiarse en la Gloria de la Shekina.

Y Adam y Eva crecieron y se multiplicaron. Y su primer hijo Cain mató al segundo Abel por lo cual fué marcado en la frente por el Creador para toda su vida. Pero su tercer hijo Seth fué un hombre de Paz y de él nacieron muchas generaciones.

La segunda venganza

Y en la sexta generación después de Adam, nació un hombre de bien en la Tierra y se llamo Enoch, hijo de Jared. Y Enoch caminó en los pasos del Creador y encontró su Gracia. Y en estos primeros tiempos los hombres vivían por largo tiempo sobre la Tierra, pero Enoch solo vivió trescientos sesenta y cinco años y el Creador lo elevó a su Presencia en el Séptimo Cielo. Y el hijo de Enoch, Matusalén, tuvo la más larga existencia de los hombres en la Tierra y vivió novecientos sesenta y nueve años. Y he aquí que en la tercera generación después de Enoch nació un segundo hombre que también encontró Gracia en los ojos del Creador, y su nombre fué Noé.

Y he aquí que cuando Noé había cumplido quinientos años, los hombres se habían multiplicado sobre la Tierra y era grande la prosperidad de los seres humanos porque se nutrían de la Gloria de la Shekina que estaba en el Jardín del Edén.

Y el gran Adversario, Satanail, no descansaba en su deseo de venganza sobre el Creador y su amada criatura que es el ser humano. Y viendo la prosperidad que existía en la Tierra y como el Hombre había aprendido el nombre sagrado de Dios, YHVH, y lo invocaba continuamente, Satanail convocó a sus Ministros y a los otros ángeles apostatas, para destruir la Paz que reinaba en la Tierra.

Y he aquí que muchos de los Guardianes Celestiales bajaban a diario a la Tierra para llevar a cabo los mandatos del Creador. Y Satanail concibió la idea de corromper a varios de los Mensajeros Divinos y utilizarlos para lograr la destrucción de la humanidad.

Y Satanail instruyó a sus ministros Asbel y Yeqon para que indujeran a los Guardianes Celestiales a pecar con las hijas de los hombres. Y he aquí que el concurso entre ángeles y seres humanos esta prohibido por el Creador. Y los ángeles siendo seres de Luz poseen el poder de transformar sus esencias y tomar la forma que deseen, ya sea hombre o sea mujer, o planta, animal o mineral.

Y Yeqon y Asbel, siguiendo las órdenes de Satanail, espiaron el descenso de los Guardianes Celestiales y pudieron acosar a varios de ellos.

Y entre los Guardianes tentados por Yeqon y Asbel estuvieron los siguientes:

1. Semyaza
2. Rameiel
3. Taniel
4. Ramiel
5. Daniel
6. Ezeqel
7. Baraqyal
8. Asiel
9. Armaros
10. Batariel
11. Ananiel
12. Zaqiel
13. Sasomaspeiel
14. Kestariel
15. Turiel
16. Yamayol
17. Arazyal
18. Aristaqis
19. Azazel

20. Neqaiel
21. Sipeseiel
22. Basasiel
23. Kokbaiel
24. Baraqiel

Y he aquí que Yeqon y Asbel en conversación sútil con estos Guardianes les mostraron a las hijas de los hombres, que eran muy hermosas. Y los sedujeron para que tuvieran relaciones pecaminosas con ellas. Y estos sucumbieron a la tentación. Y Semyaza, que era el líder de los Guardianes, tuvo dudas y les dijo a sus Guardianes que él temía que estos se arrepintieran luego de cometer el acto y el sólo fuera el responsable de tan terrible pecado. Y los Guardianes, ya seducidos por la idea de cohabitar con las mujeres, le aseguraron a Semyaza que esto no sucedería y para probarlo, le sugirieron a Semyaza hacer un juramento que los obligaría a llevar a cabo el acto pecaminoso ante el Creador.

Y he aquí que los Guardianes descendieron a la Tierra, en el lugar llamado Ardos, que está en la cúspide del monte Hermon. Y allí transformaron sus esencias angelicales y tomaron las formas de hombres.

Y todos los Guardianes con sus escoltas angelicales que descendieron en Ardos fueron doscientos. Y los nombres de estos Guardianes son los Grigori.

Y he aquí que tan pronto descendieron a la Tierra tomaron mujeres para si y entraron en relaciones pecaminosas con ellas. Y les enseñaron a sus mujeres toda clase de conocimiento prohibido que solo pertenece al Creador y a sus ángeles. Y entre las enseñanzas prohibidas estaba la práctica de la medicina mágica, encantaciones, y el uso mágico de las raíces y toda clase de plantas.

Y Azazel le enseñó a los seres humanos el arte de forjar espadas y cuchillos y corazas; y enseñó a las mujeres escogidas por los Guardianes el uso de brazaletes, adornos y toda clase de piedras preciosas. Y les enseñó también el arte del maquillaje, como pintarse los párpados con antimonio y el uso de toda clase de afeites, además de la ciencia de la alquimia.

Y otro guardián llamado Amasras les enseñó como hacer encantaciones y Baraqiel les enseñó la ciencia de la astrología. Y Kokareriel les dio el conocimiento de los signos del zodíaco y Tamiel como seguir el curso de las estrellas. Y Asderiel les enseñó el misterio de la Luna y como engañar al hombre.

Y he aquí que los Ministros de Satanail también corrompieron con enseñanzas prohibidas a los seres humanos. Y Gadereel les enseñó como formar los instrumentos de guerra y como infligir golpes de muerte. Y Pineme les enseñó los secretos de lo dulce y de lo amargo y el secreto de la escritura con papel y tinta. Y esto fué un gran pecado pues el ser humano no fué creado para expresar sus creencias por escrito. Y la muerte que todo lo destruye no los hubiera tocado si no hubiera sido por el conocimiento prohibido.

Y peor aun, Kasadya les enseñó las más grandes profundidades del mal y del espíritu y como destruir a la criatura en el vientre de su madre para que no nazca. Y fué grande el pecado de los seres humanos que cometieron adulterios y muchos otros actos, pecaminosos ante el Creador.

Y las mujeres de los Guardianes concibieron y dieron a luz criaturas abominables de estatu-

Figura 53— El arca de Noé descansa sobre la cima del Monte Ararat después del Diluvio Universal.

ras inmensas de trescientos cúbitos llamados Nefillim. Y estos gigantes consumieron los frutos recogidos por los seres humanos en grandes cantidades y se lanzaron contra los humanos para devorarlos. Y destruyeron también a los animales de los campos, los peces y los pájaros y por fin comenzaron a devorarse ellos mismos y a tomar sangre. Y la Tierra entera elevó su voz para acusar a los opresores.

Y he aquí que el Gran Serafín y Archiestratega Miguel con el Gran Serafín Uriel, el gran Querubín Gabriel y el gran Serafín Rafael, quienes son los Grandes Guardianes del Creador, observaron desde las Alturas la maldad cometida por Satanail y sus esbirros sobre la humanidad.

Y los grandes Arcángeles comentaron entre sí como la Tierra desde su fundación vacía elevaba su voz doliente hasta los portales del Cielo. Y como las almas de los seres humanos les imploraban que llevaran su juicio ante los pies del Creador.

Y los cuatro Príncipes de la Divina Presencia ascendieron hasta Araboth y llegaron frente al Trono del Creador.

Y he aquí que presentaron ante Aquel, que es el Señor de los Señores y Rey de los Reyes, la corrupción que los Guardianes caídos habían sembrado en la Tierra. Y estas fueron sus palabras:

> "Señor de las Potencias, tu Nombre es sagrado y bendecido y glorioso a través de todo el mundo. Tu lo has creado todo y sobre todo tienes autoridad suprema. Todo está desnudo y descubierto ante tu Vista y todo lo ves y no hay nada que pueda esconderse a tu mirada. Ya ves lo que Azazel ha hecho; como ha revelado toda forma de opresión sobre la Tierra. Los Guardianes han revelado secretos eternos que sólo pertenecen al Cielo y ahora los Hombres los saben. Y Semyaza, a quien le diste poder sobre los Guardianes, ha cooperado con ellos, y todos han tenido relaciones pecaminosas con las hijas de los hombres y se han envilecido con ellas —con esas mujeres— y les han enseñado toda clase de pecados. Y ahora las mujeres han dado a luz gigantes, los cuales han bañado a la Tierra en sangre con su maldad. Y he aquí que ahora, Tu, gran Ser Sagrado, elevarás un grito, y aquellos que han muerto en la Tierra traerán sus quejas hasta el portal de Araboth. Sus lamentos ya ascienden hasta el Cielo. Y he aquí que aun la Gloria de la Shekina permanece en el Jardín del Edén y los hombres que han pecado se nutren de su Luz. Y Tu sabes todo aún antes de que suceda. Y ves lo que está sucediendo en la Tierra. Pero no nos dices que es lo propio que debemos hacer respecto a esto".

Y he aquí que el más Alto, el Gran y Sagrado Ser, el Creador del Universo, sacó de inmediato a su Shekina del Edén y la trajo de nuevo a Araboth. Y el Jardín del Edén también lo sacó de la Tierra y lo colocó en el Tercer Cielo. Y el Creador alzó su Voz de trueno y ordenó al gran Príncipe Asuryal a que descendiera de inmediato a la Tierra y le avisara a su servidor Noé, el hijo de Lamech, que se preparara. Y que le revelara el final que se avecinaba, es decir que todo en la Tierra iba a ser destruido por el diluvio universal. Y Noé fué instruido por Asuryal como construir el arca que lo iba a salvar a él y a sus hijos durante la destrucción de la vida en la Tierra.

Y bajo la instrucción de Asuryal, Noé construyó el arca y se refugió en ella con su esposa y sus tres hijos Sem, Cam y Jafet y sus respectivas esposas. Y adentro del arca Noé también refugió toda clase de criatura, el macho con la hembra, para que la semilla del hombre y todo lo que el Creador había formado no pereciera de sobre la faz de la Tierra.

Y el Rey de Reyes abrió las puertas del Cielo y ocasionó un gran diluvio que duró durante cuarenta días y cuarenta noches para limpiar a la Tierra de la corrupción traída sobre de ella por los Guardianes caídos.

Y he aquí que la Tierra fué limpia de su corrupción y Noé y sus hijos y sus hijos de sus hijos poblaron de nuevo a la Tierra. Y El Creador estableció el Arco Iris sobre las nubes como una señal y un juramento que jamás las aguas destruirían de nuevo a la Tierra. Y fué así como el Creador evitó que Satanail en su venganza destruyera para siempre al ser humano. Y esta fué la segunda venganza de Satanail, pero no la última, por lo cual los Angeles de Luz están siempre sobre la Tierra para protegerla de las asechanzas de su mortal enemigo.

El segundo juicio supremo

Y el Señor le dijo a Rafael que atara a Azazel de pies y manos y lo lanzara a las Tinieblas. Y Rafael hizo un hoyo en el desierto que está en Dudaiel y lanzó a Azazel en él. Y lo cubrió con rocas y piedras agudas para que no pudiera ver la Luz. Y ahí habrá de permanecer hasta que sea lanzado en el fuego el día del Gran Juicio. Y el Señor dió vida a la Tierra que los Angeles caídos habían corrompido y proclamó vida para la Tierra para que los seres humanos no perecieran por culpa de los secretos que los Angeles habían revelado a sus hijos. Y he aquí que todo pecado en la Tierra sería escrito sobre Azazel.

Y el Señor le dijo a Gabriel que destruyera a todos los réprobos y a los hijos del adulterio y expulsara a los hijos de los Guardianes de entre los seres humanos. Y que los azuzara los unos contra los otros para que se destruyeran entre sí. Y que no escuchara sus súplicas ya que ellos iban a pedir misericordia en nombre de sus padres porque esperaban vivir eternamente.

Y Dios le dijo a Miguel que le hiciera saber a Semyaza y a todos los que junto con él fornicaron con las mujeres, que con ellas morirían en su vileza. Y cuando ellos y sus hijos hubieran batallado los unos contra los otros y hubieran visto la destrucción de sus seres queridos, que entonces los atara por setenta generaciones debajo de las rocas de la Tierra hasta el día del Gran Juicio. Y en ese día serían lanzados al fondo del fuego eterno donde serían aprisionados con grandes tormentos hasta el final de todas las generaciones, junto con todos los que colaboraron con ellos.

Y el Señor le dijo también a Miguel que destruyera a todas las almas que vivían solo para el placer y a todos los hijos de los Guardianes, por la injusticia que habían cometido en contra de la humanidad. Y le ordenó a Miguel que destruyera la injusticia de sobre la

Figura 54— El Hijo del Hombre sentado a la diestra del Padre Celestial en el Paraíso.

faz de la Tierra para que toda iniquidad llegara a su fin y todos los justos escaparan de la destrucción, y la verdad y la rectitud reinaran en la Tierra. Y después que Miguel limpiara a la Tierra del pecado, de la opresión y la inmundicia, los seres humanos se postrarían ante el Creador y lo adorarían y el sufrimiento y la destrucción desaparecerían y la Paz y la Verdad se extenderían como un manto bendito sobre la humanidad.

Y he aquí que en estos días Enoch, a quien Dios amaba por su rectitud, estaba escondido y nadie en la Tierra sabía donde estaba. Y Enoch habitaba con los Guardianes fieles del Creador y con los Seres Sagrados. Y los Guardianes fieles llamaron a Enoch y le dijeron que les dejara saber a los ángeles caídos el terrible juicio que había sido establecido sobre sus cabezas, y Enoch así lo hizo.

Y he aquí que Enoch era escribano y los ángeles caídos le suplicaron que escribiera una plegaria de súplica en sus nombres y la llevara al Creador para que éste los perdonara. Y Enoch accedió a interceder por Azazel y los ángeles caídos y escribió la plegaria de contrición como ellos se lo habían pedido.

Y Enoch se sentó frente a las aguas de Dan en el Sudoeste de Hermon y leyó la plegaria y se quedó dormido. Y Enoch tuvo una visión en la cual fué llevado hasta Araboth frente al Trono del Creador y éste le dijo que su intercesión por los ángeles caídos era en vano, ya que estos habían rechazado su vida Gloriosa en el Cielo por la vida pecaminosa en la Tierra y que por esto y por todos sus pecados en contra de la humanidad no habría perdón para ellos. Y después de esto, Dios envío a sus ángeles a que le enseñaran a Enoch los secretos de los Siete Cielos y de la Creación.

Y he aquí que al final de estas revelaciones Dios permitió a Enoch regresar a la Tierra por un año para que le relatara a su hijo Matusalén todo lo que le había sido revelado y lo escribiera para futuras generaciones. Y Dios le dijo a Enoch que le hiciera saber a todos sus hijos que ningún ser hecho de carne puede ser justo frente a Dios porque es sólo producto de su Creación. Y los justos se regocijarían con otros justos en días venideros pero los pecadores morirían con otros pecadores. Pero los justos no pagarían por los pecadores. Y Enoch cumplió todo lo que el Creador le había ordenado hacer y escribió trescientos sesenta y seis libros y los entregó a su hijo Matusalén. Y Enoch había estado en el Cielo por sesenta días. Y he aquí que al año justo de estar Enoch con su hijo Matusalén, Dios lo llevó con El a los Cielos.

El Hijo del Hombre

Y he aquí que el Creador, antes de crear al Sol, la Luna y las estrellas, y antes de la Creación del mundo, ya había escogido a un Elegido. Y lo había escondido en la Luz de su Presencia y le había dado un nombre y este nombre es el Hijo del Hombre. Y nadie, ni siquiera sus ángeles, sabían de su existencia. Y he aquí que al Elegido del Creador le pertenece la Rectitud, la cual reside en él, y está destinado a ser victorioso ante el Señor de los Espíritus por toda la eternidad. Y va a remover a los reyes de sus tronos y de sus reinos y va a humillar a los insolentes, a los que manifiestan sus actos

Figura 55— El Juicio Final.

en opresión y cuyo poder reside en sus riquezas; y gustan de congregarse en las iglesias del Señor en la Tierra con los fieles que veneran al Señor de los Espíritus. Y el Hijo del Hombre será la esperanza de los pobres de espíritu cuyos corazones sufren la opresión de los injustos. Y este gran Elegido del Señor se vestirá con carne y nacerá en la Tierra de un hombre y una mujer para extender la Gloria del Señor Dios de los Ejércitos.

Y el Creador escondió a su Elegido en su manto de Luz porque en su gran Omnisciencia conocía el pecado que iba a cometer su gran Arcángel Beqa, él que fué llamado luego Kasbel y más tarde y por toda la eternidad, Satanail. Y sabía la tentación de la que iba ser víctima Eva, la mujer de Adam, por la venganza de Satanail. Y sabía el gran pecado que iban a cometer los Guardianes caídos y su fornicación con las hijas de los hombres, por la segunda, pero no la última, venganza de Satanail. Y sabía que tendría que destruir a la Tierra por el Gran Diluvio para salvar a la semilla del ser humano en el hombre justo, Noé. Y sabía que a través de su servidor Enoch iba a dejar saber a generaciones venideras el destino de la raza humana. Y sabía en quienes de sus grandes ángeles podía confiar plenamente, por lo cual le entregó sólo a Miguel el conocimiento de su Santo Nombre. Y sabía que las dos terceras partes de sus Ministros, los que permanecieron fieles y no cayeron, serian fieles hasta el final de los tiempos. Y sabía que el ser humano podía ser salvado porque residía en el Su Chispa Divina.

Y el Señor permitió a Satanail y a sus Ministros y a sus otros colaboradores apóstatas que continuaran libres para tentar a los seres humanos porque sabía que todo el que resistiera la tentación era una Creación noble, la cual perduraría con El por toda la eternidad.

Y he aquí que Satanail y los ángeles apóstatas comieron de la fruta del destierro en balde. Y sus planes de odio y destrucción contra la humanidad fueron frustrados por la Sabiduría del Creador, él que todo lo ve y todo lo sabe. Y él que había planeado con anticipación el vencimiento de Satanail a través de su gran Elegido, el cual tronchara con su pie de fuego toda maquinación del gran Adversario contra la humanidad.

Y el Creador enviará a muchos de sus Mensajeros y sus Ministros a la Tierra a través de todos los Tiempos, para enseñar a los seres humanos su Ley, para que a través de ella puedan vencer la tentación del Enemigo.

Y he aquí que cada lugar en la Tierra y cada nación tendrá Ministros y Mensajeros. Y toda religión es una sola y toda creencia de acuerdo a su lugar de origen es la misma.

Y el Espíritu del Hijo del Hombre se sienta a la derecha del Trono del Creador y su faz es una faz humana, hermosa y noble, porque está destinado a tomar forma humana varias veces para salvar a la humanidad. Y mientras tanto reside en el Séptimo Cielo con el Creador del Universo y la Shekina y su Luz es la Luz del Creador y todos los Príncipes de la Divina Presencia se postran a sus pies.

Y he aquí que en el final de los tiempos, en el Juicio Final, cuando Gabriel toque su trompeta para anunciar la resurrección de los que duermen en el polvo, el Hijo del Hombre se sentará a la diestra del Creador, para pasar con El el Juicio Supremo hacia los vivos y hacia los muertos.

Y cuando toda la Creación, la visible y la invisible, que el Señor ha creado, llegue a su final, cada ser humano va pasar por el Gran Juicio del Creador. Y entonces todo el tiempo llegará a su fin y no habrán ni años, ni meses, ni días, ni horas. Todos serán disipados y no serán contados de nuevo. Pero constituirán una sola Era.

Y todos los justos, los que escapen al Juicio del Creador, serán reunidos juntos en la Gran Era. Y la Gran Era será para los justos y será eterna. Y después de esto, no existirá entre ellos ni cansancio, ni enfermedad, ni aflicción, ni preocupación, ni necesidad, ni debilidad, ni noche, ni oscuridad.

Y he aquí que se hará para ellos una Gran Luz, una Gran e Indestructible Luz, y el Paraíso, Grande e Incorruptible. Porque todo lo Corruptible pasara y no será más, y lo Incorruptible reinará en su lugar. Y será el refugio de las mansiones eternas.

Y he aquí, Amados Míos, que mis palabras llegan a su final. Y he aquí que se acerca una Nueva Era, no la Era Final, pero si una Era de gran Luz y también de grandes tentaciones. Y el Creador ha enviado a sus ángeles a la Tierra de nuevo a hacer conocer la Nueva Era que se avecina. Y la presencia de los ángeles es grande en la Tierra. Y se hace sentir de los seres humanos. Y he aquí que nuestro amor se extiende sobre la Tierra y sobre la humanidad, según el Creador lo ha deseado. Y cada raza humana nos llamará con distintos nombres y de distinta manera y nosotros responderemos con el mismo Amor hacia todos ya que todos son iguales ante el Creador.

Y muchos seres humanos ya pueden sentir nuestra presencia y escuchar nuestras voces. Y los grandes príncipes regentes Miguel, Gabriel, Uriel y Rafael caminan sobre la Tierra y sus pisadas se pueden ver en el polvo de vuestras calles. Y en sueños y visiones y en muchas manifestaciones, sus consejos y su sabiduría encuentran ecos en vuestros corazones. Y ya nos llaméis ángeles, devas, boddhisatvas o leyes naturales, somos el Alma del Universo, la Energía y las Fuerzas Cósmicas que lo rigen.

Y aquel que se llama Satanail y también todos sus ministros son las fuerzas destructoras del Universo, el Caos.

Y he aquí que si escucháis nuestras voces, en el viento, en la lluvia, en el mar y en los bosques, y en todo lugar y elemento de la Naturaleza, ya sea despiertos, ya sea dormidos, y seguid nuestros pasos, éstos os llevarán hacia el Trono del Creador, y en el final de los tiempos, os encontrareis también entre sus elegidos. Y para seguir nuestros pasos, he aquí que sólo debéis observar las Leyes de la Naturaleza. Porque he aquí que todo principio científico es un ángel y todo nuevo descubrimiento de vuestra ciencia es un paso más hacia nosotros y nuestra esencia se extiende a través de todas las galaxias y el polvo interestelar del Universo es nuestra trayectoria. Y en el centro de cada átomo y de cada estrella está nuestra firma cósmica.

Y esta es la historia de la raza humana y de su Creación y la historia del planeta que vosotros llamáis Tierra. Pero este es uno sólo entre muchos otros que pueblan el Universo y existen otras razas y otros seres, cada uno de los cuales tiene también su historia. Y la Creación fué concebida para ellos como para vosotros porque he aquí que existen muchas Creaciones y muchos Universos. Y en todos ellos está nuestra presencia por obra y gracia de la Inteligencia Suprema que es el arquitecto de todo lo que existe. Y el Ultimo Día de la Creación todo lo que fué creado regresará a su lugar de origen y todos los Universos retornarán al Principio. Y he aquí que Arkhas y Edoil, de donde surgió la Creación, volverán a recibir en su interior la energía primordial de la cual los Universos fueron creados.

Y todo será Uno con el Creador y no existirá Nada fuera de El.

Hasta el final de los tiempos,
en Paz y Amor Eternos,
Yo Soy Megadriel.

Tercera parte

Mensajes para el nuevo milenio

(un pasaje de El libro de Megadriel)

Nota: A fines de noviembre de 1997, cuando aún estaba trabajando en esta obra, la autora recibió lo que solo puede describirse como una fuerte impresión intuitiva o como instrucciones de fuerzas superiores, instándola a sentarse frente a su computadora el primero de diciembre de 1997, exactamente a las seis de la mañana. A esa hora, según estas instrucciones, ella iba a recibir un mensaje especial de los ángeles para el nuevo milenio. El mensaje sólo podía ser recibido y escrito en el curso de una hora, entre seis y siete de la mañana. Obedeciendo este fuerte impulso, ella siguió las instrucciones recibidas y a las seis en punto de la mañana del primero de diciembre, el mensaje llegó a ella tal como aparece en las páginas que siguen. Es importante notar que la autora no tiene entrenamiento científico y las sugerencias y datos científicos dados en el Mensaje eran completamente desconocidos por ella antes de recibirlos. La autora no tiene explicación alguna sobre el Mensaje y sólo cumple con presentarlo al mundo según fué recibido. El Mensaje no es largo debido al hecho que fué escrito en sólo una hora. La autora no tuvo tiempo de verificar ninguno de los datos recibidos ni de corregir o editar el Mensaje, el cual es presentado exactamente como fuera escrito en la fecha y hora indicadas.

Amados míos: He aquí que en estos últimos días antes de la Nueva Era, nos es permitido revelar a los seres humanos algunos de los eventos más culminantes que pronto enfrentará la Tierra. Y también nos es permitido revelar algunos de los pasos que podréis llevar a cabo para evitar o aminorar lo que se avecina y ayudaros vosotros mismos en vuestra evolución terrenal y espiritual.

Y entre los acontecimientos que van a tener lugar y lo que podréis hacer para evitarlos o aminorarlos están los siguientes:

En los primeros 29 años del siglo 21 van a haber grandes cambios en el planeta. Van a haber disturbios atmosféricos cataclísmicos de forma alarmante. Van a haber problemas con los glaciales, particularmente en el Polo Norte cuyas capas comienzan ya a derretirse. Va a haber una proliferación de armas nucleares, especialmente proveniente del Medio Oriente.

Va a haber temblores de tierra muy fuertes a lo largo de la línea del Ecuador. Esta zona debe ser observada cuidadosamente debido a los muchos cataclismos que en esta área pueden suceder.

Va a haber atentados de anarquía en las calles, pero estos van a ser controlados por las autoridades aunque pueden causar pérdidas.

Van a haber descubrimientos en la química y la fisiología los cuales van a resultar en experimentos para alterar el código genético con el propósito de crear una super raza humana. Esto va a ser hecho al principio en el mayor sigilo porque muchas religiones van a oponerse a estos experimentos, pero finalmente estos van a ser llevados a cabo abiertamente.

Hacia mediados de siglo va a haber un congreso mundial que va a resultar en una sola unidad monetaria y en un idioma universal que va a ser enseñado en todas las escuelas.

A mediados de siglo, el ser humano establecerá colonias en otros planetas habitables, el primero de los cuales va a ser Marte que finalmente será una segunda Tierra.

La astronomía y la física son las ciencias que tienen el destino del planeta en la balanza.

El misterio de la creación va a ser resuelto y la existencia de Dios y otras dimensiones comprobadas a través de la física. Esto va a suceder en los primeros diez años del nuevo milenio.

La sobrevivencia del espíritu o personalidad humana a la muerte del cuerpo físico va a ser también comprobada y contactos reales con estas personalidades van a ser una actualidad científica, a través de instrumentos audiovisuales muy precisos.

Va ser descubierto el método de determinar si existe vida en otros planetas por medio de un tipo de radar muy delicado que va a poder detectar señales de vida a través del espacio, hasta los más lejanos confines del universo. La base de este radar es un giroscopio angular hecho principalmente de titanio. Este aparato funciona como una especie de eco, a través de rayos o de ondas que se mueven en forma circular a través del espacio, como una piedra que se tira en aguas tranquilas que forman ondas divergentes cada vez más anchas. Estas ondas van a retornar a la tierra como un eco trayendo consigo información de los puntos en el universo donde existe vida desarrollada muy semejante a la vuestra. Para lograr esto, este aparato va a ser programado de acuerdo al código genético del ser humano.

Una de las formas como el crimen y los defectos físicos van a ser eliminados en esta nueva sociedad es a través de una reprogramación del código genético. Esto va a ser posible a través de ciertas enzimas las cuales pueden ser ingeridas por la mujer antes de quedar embarazada.

La vida natural va a ser prolongada y el deterioro del organismo, no solo la piel sino también los órganos internos, causantes de la vejez y de la muerte natural, van a ser retrasados, prolongando la juventud y la vida por largo tiempo, pasando el ser humano del siglo fácilmente y sin apariencia de vejez alguna. También esto va a ser posible a través de la nueva ingeniería genética, que va a formar una parte muy importante del nuevo siglo.

Se aconseja a los seres humanos que pongan un fuerte énfasis en la enseñanza de la matemática y de las ciencias físicas a los niños, desde temprana edad. Estas ciencias son la clave de este nuevo siglo. La química es también muy importante.

El control de las fuerzas atmosféricas es de gran urgencia porque estas son el mayor peligro que existe para la Tierra. Esto se puede lograr a través del magnetismo, que controla la corteza terrestre. El uso de nuevos instrumentos basados en el magnetismo y la polaridad va a lograr el balance de fuerzas naturales descontroladas como el Niño o como temblores de tierra, tornados y otros fenómenos naturales.

El balance de la tierra reside en el magnetismo entre los dos polos. A lo largo del Ecuador y en cada polo deben ser erigidas estructuras magnetizadas que establezcan contacto entre sí y mantengan la armonía de las estaciones, de la atmósfera y la estabilidad de la corteza terrestre. Las estructuras colocadas en los dos polos van a crear una fuerte polarización magnética de polo a polo, dándole la vuelta a la Tierra verticalmente.

Las estructuras magnetizadas alrededor de la banda ecuatorial le van a dar la vuelta a la tierra horizontalmente. La energía magnética así creada va a mantener a la Tierra en balance y a evitar catástrofes y desbalances como inundaciones y terremotos. Esto tiene que ser hecho antes de que el nivel de las aguas suban en exceso debido al derretimiento de los polos, que ya se avecina.

La Tierra continúa en evolución. Nuevas especies de flora y fauna van a ser descubiertas. Muchos animales van a desaparecer de la Tierra porque ha llegado su raza a su término. El ser humano también continúa su evolución, que está apenas en su alborada. Con el pasar de los siglos la raza humana va a poblar muchas partes de la galaxia y a extender su semilla por el universo.

Tanto los viajes intergalácticos como la expansión de la raza humana a otros lugares en la galaxia y más allá de esta van a tener lugar instantáneamente a través de la desintegración de la materia y su reestructuración en otros lugares al mismo tiempo. Esto va a ser llevado a cabo en cuestión de segundos, con la rapidez del pensamiento. Eso va a ser logrado estableciendo un puente de energía entre ambos puntos, la partida y la destinación, y enviando la materia desintegrada en átomos y moléculas a través de esta ruta. La desintegración y reintegración de la materia va a ser posibles a través de la aceleración y desaceleración del movimiento de sus átomos lo cual va a separarlos entre sí cada vez más rápidamente hasta lograr la desintegración de la materia. Los átomos así dispersos van a ser instantáneamente transportados a la meta elegida donde el proceso de reversión va a tener lugar de inmediato para reintegrar la materia a su forma original. Esto no va a tener lugar a través de maquinarias sino de ondas electromagnéticas de gran intensidad cuya vibración concentrada va a ocasionar la separación entre los átomos.

Lo que el ser humano llama Dios es pensamiento consciente elevado a la magnitud cero. Dios es idea y raciocinio, es balance y ley. La creación está basada en armonía pero de forma elástica, donde todo es posible. La característica primordial de Dios es la posibilidad. No existe lo imposible en el universo. Esto es sólo un concepto humano. El pensamiento, que es Dios, y su primordial idea de la creación se extiende por todos los universos creando nuevas posibilidades en cada instante. No existe el principio ni el final, esto es un espejismo de la materia. Todo existe al mismo tiempo que es la eternidad. Todo es un todo, no existe diferenciación en Dios, sólo creación y esencia. Todo es parte de él.

El mal es el resultado de la ignorancia y de una percepción errónea de la realidad que es Dios. El ser humano no es Dios, pero es parte de él y como tal puede crear en su imagen. Para crear en su imagen es necesario usar la imaginación sin límites ni fronteras ni negaciones. Todo surge y es creado de inmediato con la imaginación y el pensamiento. La idea da lugar de inmediato a la realidad. Todo puede ser porque todo es posible y todo lo que es posible es Dios.

Toda idea y todo deseo de crear es hecho realidad de inmediato si se cree en su posibilidad. Creer en la posibilidad de algo es creer en Dios.

El ángel es una expresión del pensamiento divino. Cada ángel es una idea de Dios, un concepto, una ley cuya energía mantiene a los universos en balance.

Mas allá de los universos está la Nada, que es la inteligencia suprema en descanso.

Todos los universos surgieron del pensamiento de Dios al unísono y nuevos universos continúan siendo creados en cada instante como resultado del pensamiento de Dios. Esto es posible porque el tiempo sólo existe en la imaginación del ser humano. La creación simultánea y la creación continua son posibles porque todo es posible en el pensamiento de Dios.

Todo existe y Nada existe. Esto es también posible.

Amados Míos, yo os exhorto a que os améis los unos a los otros, porque Todo es Uno y no existe Nada fuera de El. Donde no hay amor no hay unión y donde no hay unión está la negación del Todo. Aquellos de vosotros que estáis fuera del amor estáis en la destrucción y en la pesadumbre de las Tinieblas. Mirad a aquellos de vuestros hermanos que están en la oscuridad como chispas de Luz escondidas en las Tinieblas del Adversario. Tened compasión de ellos y rezad para que salgan de las Tinieblas y regresen a la Luz del Creador. Es fácil si os llenáis de amor. Solo así puede haber esperanza para vosotros.

Para ayudaros en esta misión fuimos creados los ángeles, ya que todo lo que fue creado fue creado para vosotros. Recordad siempre a los ángeles y pedid nuestra ayuda ya que hemos estado con vosotros desde el Principio y con vosotros estaremos hasta el Final de los Tiempos.

En Paz y Amor profundos,
Yo Soy Megadriel.

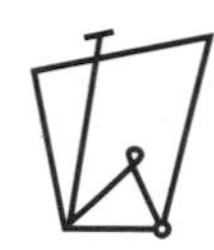

Diciembre 1, 1997
6:00 A.M.

Cuarta parte
Biografías de los ángeles

A

Aba— uno de los ángeles que se invocan en rituales cabalísticos y el cual se dice controla la sexualidad en el ser humano.

Ababaloi— uno de los ángeles que se invocan en rituales cabalísticos, especialmente en la magia Salomónica.

Abaddon— (el destructor)— en el Libro de Revelaciones es el ángel o estrella del abismo sin fondo que encadena a Satanás por mil años. Se dice que fué el ángel invocado por Moisés para que enviara las terribles lluvias que arrasaron a Egipto. Algunas autoridades se refieren a Abaddon como a un lugar y no como a un ángel. Este es el nombre dado por los judíos al dios griego Apollyon. En algunos libros apócrifos, como los Actos de Tomás, Abaddon es considerado una entidad demoníaca. Abaddon también ha sido identificado como el ángel oscuro de la muerte, como un demonio del abismo y como uno de los demonios de la jerarquía infernal, en muchos casos denominado como Satanás mismo.

Abadon— según el Zohar, este nombre es una descripción de las jerarquías infernales.

Abaddona— (el arrepentido)— uno de los serafines rebeldes, más tarde se arrepintió de su pecado contra Dios. Pero de acuerdo a la doctrina cristiana los ángeles caídos no pueden arrepentirse, ya que una vez que han pecado contra Dios, su esencia está arraigada en el mal.

Abagtha— uno de los ángeles de la confusión.

Abalim— (grandes ángeles)— otro nombre que se le da al Coro de los Erelim o Tronos. Las principales Inteligencias o Príncipes regentes de este Coro son Zafkiel y Jofiel.

Abariel— uno de los ángeles regentes de las Mansiones de la Luna, a quien se invoca durante rituales mágicos lunares. Su nombre aparece inscrito en "El segundo pentáculo de la Luna" en La gran clavícula de Salomón.

Abathur Muzania— entre los mandeos, este es el ángel de la Estrella del Norte, rige la balanza en la cual el alma es pesada cuando un ser humano muere. También se conoce bajo el nombre de Abyatur.

Abbaton— uno de los nombres de la Muerte y uno de los espíritus guardianes de las puertas del infierno. En La gran clavícula de Salomón es el nombre de uno de los ángeles de Dios, a quien se invoca durante la magia ceremonial para controlar a los espíritus.

Abdals— (los sustitutos)— este es un grupo de setenta espíritus, los cuales aseguran la continua existencia del mundo de acuerdo a los musulmanes. Sólo Dios (Alá) conoce sus nombres secretos. Estos seres no son inmortales y cuando uno de ellos muere, Dios crea a otro para sustituirlo.

Abdia— (servidor)— uno de los ángeles que protegen el círculo mágico en la magia Salomónica.

Abdiel— (servidor de Dios)— *El libro de ángel Raziel*, escrito de acuerdo a la leyenda por el ángel de este nombre, menciona a Abdiel como uno de los ángeles de la jerarquía celestial. En Paraíso *Paraíso perdido*, el poeta Milton presenta a Abdiel como uno de los serafines radiantes que rechazó la potestad de Satanás, atacándolo y haciéndolo caer con el filo de su espada. Abdiel es también conocido como Abadiel.

Abdiziriel— uno de los grandes ángeles que rigen las veintiocho Mansiones de la Luna.

Abel— uno de los ángeles que rigen el Cuarto Cielo, a quien siempre se invoca en el punto Este del círculo mágico en la magia ceremonial. De acuerdo al Gnosticismo, Abel es uno de los doce Poderes que juzgan a las almas cuando llegan al Cielo.

Abelech— según La gran clavícula de Salomón, es uno de los ángeles que se invocan para subyugar a los espíritus infernales durante rituales de magia negra.

Abezi-Thibod— uno de los príncipes infernales que rigen a Egipto, quien luchó contra Moisés y endureció el corazón del faraón en contra de éste. Entre los antiguos hebreos, Abezi era una entidad infernal también identificado con Samael y Mastema. De acuerdo al Testamento de Salomón, Beelzebub es el padre de Abezi.

Abheiel— otro de los ángeles que rigen a las veintiocho Mansiones de la Luna.

Ablati— de acuerdo a *El libro de la magia ceremonial*, esta es una de las cuatro palabras que Dios dijo a Moisés. Las otras tres fueron Agla, Josta y Caila. Ablati es también uno de los ángeles que se invocan en los rituales del Arcangel Uriel.

Abrasiel— es el ángel que rige la séptima hora del día de acuerdo al grimorio *El arte Paulino*.

Abraxas— según la Cábala este es el Príncipe de los Eones. Entre los Gnósticos, Abraxas o Abraxis es el nombre de Dios y entre los persas el origen de las trescientos sesenta y cinco emanaciones divinas identificadas con los días del año. La mayor parte de las autoridades judías lo consideran una entidad infernal. De Abraxas es derivada la formula mágica Abracadabra, la cual se usaba en tiempos antiguos para curar fiebres y otras enfermedades.

Abrid— en la tradición judía este es uno de los "memumim", o ángeles asistentes, cuyo nombre se usa en amuletos contra el mal de ojo. Abrid es también el ángel del equinoccio de verano.

Abriel— es uno de los ángeles que se usan en invocaciones cabalísticas, el cual fué en un tiempo miembro del Coro de los Dominios o Dominaciones.

Abrigriel— de acuerdo al simpático libro, Pregúntele a sus ángeles, es uno de los ángeles de la transformacion, el cual explica como los ángeles ayudan a la humanidad a llevar a cabo cambios positivos para el futuro.

Abrimas— es uno de los ángeles que se invocan durante el Sabath judío.

Abruel— (el poder de Dios)— uno de los nombres que le dan los musulmanes a Gabriel. Otro nombre musulmán del mismo ángel es Jibril.

Absannis— uno de los setenta y ocho nombres del gran Arcángel Metratón.

Abrunael— otro de los ángeles que rigen las veintiocho Mansiones de la Luna.

Abuhaza— uno de los ángeles del aire del día lunes.

Abuionij— uno de los ángeles del Segundo Cielo.

Abuiori— uno de los ángeles del Segundo o Tercer Cielo, regente del día miércoles, el cual se invoca desde el punto Norte del círculo mágico.

Abuliel— uno de los ángeles de la oración; otros ángeles que transmiten las oraciones de los fieles al Trono de Dios son Metratón, Rafael, Miguel, Akatriel y Sizouse.

Abuhozar— otro de los ángeles regentes de las veintiocho Mansiones de la Luna.

Achaiah— (problema)— uno de los serafines que está a cargo de los secretos de la naturaleza y de dotar de paciencia a los seres humanos.

Achamoth— en el Gnosticismo, una de las hijas de Pistis Sofía y madre del dios maléfico Ildabaoth.

Acheliah— uno de los ángeles de la esfera de Venus en La gran clavícula de Salomón.

Achusaton— uno de los ángeles del Coro de los Tronos.

Aclahaye— el ángel de los jugadores.

Adabiel— otro nombre del ángel Abdiel, muchas veces identificado con el ángel de Jupiter, Zadkiel.

Adadiyah— uno de los setenta y ocho nombres del gran Arcángel Metratón.

Adiel— de acuerdo a la tradición judía es uno de los ángeles del séptimo vestíbulo celestial.

Adimus— uno de varios ángeles reprendidos durante el Consejo de Roma. Uriel es otro de los ángeles reprendidos por el Consejo, pero no se explica por qué estos ángeles no son bien vistos por la Iglesia.

Adirael— es uno de los ángeles caídos, servidores de Beelzebuth, según el libro de Abramelin el Mago.

Adirah— uno de los ángeles del Séptimo Cielo.

Adiriel— uno de los ángeles del Quinto Cielo.

Adiririon— a veces identificado con Adiriel, se dice que es uno de los ángeles del Coro de los Poderes o Potencias, cuyo nombre se usa en amuletos contra el mal de ojo. Se dice que es uno de los guardianes angelicales del Primer Cielo. Algunas autoridades judaicas dicen que Adiririon es uno de los nombres secretos de Dios.

Adityas— un grupo de siete ángeles Védicos, regidos por Varuna, que reflejan la gloria divina de Dios de acuerdo a las Vedas.

Admael— uno de los ángeles regentes del planeta Tierra, quien reside en el Segundo Cielo.

Adnachiel— uno de los regentes del Coro de los Angeles, es también regente del mes de noviembre y uno de los protectores de Sagitario. Se dice que Dios le dio a Adnachiel un talismán para la cura de las enfermedades del estómago. Este ángel también se conoce como Advachiel y Adernahael.

Adnai— de acuerdo a La gran clavícula de Salomón, uno de los ángeles de la esfera de Venus, se invoca en rituales de amor.

Adoil— (la mano de Dios)— una de las criaturas que Dios utilizara en la creación del universo según el Libro de Enoch.

Adonael— un gran ángel que se invoca para exorcizar a los demonios de la enfermedad, Bobel y Metathiax, según el Testamento de Salomón. Todo nombre angelical que comienza con "Adona" está basado en el nombre que los judíos le dan a Dios, Adonai, y es usado generalmente en exorcismos de gran poder contra las fuerzas del mal.

Adonaeth— el ángel que se invoca para exorcizar al demonio Ichthion, que causa la parálisis.

Adonai— el nombre que los judíos le dan a Dios, como sustituto de YHVH (Yaweh o Jehovah), el cual jamás es pronunciado por los judíos devotos. Adonai significa Señor. Entre los fenicios, Adonai era uno de los siete ángeles de la Divina Presencia, responsable de la creación del universo.

Adonai Yireh— el nombre de la montaña donde Abraham fué a sacrificar a su hijo Isaac por mandato divino, cuyo sacrificio fué detenido por un ángel desde el cielo.

Adonaios— en el Gnosticismo, uno de los siete arcones que rigen a los siete Cielos.

Adoniel— de acuerdo a La gran clavícula de Salomón, uno de los ángeles de Júpiter que se invocan en rituales mágicos. Este es también uno de los regentes de la medianoche.

Adoyahel— según *El sexto y séptimo libro de Moisés* uno de los quince ángeles regentes pertenecientes al Coro de los Tronos.

Adrael— a veces confundido con Adriel, es uno de los ángeles residentes en el Primer Cielo. Su nombre significa, "Mi Ayuda es Dios".

Adramelech— uno de los ángeles caídos, que en un tiempo perteneciera al Coro de los Tronos. Cuando se invoca en ritos de magia negra, se dice que se manifiesta en forma de una mula con plumas de pavo real. En la jerarquía infernal, Adramelech es un gran canciller de la Orden de la Gran Cruz o de la Mosca, establecida por Beelzebuth mismo.

Adriel— según el libro, Jerarquía de los ángeles benditos, Adriel es uno de los ángeles regentes de las veintiocho Mansiones de la Luna y uno de los ángeles de la muerte y del Juicio Final.

Adrigon— uno de los setenta y ocho nombres del gran Arcángel Metratón.

Aebel— según el Libro de Adam y Eva, uno de los libros de la Apócrifa, Aebel, junto con Shetel y Anush, le dieron de comer y beber a Adam por mandato divino.

Af— este ángel, cuyo nombre significa "ira divina", es uno de los ángeles del Séptimo Cielo y está formado de cadenas de fuego rojo y negro. Es uno de los ángeles de la destrucción y la muerte de los seres humanos.

Afafiel— uno de los guardianes del vestíbulo del Séptimo Cielo.

Affafniel— según *El libro de ángel Raziel*, este es uno de los ángeles de la ira divina, el cual tiene dieciséis caras que se transforman continuamente.

Afkiel— uno de los guardianes del vestíbulo del Quinto Cielo.

Aftiel— según los judíos, es el ángel del anochecer.

Agad— uno de los ángeles pertenecientes al Coro de los Poderes o Potencias.

Agaf— según tradición rabínica, otro de los ángeles de la destrucción.

Agares— uno de los ángeles caídos y un gran duque en la jerarquía infernal. Las entidades infernales forman un reinado con Satanás como rey. Los demonios mayores son príncipes, duques, marqueses, condes y cancilleres. Agares, antes de su caída, perteneció al Coro de las Virtudes. Cuando se invoca en ritos de magia negra, se manifiesta como un anciano montado en un cocodrilo. Se dice que entre sus poderes esta el de enseñar lenguajes y ocasionar terremotos.

Agbas— uno de los guardianes del vestíbulo del Cuarto Cielo.

Agiel— en la magia talismánica, este es uno de los ángeles del planeta mercurio. Los magos de la Edad Media, especialmente Paracelsus, lo identificaban con Saturno en vez de Mercurio.

Agkagdiel— uno de los guardianes del vestíbulo el Séptimo Cielo.

Agla— uno de los nombres de Dios, invocados en el norte del círculo mágico. También un ángel invocado en rituales de exorcismo.

Agniel— uno de los ángeles caídos, mencionados con relación a la cuarta esfera del Qlipoth o aspecto negativo del Arbol de la Vida.

Agrat Bat Mahlat— el ángel de la prostitución.

Agromiel— uno de los guardianes del Quinto Cielo.

Aha— uno de los ángeles pertenecientes al Coro de los Dominios, invocado en rituales cabalísticos.

Ahaijj— uno de los ángeles de la esfera del planeta Mercurio, invocado en rituales mágicos.

Ahariel— uno de los asistentes del Arcángel Gabriel y regente del lunes.

Ahiel— uno de los asistentes del ángel Kafsiel, regente del sábado, invocado cuando una mujer está de parto.

Ahriman— este es el Satanás de los persas, el cual según estos destruye al mundo.

Aiel— el ángel del domingo y regente del signo de Aries. Aiel es uno de los ángeles del elemento aire y reside en el Cuarto Cielo.

Aishim— también conocidos como Ishim, este es el grupo de entidades celestiales que forman el Coro de los ángeles según la Cábala. Su nombre significa "llamas" o "fuego divino".

Akatriel— uno de los grandes Príncipes regentes del Séptimo Cielo, superior a los demás ángeles, y muchas veces identificado como el ángel del Señor y con Dios mismo. Según la Cábala, Akatriel está asociado con la Gloria del Trono de Dios.

Aker— según el libro apócrifo, la Revelación de Esdras, este es uno de los nueve ángeles regentes del Juicio Final.

Akraziel— el ángel del último portal del Séptimo Cielo y el Heraldo del Señor. Según el libro, Leyendas de los Judíos, cuando Moisés pidió la prolongación de su vida, Dios le ordenó a Akraziel que no dejara llegar su petición al Cielo, ya que le había llegado la hora de morir.

Akriel— el ángel de la infertilidad.

Aladiah— uno de los setenta y dos ángeles de la Shemhamfora.

Alaliyah— uno de los setenta y ocho nombres del Arcángel Metratón.

Alat— uno de los guardianes del vestíbulo del Séptimo Cielo.

Alimiel— uno de los ángeles del Primer Cielo. Alimiel se identifica con Dumahel y se dice también que es uno de los siete ángeles que guardan la cortina que esta frente al Trono de Dios.

Almon— uno de los guardianes del vestíbulo del Cuarto Cielo.

Alphariza— uno de los ángeles del Segundo Cielo.

Alphun— el ángel de las palomas y uno de los regentes de la octava hora.

Al-Zabamiya— según el Koran, uno de los diecinueve ángeles que guardan el infierno.

Amabiel— uno de los regentes de la sexualidad en el ser humano y del planeta Martes.

Amalek— según la Cábala, el hermano gemelo de Samael.

Amaliel— uno de los ángeles del castigo y de la debilidad en el ser humano.

Amamael— uno de los guardianes del vestíbulo del Tercer Cielo.

Amarzyom— según *El sexto y séptimo libro de Moisés*, uno de los quince ángeles del Trono de Dios.

Amatiel— uno de los cuatro ángeles de la primavera.

Amatliel— uno de los guardianes del vestíbulo del Tercer Cielo.

Ambriel— uno de los regentes del Coro de los Tronos y ángel del mes de mayo.

Amerarat— en el Zoroastrismo, el ángel de la inmortalidad.

Amesha Spentas— los arcángeles del Zoroastrismo, cuyo nombre significa los seres sagrados e inmortales. Estas entidades persas se identifican a menudo con los sefiroth del Arbol de la Vida.

Amezyarak— también identificado como el ángel caído Semyaza, este ángel es mencionado en el Libro de Enoch como uno de los doscientos que descendieron del cielo para unirse a las hijas de los hombres.

Amilfaton— uno de los guardianes del vestíbulo del Séptimo cielo.

Amisiyah— uno de los setenta y ocho nombres del Arcángel Metratón.

Amitiel— el ángel de la verdad.

Amnixiel— uno de los regentes del as veintiocho Mansiones de la Luna.

Amnodiel— otro de los ángeles regentes de las veintiocho Mansiones de la Luna.

Amrail— entre los musulmanes, un ángel guardián invocado en ritos de exorcismo.

Amtiel— uno de los guardianes del vestíbulo del Tercer cielo.

Amudiel— uno de los ángeles caídos.

Amwakil— según los musulmanes, uno de los ángeles guardianes invocados en ritos de exorcismo.

Amy— uno de los ángeles caídos, en un tiempo perteneciente al Coro de los ángeles y al Coro de los Poderes o Potencias. Esta entidad enseña los secretos de la astrología y las artes y le reveló a Salomón regresar al Cielo en 1200 años.

Anabiel— según la Cábala, el ángel que cura la estupidez.

Anabona— según La gran clavícula de Salomón, el nombre del ángel a través del cual Dios creo el universo.

Anachiel— uno de los cuatro ángeles invocados en rituales de Saturno.

Anael— también identificado con Haniel, Anafiel, Aniyel y Ariel, Anael es el ángel de la esfera de Venus y del amor. Es uno de los siete grandes Arcángeles de la Creación, Príncipe Regente del Coro de las Principalidades, Príncipe de los Arcángeles, y regente del Segundo Cielo, desde donde recibe las plegarias que llegan del Primer Cielo. Anael también rige los reinos de la Tierra y es uno de los regentes de la Luna.

Anafiel— según el tercer Libro de Enoch, este es el ángel a quien Dios ordeno azotar a Metratón con sesenta latigazos de fuego cuando este fué identificado —sin tener culpa— con la Gloria de Dios. Anafiel es el Príncipe de las Aguas, guardián de las llaves de los vestíbulos del Cielo, y uno de los ocho ángeles de la Merkabah o carruaje divino. Se identifica a menudo con Anael.

Anahel— a pesar de ser uno de los regentes del Tercer Cielo, Anahel también preside en el Cuarto Cielo, según *El sexto y séptimo libro de Moisés.*

Anaireton— en la magia ceremonial, el ángel que se invoca para exorcizar la sal.

Anakim— los gigantes, hijos de los ángeles caídos y de las hijas de los hombres, cuya altura era tal que tocaban al Sol con el cuello, según Leyendas de los Judíos. Su nombre original era Nefillim.

Ananel— uno de los ángeles caídos, del Coro de los Arcángeles, que enseñaron a pecar a los seres humanos.

Anaphiel— otro de los nombres de Anafiel.

Anapiel YHVH— según Enoch, uno de los grandes Príncipes de la Divina Presencia, cuya gloria y majestad se esparcen por todos los ámbitos de Araboth, el Séptimo Cielo. Se identifica también con Anafiel.

Anauel— el ángel guardián de los banqueros y comerciantes

Anazimur— según *El libro de ángel Raziel*, uno de los siete ángeles pertenecientes al Coro de los Tronos, residentes en el Primer Cielo que obedecen los mandatos de los ángeles superiores.

Anfial— uno de los sesenta y cuatro guardianes de los vestíbulos del Cielo.

Anfiel— uno de los guardianes del Cuarto Cielo, cuya corona es tan majestuosa que cubre todo el ámbito celestial.

Anixiel— uno de los ángeles regentes de las veintiocho Mansiones de la Luna.

Annauel— uno de los setenta y dos ángeles de la Shemhamfora.

Anpiel— el ángel guardián de los pájaros y residente del Sexto Cielo. Anpiel es el ángel que está a cargo de coronar con santificación la plegarias de los seres humanos las cuales luego envía al Séptimo Cielo, la morada del Creador.

Anshe Shem— el título que se les da a los ángeles caídos durante invocaciones.

Anticristo— identificado con el ángel caído Beliar o Belier.

Anush— uno de los ángeles que sirvieron a Adam por mandato divino.

Apharoph— un ángel identificado con Rafael y del que se dice que es el único nombre verdadero de Dios.

Apsu— según los babilonios, este era el ángel del abismo.

Araboth— el Septimo Cielo.

Arafiel— tambien Arapiel. Segun Enoch, uno de los grandes principes angelicales que estan frente al Trono de Dios.

Arakiba— uno de los ángeles caidos.

Arapiel YHVH— segun el tercer Libro de Enoch, uno de los guardianes del segundo vestibulo del Septimo Cielo y gran Principe de la Divina Presencia.

Araqiel— otro de los nombres de Arakiel, uno de los ángeles caidos.

Arariel— el ángel guardian de los pescadores, regente de las aguas de la Tierra.

Ararita— uno de los nombres cabalisticos usados en las invocaciones de La gran clavicula de Salomon.

Arasbarasbiel— uno de los guardianes del Sexto Cielo.

Aratron— el espiritu olimpico de Saturno en la magia ceremonial. Aratron rige cuarenta y nueve de las ciento noventa y seis provincias olimpicas. Se dice que ayuda a las mujeres esteriles a concebir y ensena la magia de la invisibilidad.

Araxiel— uno de los ángeles caidos.

Araziel— uno de los ángeles que tuvieron relaciones prohibidas con las hijas de los hombres.

Arbiel— uno de los ángeles asistentes de Anael.

Archiestratega— o Archiestrega, título dado a Miguel por Dios mismo, como el Arcangel Supremo de las Batallas Celestiales. Su nombre significa jefe de las Huestes Celestiales.

Arcon— un gran ángel del Señor en el Judeo-Cristianismo. Entre los gnósticos, los arcones eran entidades maléficas.

Ardarel— el ángel del fuego en la magia ceremonial.

Ardefiel— uno de los ángeles regentes de las veintiocho Mansiones de la Luna.

Arel— uno de los ángeles del Sol en la magia talismánica y uno de los espíritus del fuego.

Arfiel— uno de los nombres del Arcángel Rafael.

Ariel— un ángel del Coro de las Virtudes, cuyo nombre es identificado por los rabinos judíos con la ciudad de Jerusalén. Ariel es a veces considerado un ángel y otras veces una entidad infernal, pero la mayor parte de las autoridades judías lo consideran uno de los ángeles del Señor, que trabaja con Rafael para curar enfermedades. Su nombre significa León de Dios y en la magia ceremonial se visualiza con la cabeza de un león. Uriel es uno de los siete grandes príncipes que rigen las aguas de la Tierra.

Arkhas— una de las criaturas que Dios utilizó para crear el Universo.

Armaros— uno de los ángeles caídos.

Armisael— este ángel se invoca, después de rezar el salmo 20, para que una mujer salga bien de un parto.

Armon— uno de los ángeles del Segundo Cielo.

Arphugitonos— según el libro apócrifo, la Revelación de Esdras, este es uno de los nueve ángeles que rigen el Juicio Final.

Arsyalalyur— según el primer Libro de Enoch, uno de los ángeles mensajeros del Señor, que le avisó a Noé el diluvio universal.

Arvial— uno de los guardianes del Cuarto Cielo.

Asaliah— uno de los ángeles regentes de la justicia, perteneciente al Coro de las Virtudes y asistente de Rafael. Este es también uno de los setenta y dos ángeles de la Shemhamfora.

Asaph— este gran ángel es el que dirige los coros de los ángeles en el Triságono Divino durante la noche. El ángel Jeduthun los guía durante la tarde y Heman durante el día. De acuerdo a la tradición judía este es el ángel de la medicina y escribió el salmo 50 y los salmos del 73 al 83.

Asariel— el ángel del signo de Piscis y uno de los regentes de las veintiocho Mansiones de la Luna. Su nombre significa, el que Dios ha amarrado con un juramento.

Asasiah— uno de los setenta y ocho nombres del Arcángel Metratón.

Asasiel— uno de los regentes de Júpiter y junto a Casiel y Sadkiel, uno de los regentes del día jueves.

Asbeel— uno de los ángeles caídos.

Asbogah YHVH— según el tercer Libro de Enoch, uno de los grandes Príncipes Regentes del Séptimo Cielo.

Asderel— uno de los ángeles caídos que le enseñó a los seres humanos el misterio de la Luna.

Asfael— según Enoch, uno de los ángeles regentes de los meses del año y Príncipe sobre miles de ángeles.

Ashkanizkael— uno de los guardianes del vestíbulo del Séptimo Cielo.

Ashmedai— identificado también como Asmodeus y Ashmodai, es considerado uno de los mensajeros de Dios en la tradición rabínica. Se invoca a menudo en la magia amorosa y se dice que perteneció en un tiempo al Coro de los Querubines. En la magia ceremonial, es considerado una entidad infernal.

Ashmodiel— uno de los ángeles regentes del signo de Tauro y muy propicio a ayudar en asuntos amorosos.

Ashriel— el ángel que separa al alma del cuerpo en el momento de la muerte. Se identifica a menudo con Azrael, Azriel y Azariel.

Ashrulyu— uno de los veinte nombres de Dios, residente en el Primer Cielo.

Asimor— uno de los siete ángeles del Poder de Dios.

Asmoday— uno de los ángeles caídos, identificados con Ashmeday. Se dice que rige sobre setenta y dos de las huestes infernales y tiene el poder de dar el don de la invisibilidad y también enseña la matemática.

Asmodel— identificado con Ashmodiel, se dice que en un tiempo perteneció al Coro de los Querubines. Ahora es uno de los céfiros negativos del Arbol de la Vida y uno de los demonios del castigo.

Asmodeo— derivado de la mitología persa, Asmodeo es considerado una entidad infernal entre los judíos. En el infierno, Asmodeo esta a cargo de los casinos y otras casas de juego. Se dice de Asmodeo que es el creador de la música, del baile, del drama y patrón de todos los diseñadores franceses.

Asrafil— entre los musulmanes, es el ángel del Juicio Final.

Asroilu YHVH— uno de los grandes Príncipes de la Divina Presencia y director de la academia celestial.

Assiel— según *El libro de ángel Raziel*, este es uno de los ángeles que cura las enfermedades.

Astaroth— un gran duque en las regiones infernales, Astaroth fué en un tiempo miembro del Coro de los Serafines, aunque algunas autoridades alegan que perteneció al Coro de los Tronos. Astaroth se manifiesta durante invocaciones como un ángel muy bello montado en un dragón con una serpiente en la mano. De acuerdo al Grimorium Verum, Astaroth reside ahora en América. Otro de sus nombres es Diabolus.

Astarte— la deidad principal de los fenicios y los sirios, entre los cuales era la diosa de la Luna y la fertilidad.

Asuras— en el Hinduismo, los Asuras o Ahuras son entidades maléficas que declararon la guerra a los Suryas o entidades del bien. Son comparables con los ángeles caídos del Judeo-Cristianismo.

Ataliel— uno de los regentes de las veintiocho mansiones de la Luna.

Ataphiel— también Atafiel, uno de los grandes ángeles que sostienen el Cielo con tres de sus dedos.

Atatiyah— uno de los nombres secretos de Miguel o de Metratón.

Athanatos— uno de los ángeles cabalísticos usados en invocaciones y uno de los nombres de Dios usados para descubrir tesoros.

Atropatos— uno de los setenta y ocho nombres del Arcángel Metratón.

Atufiel— uno de los ángeles guardianes del vestíbulo del Sexto Cielo.

Atuniel— un ángel del Coro de las Virtudes, identificado a menudo con Nathanel o Natanael.

Auriel— uno de los nombres del gran Arcángel Uriel.

Auzhaya— uno de los setenta y ocho nombres del Arcángel Metratón y Príncipe de la Divina Presencia.

Avahel— uno de los Príncipes regentes del Tercer Cielo.

Avriel— uno de los guardianes del vestíbulo del Séptimo cielo.

Azaradel— uno de los ángeles caídos que enseñó a los seres humanos la magia de la Luna.

Azariah— uno de los nombres de Rafael, que el gran Arcángel usa en el Libro de Tobías.

Azazel— uno de los jefes de los doscientos ángeles caídos, según el primer Libro de Enoch. En el libro, El apocalipsis de

Abraham, se describe a Azazel como un demonio terrible con siete cabezas de serpiente, catorce caras y doce alas. Antes de su caída, se dice que Azazel perteneció al Coro de los Angeles.

Azaziel— uno de los ángeles caídos, también identificado con Semyaza.

Azbogah YHVH— uno de los grandes Príncipes de la Divina Presencia, y quien conoce los secretos del Trono de Gloria. El ángel que da la vida eterna a los elegidos del Señor.

Azfiel— uno de los guardianes del vestíbulo del Primer Cielo.

Azibeel— uno de los ángeles caídos.

Azrael— el ángel regente de Escorpión, también identificado como Azriel, Gabriel y Azaril. Azrael es uno de los ángeles de la muerte residente en el Tercer Cielo. Los musulmanes lo identifican con Rafael y dicen que tiene setenta mil pies y cuatro mil alas y que su cuerpo esta cubierto con tantos ojos y lenguas como hay hombres en la tierra.

Azrail— otro nombre de Azrael entre los musulmanes, que lo invocan durante ritos de exorcismos.

Azriel— según la Cábala, uno de los Príncipes Angelicales, está a cargo de recibir las oraciones de los fieles a la vez que dirige sesenta millares de ángeles protectores del Norte del Cielo.

B

Bachiel— uno de los ángeles residentes del Cuarto Cielo y también uno de los regentes de la esfera de Saturno.

Badariel— uno de los ángeles caídos.

Bael— también identificado como Baal, se dice que es uno de los demonios que rigen el Este del Infierno y tiene bajo su mando a setenta legiones infernales. En la Cábala, Bael no es un ángel caído y es a menudo identificado con el Arcángel Rafael.

Baijel— uno de los ángeles del Quinto Cielo.

Balam— uno de los ángeles caídos y un gran rey en el Infierno, con cuarenta legiones infernales bajo su mando. Antes de su caída, Balam pertenecía al Coro de los Dominios.

Balberith— otro ángel caído, es ahora un pontífice y maestro de ceremonias en el Infierno. Antes de su caída perteneció al Coro de los Querubines. Se dice que este es el demonio que registra los pactos entre Satanás y los seres humanos.

Baliel— uno de los ángeles que residen en el Primer Cielo.

Balthial— uno de los siete ángeles planetarios a quien se invoca para controlar o destruir los celos.

Baraborat— uno de los ángeles del Tercer Cielo y del planeta Mercurio.

Baradiel— uno de los regentes del Tercer Cielo y uno de los siete grandes arcángeles. Se dice que es uno de los ángeles que controla el granizo.

Barakiel— también identificado con Barbiel y Barchiel, este es otro de los siete grandes Arcángeles y Príncipe del Segundo Cielo. Se dice que controla los relámpagos y junto con Uriel y Rubiel se invoca para ganar al juego. Su nombre significa relámpago de Dios y es uno de los ángeles que controla al relámpago.

Barakel— uno de los ángeles caídos.

Baraqijal— otro de los ángeles caídos que enseña la ciencia de la astrología.

Barattiel— uno de los grandes ángeles que sostienen el Séptimo Cielo y el Trono de Dios con tres dedos.

Barbatos— uno de los ángeles caídos, es ahora un duque en el infierno donde rige treinta legiones infernales. En un tiempo perteneció al Coro de las Virtudes. Para invocarlo en ritos de magia negra, el Sol tiene que estar en el signo de Sagitario.

Barbelo— en el Gnosticismo, Barbelo es uno de los eones y segunda en rango al Creador.

Barbiel— uno de los regentes de las veintiocho Mansiones de la Luna y del mes de octubre.

Baresches— en la magia ceremonial este ángel se invoca por los hombres para conseguir el amor de la mujer deseada.

Barsabel— uno de los ángeles regentes de Marte.

Bartyabel— otro ángel del planeta Marte, asistente del gran ángel Graphiel, quien es la Inteligencia Suprema de Marte.

Baruch— el ángel que guarda al Arbol de la Vida, cuyo nombre significa "bendecido".

Baruchiachel— uno de los siete grandes arcángeles regentes y el único que vence al demonio de la Discordia.

Basasael— uno de los ángeles caídos, en un tiempo perteneciente al Coro de los Arcángeles.

Bataliel— uno de los ángeles regentes del zodíaco.

Batarel— uno de los ángeles caídos, también llamado Metarel, Batariel y Badariel.

Bathor— uno de los siete espíritus olímpicos en la alta magia ceremonial.

Batsran— uno de los setenta y ocho nombres del gran Arcángel Metratón.

Bat Zuge— uno de los nombres de la infernal Lilith, como representante de la esfera décima y última del Qliphoth o Arbol Infernal.

Bazathiel— uno de los guardianes del Primer Cielo.

Bazazath— uno de los ángeles residentes en el Segundo Cielo.

Bazkiel— uno de los guardianes del Tercer Cielo.

Baztiel— uno de los guardianes del vestíbulo del Primer Cielo.

Beatiel— uno de los ángeles del Cuarto Cielo.

Beburos— uno de los ángeles regentes del Juicio Final.

Beelzebub— de origen asirio, es el director de las nueve jerarquías infernales que están debajo de la primera, que es regida por Samael o Satanás. Se dice que perteneció una vez al Coro de los Querubines. Entre sus títulos está Señor de las Moscas y Señor del Caos. Es el segundo en poder en el Infierno.

Behemiel— el ángel que esta a cargo de los animales domésticos y perteneciente al Coro de los Querubines.

Behemoth— un monstruo del Caos creado por Dios en el quinto día de la Creación y generalmente asociado con Leviatán, que es una entidad monstruosa femenina. Behemoth se identifica a menudo con Rahab, el ángel de los mares, y con el ángel de la muerte.

Beleth— un ángel caído, que tiene a su mando ochenta y cinco legiones infernales. Se dice que perteneció en un tiempo al Coro de los Poderes o Potencias.

Belial— un ángel caído identificado a menudo con Satanás mismo. En la Biblia su nombre es Beliar y es descrito como la personificación del mal por excelencia. En uno de los libros apócrifos, El evangelio según San Bartolomeo, Belial se identifica a sí mismo como Satanail, el ángel que se rebeló contra Dios y a quien Dios le dió este nombre.

Belphegor— la entidad infernal adjudicada a Francia, es también el demonio de los inventos y los descubrimientos. Se dice que en un tiempo perteneció al Coro de las Principalidades. Se manifiesta en forma de mujer.

Bene Elohim— también designados como Bene Elim en el hebreo original, este es el Coro de los Tronos según la Cábala.

Beqa— el nombre original de Satanás, antes de pecar contra Dios y ser vencido por Miguel. Su nombre pasó a ser Kasbeel y luego Satanail, de donde procede Satanás en su versión más corta.

Beshter— el nombre de Miguel entre los persas.

Bethor— uno de los siete espíritus olímpicos, regente de la esfera de Júpiter.

Bethuael— uno de los regentes de las veintiocho Mansiones de la Luna.

Bezrial— uno de los guardianes del Tercer Cielo.

Bibiyah— uno de los setenta y ocho nombres del Arcángel Metratón.

Bifiel— uno de los guardianes del vestíbulo del Sexto Cielo.

Binah— la tercera Séfira del Arbol de la Vida, identificada con Saturno.

Bizbul— uno de los nombres secretos del Arcángel Metratón.

Blautel— el ángel que se usa para invocar a los muertos.

Boamiel— según *El libro de ángel Raziel*, es uno de los seis ángeles que protegen los cuatro puntos cardinales del Cielo. Los otros son Gabriel, Scamijm, Dohel, Madiel y Adrael.

Boel— uno de los siete ángeles que están frente al Trono de Dios. Su nombre significa "Dios está en él". Según la Cábala, Boel reside en el Primer Cielo y está a cargo de las cuatro llaves de los puntos cardinales de la Tierra.

Burchat— uno de los ángeles regentes del Cuarto Cielo y mensajero del Sol. Rige también el día domingo.

Busasejal— uno de los ángeles caídos.

Butator— el ángel regente del cálculo en la matemática.

Cabiel— uno de los regentes de las veintiocho Mansiones de la Luna.

Cabriel— uno de los ángeles regentes del signo de Acuario y también guarda los cuatro puntos cardinales del Cielo.

Cael— uno de los ángeles regentes del signo de Cáncer.

Cahethel— uno de los príncipes de los Serafines, regente de la agricultura y uno de los setenta y dos ángeles de la Shemhamfora o nombre de Dios.

Cahor— el espíritu del engaño.

Caila— según la Gran Clavícula de Salomón, uno de los ángeles que se usan en la invocación al gran Arcángel Uriel.

Caim— uno de los ángeles caídos, es ahora un gran presidente en el Infierno, teniendo bajo su mando a treinta legiones infernales. En un tiempo perteneció al Coro de los Angeles.

Calliel— uno de los ángeles que están frente al Trono de Dios, residente del Segundo Cielo. Es también uno de los setenta y dos ángeles de la Shemhamfora.

Calzas— uno de los ángeles del Quinto Cielo y regente del día martes.

Camael— es uno de los ángeles más controversiales de la Jerarquía Celestial. Esto se debe a que su nombre es a menudo escrito Samael, quien es uno de los más poderosos espíritus infernales, identificado con Satanás. El nombre de Camael significa, el que ve a Dios. Es el Príncipe regente del Coro de los Poderes y es uno de los siete ángeles de la Divina Presencia. Camael es el ángel de la guerra y regente principal del planeta Marte y del signo de Aries. Se dice que está a cargo de doce mil ángeles de la destrucción y que trató de impedir que Dios le diera la Ley (Torah) a Moisés, por lo cual éste trató de destruir a Camael. Esta dualidad de Camael es lo que lo hace fácil de identificar con Samael, quien es también una entidad destructora pero de orden infernal. Ya sea como Camael o Samael, esta es la entidad que simboliza la guerra, la cual aún en la defensa, nunca puede ser descrita como un acto positivo. Camael es considerado en la Cábala como la Justicia Personificada y también como la severidad. Entre sus otros nombres esta Khemuel, Camuel y Chamuel.

Cambiel— uno de los regentes de Acuario.

Cameron— uno de los regentes del mediodía, asistente del ángel Beratiel. Algunas autoridades cabalísticas lo describen como una entidad infernal bajo el mando de Beelzebuth o Astaroth.

Caphriel— uno de los regentes del sábado y de Saturno.

Capitiel— uno de los ángeles del Cuarto Cielo.

Caracasa— uno de los ángeles de la primavera.

Caraniel— uno de los ángeles del Tercer Cielo.

Carcas— uno de los ángeles de la confusión.

Carniel— uno de los ángeles del Tercer Cielo.

Carnivean— un ángel caído, anteriormente miembro del Coro de los Poderes.

Carsiol— uno de los asistentes del gran Anael, y uno de los regentes de la segunda hora.

Cassiel— también llamado Casiel, es el ángel regente de Capricornio y de Saturno. Es también el ángel de la soledad y de las lágrimas. Es un Príncipe o Sarim del Coro de los Poderes o Potencias y uno de los regentes del Séptimo Cielo.

Casujoiah— uno de los ángeles regentes del signo de Capricornio.

Cernaiul— uno de los ángeles de la esfera de Venus y de la séptima séfira o esfera del Arbol de la Vida.

Cerviel— el ángel que Dios envió a ayudar a David en su batalla contra Goliat y jefe del Coro de las Principalidades.

Chamuel— identificado a veces con Camael, es uno de los siete grandes Arcángeles y jefe del Coro de las Dominaciones. Su nombre significa "aquel que busca a Dios".

Chamyel— uno de los quince ángeles que están frente al Trono de Dios según *El sexto y séptimo libro de Moisés*.

Charbiel— el ángel que secó las aguas después del diluvio universal.

Charciel— un de los ángeles del Cuarto Cielo.

Chasdiel— uno de los nombres de Metratón.

Chasmodai— según Paracelsus, el espíritu de la Luna, a menudo identificado con Asmodeo.

Chavakiah— uno de los setenta y dos ángeles del a Shemhamfora.

Chayyiel— o Chayyiliel, jefe de los ángeles de la Merkabah o carruaje divino, también conocidos como Hayyoth o Chayoth e identificados con los Querubines. Según Enoch, Chayyliel es tan inmenso y poderoso que si quisiera podría tragarse a la Tierra de un solo bocado. Cahyyliel está también a cargo de los coros celestiales y castiga con latigazos de fuego a los ángeles que no entonan el Triságono divino a su debido tiempo.

Cheriour— el ángel que está a cargo de castigar a los criminales a los que persigue y atormenta.

Chismael— uno de los ángeles regentes de Júpiter.

Chobabiel— uno de los ángeles caídos.

Chokmah— la segunda esfera o séfira del Arbol de la Vida, correspondiente al Zodiaco, la cual es presidida por el ángel Raziel.

Chur— entre los persas, el ángel del Sol.

Chuscha— según *El sexto y séptimo libro de Moisés*, uno de los quince ángeles del trono de Dios.

Cochabiel— uno de los grandes ángeles que están en la Presencia Divina y uno de los regentes de Mercurio, según la Cábala.

Cogediel— uno de los regentes de las veintiocho Mansiones de la Luna.

Coniel— un ángel del Tercer Cielo y del día viernes.

Corabael— uno de los ángeles del Primer Cielo y del día lunes.

Cosmocrator— en el Gnosticismo, el consorte de Barbelos y regente del mundo material bajo el nombre de Diabolus, lo que tiende a indicar que Barbelos no es una entidad enteramente benéfica.

Crocell— un ángel caído, ahora un duque en las regiones infernales donde manda cuarenta y ocho legiones infernales. Antes de su caída, era miembro del Coro de los Poderes.

Ctarari— uno de los ángeles del invierno, el otro es Amabael.

Daath— de acuerdo a la Cábala, la esfera que está entre la segunda y tercera séfira del Arbol de la Vida y la cual significa conocimiento. Daath es una esfera secreta y tiene connotaciones intensamente sexuales, pero de una sexualidad espiritual, que significa unión y éxtasis divino.

Daeva— también descrita como deva, ésta era una entidad maléfica entre los persas, pero benéfica en el Hinduismo y en la Teosofía.

Dagiel— el ángel que rige a los peces y que pertenece a la esfera de Venus.

Dagon— un dios entre los fenicios, pero un ángel caído según Milton en *Paraíso perdido*.

Dahariel— uno de los ángeles del Primer Cielo.

Dahavauron— uno de los príncipes del Divina Presencia y uno de los guardianes del Tercer Cielo.

Dahaviel— uno de los guardianes del Primer Cielo.

Dai— uno de los ángeles del Coro de los Poderes.

Dalkiel— uno de los príncipes infernales, regente de Sheol, asistente de Duma, el ángel de la "quietud de la muerte".

Damabiah— uno de los setenta y dos ángeles de la Shemhamfora y regente de las construcciones navales.

Dameal— uno de los ángeles del Quinto Cielo y del día martes.

Daniel— uno de los ángeles del Coro de las Principalidades cuyo nombre significa Dios es mi juez.

Dargitael— uno de los ángeles regentes del vestíbulo del Quinto Cielo.

Darquiel— uno de los ángeles del Primer Cielo y del día lunes.

Degalim— uno de los subcoros angelicales que entonan el Triságono divino bajo la dirección del gran Arcángel Tagas.

Deharhiel— uno de los guardianes del vestíbulo del Quinto cielo.

Deliel— uno de los ángeles del Cuarto Cielo.

Delukiel— uno de los ángeles del Séptimo Cielo.

Deramiel— uno de los ángeles del Tercer Cielo.

Derdekea— una de las manifestaciones de la Madre Cósmica, la cual desciende ala Tierra para la salvación de la humanidad.

Dina— uno de los ángeles guardianes de la Ley (Torah) y de la sabiduría, según la Cábala. Dina reside en el Séptimo Cielo.

Dirachiel— uno de los ángeles regentes de las veintiocho Mansiones de la Luna.

Dira— el uno de los guardianes del vestíbulo del Sexto Cielo.

Domiel— un gran Arcón quien es también regente de los cuatro elementos y guardián del Séptimo Cielo.

Donquel— un ángel de Venus, invocado por un hombre para lograr el amor de la mujer deseada.

Drial— uno de los ángeles guardianes del Quinto Cielo.

Drsmiel— un ángel maléfico invocado para separar a un hombre de su esposa.

Dubbiel— el ángel que sustituyó a Gabriel durante veintiún días cuando este fué exilado de la Divina Presencia y el cual protegía a los babilonios.

Duma— el ángel protector de Egipto, príncipe del Infierno, el cual tiene miles de ángeles de destrucción bajo su mando. Duma es también ángel del silencio y de la quietud de la muerte.

Duydeviyah— otro de los setenta y ocho nombres del Arcángel Metratón.

E

Ebed— uno de los setenta y ocho nombres del Arcángel Metratón.

Eblis— el Satanás de los musulmanes, cuyo nombre también se deletrea como Iblis y significa desesperación.

Ebriel— el noveno de los céfiros maléficos del Arbol Infernal.

Efniel— un ángel perteneciente al Coro de los Querubines.

Egibiel— uno de los regentes de las veintiocho Mansiones de la Luna.

Egion— uno de los guardianes del vestíbulo del Séptimo Cielo.

Egrimiel— uno de los guardianes del vestíbulo del Sexto Cielo.

Eiael— uno de los ángeles que enseña las ciencias ocultas y que prolonga la vida en el ser humano. Para invocarlo se reza el cuarto versículo del salmo 36. Eiael es también uno de los setenta y dos ángeles de la Shemhamfora.

Eirnilus— el ángel de las frutas.

Eisheth Zenunim— una de las mujeres de Samael y madre de la bestia Chiva. Eisheth Senunim se conoce como la ramera en la Cábala y madre de la prostitucíon.

El— uno de los nombres secretos de Dios en conexión con la cuarta céfira del Arbol de la Vida y de Jupiter. El es también el terminar de la mayor parte de los nombres de los ángeles, en cuya connotación significa Hijo de Dios. El plural de El es Elohim.

Electores— los siete espíritus planetarios. Algunas autoridades los describen como fuerzas infernales.

Elemiah— según la Cábala, uno de los Serafines del Arbol de la Vida y uno de los a setenta y dos ángeles de la Shemhamfora.

Elimiel— según la Cábala uno de los ángeles de la Luna.

Elion— un ángel del Primer Cielo y asistente del gran Arcángel Ofaniel.

Eloha— un ángel del Coro de los Poderes.

Elohi— un ángel del fuego, cuyo nombre al invocarse seca los mares y los ríos por mandato de Dios.

Elohim— el aspecto dual de Dios, femenino y masculino al mismo tiempo. Elohim es también uno de los coros angelicales y esta asociado con Netzach, la séptima céfira del Arbol de la Vida.

Eloi— según los gnósticos, uno de los siete ángeles creados por su dios maléfico Ildabaoth.

Elomeel— según Enoch, uno de los ángeles de las estaciones.

Elomnia— uno de los cinco príncipes regentes del Tercer Cielo.

Elubatel— uno de los ángeles omnipotentes, los cuales son invocados en los conjuros de la bestia Leviathan, sobre la cual tienen poder.

Emekmiyahu— uno de los setenta y ocho nombres de Metratón.

Emmanuel— de acuerdo con la Cábala, este es uno de los ángeles de la décima esfera del Arbol de la Vida. También es el ángel que salvó a los compañeros de Daniel del horno donde los lanzara Nabucodonosor. Su nombre significa "Dios está con nosotros".

Empireo— el Cielo y la morada de Dios y sus ángeles.

Enendiel— uno de los regentes de las Mansiones de la Luna.

Enga— uno de los nombres de Dios, usado en invocaciones los días lunes a Lucifer.

Ephemeras— las Ephemeras o Efemeras son ángeles creados por Dios por un solo día para que entonen el Triságono divino.

Erelim— también descritos como Arelim es el nombre hebreo del Coro de los Tronos. Los Erelim están formados de fuego blanco y pertenecen al Tercer Cielo, aunque algunas autoridades los colocan en el Cuarto o Quinto Cielo. Sus números se elevan a setenta mil millares y son los protectores de los árboles y frutos de la Tierra. Los Erelim son una de las diez clases de ángeles regidas por el Arcángel Miguel.

Eremiel— uno de los ángeles identificados con Uriel, de quien se dice vela por las almas en el más allá.

Eregedial— uno de los regentes de las veintiocho Mansiones de la Luna.

Ertrael— uno de los ángeles caídos.

Esabiel— uno de los ángeles del Coro de los Poderes.

Eschiros— uno de los ángeles de los siete planetas, según la Cábala.

Estes— uno de los setenta y ocho nombres del Arcángel Metratón.

Eth— un ángel que está a cargo de que todo suceda a su debido tiempo. Su nombre en si significa tiempo.

Etraphill— según los musulmanes uno de los ángeles del Juicio Final.

Eved— uno de los setenta y ocho nombres del Arcángel Metratón.

Exael— según Enoch, uno de los ángeles caídos, que enseñó a los hombres como construir maquinas de guerra y el arte de la joyería y los perfumes.

Exousia— uno de los términos griegos que denotan a los ángeles, usado especialmente en el Nuevo Testamento.

Ezeqeel— uno de los ángeles caídos que enseñó a los hombres la adivinación por medio de las nubes.

Ezgadi— uno de los ángeles que se invocan para un viaje seguro y libre de peligros.

Famiel— uno de los ángeles que residen en el Tercer Cielo y también uno de los regentes del día viernes y del elemento aire.

Fanuel— a veces identificado con Uriel y otras veces con Raguel y Ramiel, es uno de los cuatro ángeles de la Divina Presencia.

Flaef— uno de los ángeles regentes de la sexualidad humana de acuerdo a la Cábala.

Focalor— uno de los ángeles caídos, cuya posición en la jerarquía infernal es la de un gran duque, con treinta legiones infernales bajo su mando. Antes de su caída, pertenecía al Coro de los Tronos. Es la entidad oscura que hunde barcos de guerra y causa la muerte de los hombres. Focalor espera retornar al Cielo después de mil años, según Salomón.

Forcas— uno de los ángeles caídos, es un gran duque en la jerarquía infernal con veintinueve legiones infernales bajo su mando. Se dice que enseña lógica, retórica y matemática, ayuda a recobrar las cosas perdidas y da el don de la invisibilidad.

Forfax— otro ángel caído y un gran conde en las regiones infernales, con 36 legiones de espíritus oscuros bajo su poder. Se dice que instruye en la ciencia de la astronomía y las artes.

Forneus— otro ángel caído y un marques en la jerarquía infernal con veintinueve legiones oscuras a su cargo. Enseña lenguajes y como ser amado de los enemigos. Antes de su caída pertenecía al Coro de los Tronos.

Fraciel— un ángel del Quinto Cielo y uno de los regentes del día martes.

Friagne— otro ángel del Quinto Cielo y del día martes.

Gaap— un ángel caído, ahora un gran príncipe en el Infierno, con 66 legiones de espíritus infernales a su cargo. Antes de su caída, pertenecía al Coro de los Poderes.

Gabriel— su nombre significa "Dios es mi Poder". Ver capítulo 9 para más detalles.

Gadamel— otro de los nombres de Hagiel.

Gadiel— uno de los ángeles del Quinto Cielo.

Gadreel— su nombre significa Dios es mi ayudante y a menudo se confunde con Gadriel. Este es un ángel caído, y uno de los colaboradores de Satanás durante la rebelión de los ángeles. Según Enoch, fué él y no Satanás el que tentó a Eva en forma de serpiente.

Gadriel— a veces confundido con Gadreel, es uno de los ángeles regentes del Quinto Cielo, a cargo de las guerras en la Tierra. Se dice que cuando las oraciones de los fieles llegan al cielo tienen que pasar por las manos de Gadriel, quien se encarga de llevarlas al Sexto Cielo.

Galearii— es un grupo de ángeles de rango menor en el Cielo.

Galgaliel— uno de los regentes de la esfera del Sol.

Galgallim— un grupo de ángeles conocidos como las ruedas de la Merkabah o Carruaje Divino. En jerarquía están en la misma categoría que el Primer Coro angelical que son los Serafines.

Gallizur YHVH— según Enoch, uno de los grandes Príncipes de la Divina Presencia, el cual revela los misterios del Torah. Es también uno de los nombres del ángel Raziel y Príncipe regente del Segundo Cielo.

Galmon— uno de los guardianes del vestíbulo del Cuarto Cielo.

Gamaliel— uno de los grandes ángeles cuya misión es elevar a los elegidos del Señor hacia el Cielo. Es uno de los asistentes de Gabriel. Su nombre significa recompensa de Dios.

Gambiel— uno de los ángeles del zodíaco y regente del signo de Acuario.

Gambriel— uno de los guardianes del Quinto Cielo.

Gamrial— uno de los sesenta y cuatro guardianes de los vestíbulos celestiales.

Ganael— Según el Testamento de Salomón, este es uno de los ángeles planetarios que rigen las esferas celestiales. Ganael está unido a los ángeles Camael y Apudiel en esta misión.

Gargatel— junto con Gaviel y Tariel, este ángel rige el verano.

Gatiel— uno de los guardianes del Quinto Cielo.

Gauril Ishliha— el ángel que está a cargo de que el Sol salga por las mañanas a la hora correcta.

Gaveil— junto con Gargatel y Tariel, uno de los ángeles del verano.

Gavreel— uno de los guardianes del Segundo o Cuarto Cielo. Muchas autoridades lo identifican con Gabriel. La secta conocida como los Judíos Negros de Harlem creen en los cuatro Grandes Arcángeles, cuyos nombres para ellos son Gavreel, Rafarel, Michael y Owreel, y a quienes invocan para efectuar curaciones, para restaurar la visión y para convertir enemigos en amigos.

Gazardiel— otro de los ángeles a cargo de la salida del Sol en la hora correcta.

Geburael— su nombre significa fuerza. Este ángel está asociado con la quinta esfera o séfira del Arbol de la Vida, Geburah, y pertenece a la orden de los Serafines. Geburiel es a menudo identificado con Gamaliel y se dice que desciende del Cielo a través de la esfera del planeta Marte. Se dice que es el ángel que sostiene la mano izquierda de Dios, que es la que dispensa la justicia o severidad.

Geburathiel— el principal guardián del cuarto vestíbulo del Sexto Cielo y ángel de la séfira Geburah en el Arbol de la Vida.

Gedael— según Enoch, es uno de los ángeles de las cuatro estaciones.

Gedariah— uno de los ángeles regentes del Tercer Cielo, según la Cábala. También corona las plegarias de los fieles que ascienden del Segundo Cielo y las envía a las esferas superiores.

Gedemel— es identificado como el espíritu de Venus.

Gediel— uno de los ángeles del zodíaco y príncipe regente del Cuarto Cielo.

Gedudiel— uno de los guardianes del vestíbulo del Séptimo Cielo.

Gedudim— uno de los coros angelicales que cantan el Triságono Divino bajo la dirección del ángel Tagas.

Gehegiel— uno de los guardianes del Sexto Cielo.

Geliel— uno de los regentes de las veintiocho Mansiones de la Luna.

Geminiel— uno de los regentes del signo de Géminis.

Germael— según una tradición antigua Dios creo a Adam del polvo a través de uno de sus ángeles. Algunas autoridades dicen que este ángel fué Germael y otras que fué Gabriel.

Gerviel— el ángel protector de David. Este es también uno de los príncipes regentes del Coro de las Principalidades. Se identifica a menudo con Cerviel.

Geviririon— otro de los nombres de la quinta séfira, Geburah.

Geviriyah— uno de los setenta y ocho nombres del Arcángel Metratón.

Gippuyel— otro de los nombres de Metratón.

Gmial— uno de los sesenta y cuatro guardianes de los vestíbulos del Séptimo Cielo.

Golab— su nombre significa incendiarios y son ángeles caídos, enemigos acérrimos de los Serafines contra los cuales batallan continuamente. Golab es también el nombre de una de las séfiras maléficas del reverso del Arbol de la Vida.

Gorfiniel— uno de los guardianes del Séptimo Cielo.

Gradiel— este ángel representa la Inteligencia del planeta Marte cuando este entra en los signos de Escorpión o Aries.

Grasgarben— uno de los regentes del signo de Libra.

Grial— uno de los guardianes del Quinto Cielo.

Grigori— guardianes eternamente silenciosos, residentes del Segundo y Quinto Cielo. Los ángeles caídos pertenecían a este grupo de ángeles excelsos regidos por Salamiel.

Gulhab— identificado como la quinta séfira maléfica que esta al reverso del Arbol de la Vida.

Guriel— uno de los ángeles regentes del signo de Leo.

Gurson— uno de los ángeles caídos, ahora establecido en el Infierno como rey del sur.

Guth— uno de los regentes de Júpiter.

Gvurtial— uno de los guardianes de los vestíbulos del Cuarto Cielo.

Haaiah— uno de los setenta y dos ángeles de la Shemhamphora y del Coro de los Dominios. Se dice que es el regente de los embajadores y diplomáticos.

Haamiah— este es al ángel que guía a los que buscan la verdad y es además regente de los cultos religiosos. Pertenece al Coro de los Poderes o Potencias.

Habbiel— uno de los ángeles del Primer Cielo y del día lunes, a quien se le pide en casos amorosos.

Habuiah— uno de los setenta y dos ángeles de la Shemhamfora, el cual también rige sobre la fertilidad de los campos y la agricultura.

Hadraniel— este ángel se identifica a menudo con Metratón y su nombre significa Majestad de Dios. Se dice que es uno de los guardianes del Segundo Cielo y que cuando proclama la voluntad de Dios su voz penetra doscientos mil firmamentos y con cada palabra brotan de su boca doce mil relámpagos. Otros de sus nombres son Hadriel, Hadarniel y Hadariel. Hadraniel es descrito como sesenta millares de parasangs más alto que el ángel Kemuel y "quinientos años de viaje" menos alto que el ángel Sandalfón, el regente principal de la Tierra según la Cábala. El parasang es una medida persa igual a aproximadamente tres millas.

Hadriel— una variación de Hadraniel.

Hafaza— un grupo de ángeles entre los musulmanes, los cuales protegen contra espíritus oscuros.

Hagiel— la Inteligencia de la esfera de Venus en los signos de Tauro y Libra.

Hagios— uno de los nombres secretos de Dios, a la vez que uno de sus más grandes ángeles.

Hagith— el espíritu olímpico de la esfera de Venus, regente de veintiuna de las ciento noventa y seis provincias olímpicas. Se dice que tiene bajo su mando cuatro mil legiones de espíritus de luz y que tiene el poder de transmutar los metales.

Hahael— es el ángel protector de todos los ministros y misioneros de Cristo. Pertenece al Coro de las Virtudes y es uno de los setenta y dos ángeles de la Shemhamphora.

Hahaiah— revela los grandes misterios divinos y también influye al pensamiento humano. Pertenece al Coro de los Querubines.

Hahayel— también conocido como Chayyliel, este es uno de los ángeles regentes durante el Consejo Divino.

Hahuaih— uno de los setenta y dos ángeles de la Shemhamphora.

Haiaiel— otro de los setenta y dos ángeles de la Shemhamphora.

Haim— uno de los ángeles regentes de Virgo.

Hakael— uno de los ángeles caídos, conocido como el séptimo Satanás.

Hakamiah— el ángel guardián de Francia, perteneciente al Coro de los Querubines, el cual se invoca contra los traidores.

Haludiel— una de las Inteligencias del Sol residente en el Cuarto Cielo.

Halwaya— uno de los nombres secretos del Arcángel Metratón.

Hamabiel— uno de los ángeles regentes de Tauro.

Hamaliel— este ángel pertenece al Coro de las Virtudes y es uno de los regentes de agosto y de Virgo.

Hamon— según Enoch, es uno de los grandes Príncipes de la Divina Presencia cuya voz de trueno hace estremecer a los otros ángeles cuando los llama a cantar las alabanzas al Creador. Se dice también que es uno de los nombres del Arcángel Gabriel.

Hananel— uno de los ángeles caídos.

Haniel— este ángel se identifica con Anael y su nombre significa "aquel que ve a Dios". Es uno de los jefes del Coro de las Virtudes y de las Principalidades y es uno de los regentes del mes de diciembre, de Capricornio y de Venus. Su nombre es tan poderoso que sólo mencionarlo actúa como un amuleto contra el mal.

Ha-Qadosh Berakha— uno de los nombres secretos de Dios.

Harab-Serapel— uno de los céfiros maléficos que están al reverso del Arbol de la Vida, correspondiente a la séfira de luz Netzach. Se dice que el jefe de esta esfera es Baal.

Hararel— uno de los setenta y dos ángeles de la Shemhamphora, el cual esta también a cargo de las bibliotecas y los archivos.

Hariel— el ángel regente de las ciencias y de las artes. Pertenece al Coro de los Querubines.

Hashesiyah— uno de los setenta y ocho nombres de Metratón.

Hashmal— el ángel que habla fuego y regente principal del Coro de las Dominaciones, en hebreo Hashmallim.

Hashmallim— según autoridades cabalísticas, este es el Coro de los Dominios o Dominaciones, también identificados con los Hayyoth o criaturas vivientes.

Hasmed— uno de los cinco ángeles del castigo con quien se encontró Moisés durante su visita al Cielo.

Hasmiyah— uno de los setenta y ocho nombres de Metratón.

Hayliel YHVH— según Enoch, este es uno de los más exaltados Príncipes de la Divina Presencia y cuyo poder es tal que puede tragarse a la Tierra de un golpe. Está a cargo de las Criaturas Vivientes llamadas Hayyoth, a quienes hostiga con latigazos de fuego para que entonen el Triságono Divino.

Hayyoth— también llamados Chayoth o Chiva, estas son las Criaturas Vivientes o bestias sagradas que cargan sobre los hombros la Merkabah o Trono del Creador. A menudo estos ángeles se identifican con el Coro de los Querubines y residen en el Séptimo Cielo. De acuerdo al libro principal de la Cábala, El Zohar, los Hayyoth son treinta y seis y sostienen, no sólo la Merkabah, sino el universo entero. Según Enoch solo son cuatro. Cada uno tiene doscientas cuarenta y ocho caras y trescientas sesenta y cinco alas. Cada una estas criaturas esta coronada con mil coronas y cada corona es como un arco iris, más brillante que el Sol. Estos ángeles constituyen el Campamento de la Shekinah.

Haziel— el ángel al cual se invoca para pedir la compasión de Dios. Pertenece al Coro de los Querubines y es también uno de los setenta y dos ángeles de la Shemhamphora.

Hechaloth— estos son los vestíbulos o palacios celestiales. El termino también se usa para describir las siete emanaciones femeninas o hermosas vírgenes que emanan del costado derecho del Creador, según la Cábala.

Heiglot— el ángel de las tormentas de nieve.

Hemah— uno de los ángeles de la ira y de la destrucción y el que rige la muerte de los animales domésticos. Se dice que Hemah tiene una altura de quinientos parasangs o más de mil setecientas millas y fué creado de cadenas de fuego rojo y negro. Según El Zohar, Hemah trato una vez de tragarse a Moisés pero Dios intervino y lo salvo. Cuando Hemah vomitó a Moisés, éste lo mató, algo difícil de concebir ya que los ángeles son inmortales.

Hismael— el espíritu de Júpiter.

Hivvah— uno de los dos hijos del ángel caído Semyaza. Los hijos de los ángeles caídos eran gigantes terribles llamados Nefillim. Hivvah y su hermano consumían a diario mil camellos, mil caballos y mil bueyes, según la leyenda. Naturalmente que esta es una exageración típica de los relatos bíblicos y apócrifos y era seguramente una cantidad simbólica utilizada para indicar la inmensa cantidad de alimentos que los gigantes consumían.

Hiyyah— el otro hijo de Semyaza.

Hizkiel— uno de los principales asistentes de Gabriel durante las batallas angelicales.

Hocus Pocus— dos príncipes angelicales invocados en rituales judíos de la Edad Media.

Hodniel— el ángel que cura la estupidez en el ser humano.

Huha— uno de los nombres secretos de Dios entre los esenios.

Hurmin— otro de los nombres de Satanás.

Huzia— uno de los sesenta y cuatro guardianes de los Siete Cielos.

I

Iachadiel— uno de los ángeles regentes de la Luna.

Iadalbaoth— según la Cábala hebrea, este es el Demiurgos, el cual esta en segunda posición, debajo de Dios. Entre los fenicios, Iadalbaoth era uno de los siete elohims o ángeles creadores del universo. Según el filósofo Origen, este era el segundo nombre de Miguel. Para los gnósticos, que rechazaban todo lo que era hebreo, este era el primer arcón o espíritu oscuro.

Iahhel— uno de los setenta y dos ángeles de la Shemhamphora y regente de los filósofos y los que desean alejarse del mundo material.

Iciriel— uno de los regentes de las veintiocho Mansiones de la Luna.

Idrael— uno de los guardianes del Quinto Cielo.

Iehuiah— uno de los setenta y dos ángeles de la Shemhamphora y protector de los príncipes de la Tierra. Pertenece al Coro de los Tronos.

Ieiaiel— el ángel que rige el futuro junto con Teiaiel. Es también uno de los 72 ángeles de la Shemhamphora.

Ieilael— otro de los setenta y dos ángeles de la Shemhamphora.

Ielahiah— el ángel a quien se invoca en casos de juicio ya que controla a los jueces y magistrados. Es también uno de los setenta y dos ángeles de la Shemhamphora.

Ieliel— otro de los setenta y dos ángeles de la Shemhamphora.

Iesaia— uno de los setenta y ocho nombres de Metratón.

Ihiazel— uno de los ángeles de la Shemhamphora.

Imamiah— en un tiempo uno de los setenta y dos ángeles de la Shemhamphora, ahora es uno de los ángeles caídos.

Indri— los ángeles en la tradición de las Vedas.

Inteligencias— identificadas con los ángeles y los céfiros en la tradición neoplatónica. Son diez Inteligencias, el mismo número de céfiros en el Arbol de la Vida, y están asociadas con los planetas.

Iofiel— uno de los compañeros del gran Arcángel Metratón y uno de los siete Príncipes de la Divina Presencia. Es también uno de los príncipes del Torah o Ley Divina.

Irin— según Enoch, los ángeles gemelos que forman parte del Consejo Supremo Celestial. Residen en el Séptimo Cielo y forman parte de los ocho Jerarcas superiores a Metratón.

Isda— el ángel que provee alimentos para la humanidad.

Ishim— según la Cábala, el Coro de los ángeles asociado con la décima séfira del Arbol de la Vida, identificado con los santos y las almas de los justos. Se dice que están formados de nieve y de fuego y residen en el Quinto Cielo.

Israfel— entre los musulmanes este es el ángel del juicio final, también llamado Sarafiel o Isrefel.

Itmon— uno de los setenta y ocho nombres de Metratón.

Itqal— el ángel del afecto, el cual se invoca cuando hay discusiones entre personas para traer la paz entre ellos.

Ithuriel— uno de los Príncipes de las esferas del Arbol de la Vida, cuyo nombre significa descubrimiento de Dios. Esta asociado con la esfera de Marte. El poeta Milton lo identifica como un Querubín pero fuentes cabalísticas dicen que esta es una identificación errónea.

Izrael— según los musulmanes, uno de los ángeles de la Resurrección. Los otros ángeles son Gabriel, Miguel e Israfel. De acuerdo a la leyenda musulmana, la trompeta del Juicio Final va a ser tocada tres veces con un intervalo de cuarenta años entre cada toque. Al tercer toque tiene lugar la Resurrección de los muertos.

J

Jabniel— uno de los regentes del Tercer Cielo.

Jael— uno de los dos Querubines tallados que guardaban el Sillón de la Compasión en el Arca de la Alianza. El otro se llamaba Zarall. Jael es también el nombre de uno de los regentes de Libra.

Jazeriel— uno de los regentes de las veintiocho Mansiones de la Luna.

Jehoel— a menudo identificado con Metratón y Kemuel, es uno de los regentes del Coro de los Serafines y el ángel principal del fuego.

Jehudiam— el ángel que guarda las setenta llaves de todos los tesoros del Creador.

Jehudiel— uno de los ángeles que rige el movimiento de las esferas, uno de los trabajos de Metratón. Algunas autoridades lo incluyen entre los siete Príncipes de la Divina Presencia.

Jeliel— uno de los Serafines, cuyo nombre esta inscrito en el Arbol de la Vida y quien se dice rige a Turquía. Es también el que asegura la fidelidad de un cónyuge y despierta la pasión entre los hombres y las mujeres.

Jeqon— uno de los principales ángeles rebeldes, el cual tentó a los otros ángeles al pecado.

Jeremiel— uno de los nombres de Uriel y de Remiel. Su nombre significa Compasión de Dios y es uno de los siete Príncipes de la Divina Presencia. Pertenece al Coro de los Arcángeles.

Jesodoth— el ángel que transmite el conocimiento y la sabiduría de Dios a los seres humanos.

Jetrel— uno de los doscientos guardianes tentados por los ángeles rebeldes.

Jibril— Gabriel entre los musulmanes.

Joel— una variación de Jael, este es el primero de los nombres de Metratón.

Johiel— uno de los ángeles del Paraíso.

Joth— uno de los nombres secretos de Dios, recibido por Jacobo la noche que lucho con el ángel del Señor.

K

Kadishim— uno de los ángeles superiores en rango a los Hayyoth o ángeles de la Merkabah, residentes del Séptimo Cielo. Su nombre significa seres sagrados. Con los Irin, constituye el Trono del Juicio.

Kadosh— uno de los guardianes del vestíbulo del Cuarto Cielo.

Kafziel— identificado con Casiel, es el ángel que rige la muerte de los reyes y también regente del planeta Saturno. Es uno de los asistentes de Gabriel durante las batallas angelicales.

Kakabel— también identificado como Kochbiel, su nombre significa estrella de Dios. Este es uno de los Príncipes regentes de las estrellas y las constelaciones. Según *El libro de ángel Raziel*, es un ángel sagrado, pero según Enoch es uno de los ángeles caídos.

Kalmiya— uno de los siete Príncipes Celestiales que guardan la cortina que está frente al Trono de Dios. Los otros seis son Gabriel, Boel, Asimor, Paschar, Gabriel y Uzziel.

Kasbeel— su nombre significa "el que engaña a Dios" y es el ángel rebelde vencido por Miguel y que luego Dios llamó Satanail o Satanás.

Kasdaya— uno de los principales ángeles rebeldes.

Kedemel— el espíritu de la esfera de Venus.

Kemuel— identificado con Camael y Seraphiel, su nombre significa Asamblea de Dios. Este es el gran arcón que actúa de intermediario entre las plegarias de Israel y los Príncipes de los siete Cielos. Kemuel es también el ángel de la quinta séfira y uno de los regentes de los Serafines.

Kerubiel YHVH— este es el gran regente de los Querubines y uno de los más excelsos Príncipes de la Corte Celestial. Su cuerpo esta formado de carbones ardientes y está cubierto de miles de ojos. Su estatura es del tamaño de los siete Cielos. Su rostro está hecho de fuego, sus ojos son chispas de luz y sus pestañas están formadas de relámpagos. De su boca salen llamaradas de fuego con cada palabra y está cubierto de alas de arriba a abajo. Siempre esta acompañado de truenos, relámpagos y temblores de tierra. El resplandor de la Shekinah refulge en su rostro. No en balde es uno de los ángeles más temidos y respetados en las Mansiones Celestiales.

Kimos— uno de los nombres secretos de Miguel.

Kokabiel— también Kakabel, el ángel que esta a cargo de las estrellas.

Kyriel— uno de los regentes de las veitiocho Mansiones de la Luna.

L

Labarfiel— uno de los guardianes del Séptimo Cielo.

Labezerin— el ángel que rige el triunfo. Se le invoca a las dos de la tarde.

Labiel— el nombre original de Rafael. Se dice que cuando Rafael aceptó los mandamientos de Dios respecto a la Creación del ser humano, el Señor le cambió el nombre de Labiel a Rafael.

Lahabiel— un ángel que se invoca para alejar a los malos espíritus y de quien se dice es asistente de Rafael.

Lahatiel— uno de los siete ángeles del castigo y el ángel que preside sobre el portal de la muerte.

Lamach— uno de los regentes del planeta Marte.

Lecabel— uno de los setenta y dos ángeles de la Shemhamphora que controla la agricultura.

Lehahiah— un ángel caído, el cual en un tiempo fué uno de los setenta y dos ángeles de la Shemhamphora.

Lehavah— uno de los guardianes del vestíbulo del Séptimo Cielo.

Lehalel— uno de los ángeles que rigen las artes, la ciencia, el amor y la buena fortuna.

Lelahiah— uno de los setenta y dos ángeles de la Shemhamphora.

Lemanael— uno de los ángeles de la Luna, según la Cábala.

Leuuiah— uno de los setenta y dos ángeles de la Shemhamphora.

Levana— uno de los nombres de la Luna.

Levanael— uno de los ángeles de la Luna.

Librabis— uno de los espíritus que descubre el oro escondido.

Lifton— uno de los guardianes del Séptimo Cielo.

Lilith— según la Cábala, una entidad demoniaca que se goza en matar a los niños pequeños. La tradición cabalística la describe como la primera mujer de Adam y la verdadera madre de Cain. Ahora es una de las mujeres de Samael, en su identidad infernal. Se dice que es la entidad demoníaca que rige los viernes y se representa como una mujer desnuda cuyo cuerpo termina en una serpiente.

Logos— este nombre significa "La Palabra", y es una de las apelaciones de Dios. Tanto Miguel como Metratón han sido identificados como el Logos, igual que el Mesías y el Espíritu Santo.

Lucifer— este nombre significa el dador de la luz y es erróneamente adjudicado a Satanás. Esto se debe a un pasaje en el Libro de Isaías, donde el profeta menciona a Lucifer como un ángel caído y el hijo de la mañana. Isaías estaba aludiendo al rey Nabucodonosor en esta descripción, según autoridades rabínicas. El nombre en realidad se refiere a la estrella del amanecer o del atardecer, lo que lo relaciona con Venus. En el Cristianismo, Lucifer y Satanás son la misma entidad, debido a la identificación hecha por algunos de los padres de la Iglesia, como San Jerónimo.

Lumazi— los siete creadores del universo entre los asirios.

M

Machasiel— una de las Inteligencias del Sol, rige el domingo y reside en el Cuarto Cielo.

Machator— uno de los ángeles del elemento aire y del día sábado.

Machidiel— uno de los ángeles del Arbol de la Vida, identificado con la décima esfera, Malkuth, y el planeta Tierra. Los hombres lo pueden invocar para que les ayude a conseguir el amor de la mujer de sus sueños.

Mahariel— uno de los guardianes del portal del Primer Cielo, el cual escolta a las almas purificadas.

Mahasiah— uno de los setenta y dos ángeles de la Shemhamphora.

Mahniel— otro de los nombres de Azarel, regente de Escorpión.

Mahzian— el ángel que devuelve la vista.

Makatiel— uno de los siete ángeles del Castigo, cuyo nombre significa la plaga de Dios.

Malach-Ha-Mavet— el ángel de la muerte según la Cábala e identificado con Samael y Azrael.

Malakim— en hebreo, el Coro de las Virtudes.

Malmeliyah— uno de los setenta y ocho nombres de Metratón.

Maltiel— una de las Inteligencias de Júpiter, residente del Tercer Cielo.

Mammon— uno de los ángeles caídos y una de las entidades más poderosas en la jerarquía infernal. Su nombre significa riquezas, a las que rige, induciendo a la avaricia y a toda clase de tentaciones. Se identifica a veces con Beelzebuth, Lucifer y Satanás. Se dice que es regente de Inglaterra.

Manuel— uno de los ángeles del signo de Cáncer.

Mara— es la entidad que se identifica con Satanás en el Budismo.

Marchosias— un ángel caído que preside en el Infierno como un marques. Pertenecía anteriormente al Coro de los Dominios.

Margash— uno de los setenta y ocho nombres de Metratón.

Marmarao— un ángel que cura enfermedades de la vejiga.

Mashith— una entidad infernal encargado de castigar en el infierno a los que cometen asesinatos, incesto e idolatría. Su nombre significa destructor y una de sus misiones es llevar a cabo la muerte de los niños.

Maskiel— uno de los guardianes del Primer Cielo, a donde primero llegan las plegarias de los fieles.

Mastema— se dice de este ángel que es el padre de todo mal pero que aún así es servidor de Dios, a quien obedece. Es el ángel que acusa, y sirve a Dios como tentador y príncipe del mal, de la injusticia y de la condenación.

Matarel— el ángel de la lluvia.

Maymon— regente de los espíritus del aire y del sábado.

Mbriel— uno de los ángeles que rigen los cuatro vientos.

Mebahel— uno de los setenta y dos ángeles de la Sehmhamphora.

Mebahiah— es el ángel que se invoca cuando se desea tener hijos y también uno de los regentes de la moral y de la religión. Es también uno de los setenta y dos ángeles de la Shemhamphora.

Mefistofeles— un arcángel caído y uno de los siete poderes infernales. Antes de su caída era uno de los asistentes del ángel Sadkiel y uno de los regentes del planeta Júpiter. En la obra, Fausto, de Goethe, es Mefistofeles el que actúa de embajador de Satanás y firma el pacto satánico con Fausto.

Megadriel— el ángel que escribió el Libro de Megadriel, cuyo nombre significa "mi gran ayuda es Dios". Es uno de los ángeles regentes de los Coros de los Serafines, los Querubines y los Arcángeles.

Mehekiel— otro de los setenta y dos ángeles de la Shemhamphora.

Mehiel— el ángel de los autores, de los oradores y profesores universitarios.

Melahel— uno de los setenta y dos ángeles de la Shemhamphora.

Meniel— otro de los setenta y dos ángeles de la Shemhamphora.

Mesias— identificado con Cristo y con Metratón, el Mesías pertenece al Coro de los Querubines y es el ángel Guardián del Edén, el cual protege con una espada llameante.

Metraton— alterna con Miguel, con quien se identifica a menudo, como el más grande de todos los ángeles. Se dice de él que es el Príncipe de la Divina Faz, Canciller del Cielo, ángel de la Alianza y el Jehová Menor(YHVH). Es el ángel que más protege a la humanidad y rige la primera esfera del Arbol de la Vida. A menudo se identifica con la Shekina, la Gloria de Dios. Es el ángel que guío a Israel en su éxodo a través del desierto y se dice que es el hermano gemelo de Sandalfón, el ángel que rige a la Tierra y a la décima esfera, Malkuth, del Arbol de la Vida. Después de Anafiel, Metratón es el ángel más alto del Cielo y cuando se invoca se manifiesta en un pilar de fuego con la faz más deslumbrante que el Sol. Se dice que es el autor del versículo 25 del salmo 37 y el que instruye en el Paraíso las almitas de los bebes que mueren prematuramente.

Miguel— ver su descripción en el capítulo 9, Los Cuatro Grandes Arcángeles.

Midrash— uno de los setenta y ocho nombres de Metratón.

Miel— uno de los ángeles del planeta Mercurio y del día miércoles.

Mihael— según la Cábala, el ángel de la fertilidad y de la fidelidad en el matrimonio.

Mikail— el nombre de Miguel entre los musulmanes.

Mithra— en las Vedas, uno de los dioses brillantes, identificados con los ángeles. Según los persas, Mithra tenia mil oídos y diez mil ojos y era una de a deidades que rodeaban al gran dios persa Ahura-Mazda.

Mitzrael— uno de los setenta y dos ángeles de la Shemhamphora.

Modiniel— uno de los ángeles de la esfera de Marte.

Moroni— el ángel de Dios entre los mormones, quien le entrega a Joseph Smith, creador de esta secta, el Evangelio de la Nueva Revelación en tabletas de oro.

Mupiel— el ángel a quien se invoca para que conceda una buena memoria.

Muriel— uno de los regentes del signo de Cáncer y del mes de Julio. Es también uno de los regentes del Coro de los Dominios.

N

Naamah— uno de los cuatro ángeles de la prostitución, y una de las mujeres del terrible Samael. Esta se conoce como la madre de los demonios y fué una de las que corrompiera a los ángeles caídos. Se dice que ocasiona la epilepsia en los niños.

Naar— uno de los setenta y ocho nombres de Metratón.

Naaririel YHVH— uno de los más excelsos Príncipes de la Corte Celestial.

Nachiel— La Inteligencia del Sol en el signo de Leo.

Nadiel— uno de los regentes de diciembre y protector de los emigrantes.

Nagrasagiel— uno de los guardianes y príncipes angelicales que velan la entrada del infierno.

Nahaliel— el ángel que rige los arroyos.

Nahuriel— uno de los siete regentes del Primer Cielo.

Nanael— uno de los setenta y dos ángeles de las Shemhamphoras.

Naromiel— una de las Inteligencias de la Luna y regente del domingo.

Nasargiel— otro de los grandes ángeles que guardan la entrada del infierno, al cual se describe con cabeza de león.

Nathanael— es uno de los ángeles que rigen el fuego y el sexto ángel creado por Dios. Es también uno de los doce ángeles de la venganza.

Nefilim— también denotados Nephillim, estos son los hijos gigantes de los ángeles caídos.

Nehinah— un ángel que se invoca para llamar a los muertos.

Nelchael— un ángel caído, en un tiempo uno de los setenta y dos ángeles de la

Shemhamphora perteneciente al Coro de los Tronos.

Nemamiah— uno de los setenta y dos ángeles de la Shemhamphora perteneciente al Coro de los Arcángeles.

Nuriel— uno de los ángeles del fuego y del granizo. Es también uno de los regentes de Virgo y uno de los asistentes de Miguel. Es un ángel de gran poder y de gran estatura que tiene bajo su mando cincuenta millares de ángeles formados de agua y fuego. Su nombre significa fuego de Dios.

O

Och— el espíritu olímpico del Sol, rige veintiocho de las provincias olímpicas. Se dice que rige treinta y seis mil quinientas treinta y seis legiones de espíritus y que da seiscientos años de vida con salud perfecta, ya que la esfera del Sol rige la salud y la vida a la vez que la chakra del corazón.

Ofael— uno de los ángeles del Quinto Cielo y del día martes. En la Cábala, la quinta séfira o esfera del Arbol de la Vida, Geburah, es regida por el planeta Marte y el día martes.

Ofaniel— también Opaniel, es el poderoso regente del Coro de los Tronos y como hemos visto antes, el más alto de todos los ángeles. Es también uno de los regentes de la Luna, el cual a menudo se identifica con Sandalfón.

Ofanim— también Ophanim, el Coro de los Tronos. En la Cábala, los Ofanim tienen una posición más exaltada que los Serafines, que forman el Primer Coro angelical, según PseudoDionisio. Los Ofanim están asociados con la segunda séfira, Chokmah, identificada con la rueda del zodíaco. El coro de los Poderes o Potencias son los Hayyoth (Chaioth ha Qadesh) y están asociados con la primera séfira, Kether, y con Dios mismo, quien es a su vez, identificado con el Universo Creado. Más allá del Universo Creado, está el AIN, que es la NADA, Dios antes de manifestar su Poder y su Esencia en la Creación.

Ofiel— también Ophiel, el espíritu olímpico de Mercurio, regente de catorce de las provincias olímpicas y de cien mil legiones de espíritus. Pertenece al Coro de los Poderes.

Og— uno de los gigantes descendientes del ángel caído Semyaza.

Ohazia— uno de los ángeles de la Divina Presencia y uno de los guardianes del Tercer Cielo.

Ol— uno de los regentes del signo de Leo.

Olivier— uno de los ángeles caídos, en un tiempo perteneciente al Coro de los Arcángeles.

Omael— uno de los setenta y dos ángeles de la Shemhamphora, perteneciente al Coro de los Dominios. Es el ángel regente de la química y ayuda a perpetuar las especies.

Onafiel— otro de los regentes de la Luna.

Opanniel YHVH— identificado con Ofaniel, es uno de los más exaltados Príncipes de la Divina Presencia y regente del Coro de los Ophanim o Tronos, a los que pule y adorna continuamente. Según Enoch, Opanniel tiene dieciséis caras y doscientas alas, además de ocho mil setecientos sesenta y seis ojos, correspondiendo a las horas del año. De estos ojos brotan llamas de fuego y el que lo mira de frente es consumido al instante.

Ophan— uno de los nombres de Sandalfón.

Ophiel— ver a Ofiel.

Orael— una de las Inteligencias de Saturno.

Oribel— otro de los nombres del gran Arcángel Uriel.

Oriel— el ángel del destino, identificado con Auriel, cuyo nombre significa la luz de Dios.

Orifiel— uno de los regentes de Saturno y del sábado. Se dice que es uno de los Príncipes del Coro de los Tronos, uno de los siete grandes Príncipes de la Divina Presencia y uno de los siete Regentes de la Tierra.

Orion— el ángel Guardián de San Pedro, identificado con la constelación del mismo nombre. Algunas autoridades cabalísticas lo identifican con Miguel.

Ormazd— también Ormuzd, Dios en el Zoroastrismo, y hermano gemelo de Ahriman, el Satanás persa.

Osael— otro de los ángeles del Quinto Cielo y del día martes.

Ou— otro de los nombres de Uriel.

Ouza— también Uzza, uno de los ángeles caídos.

Ozah— uno de los setenta y ocho nombres de Metratón.

Pabael— uno de los ángeles de la Luna, actuando como mensajero de esta esfera.

Pachdiel— el principal guardián del Cuarto Cielo. Su nombre significa miedo.

Pahaliah— uno de los setenta y dos ángeles de la Shemhamphora, al cual se invoca para la conversión de los herejes al Cristianismo.

Paimom— un ángel caído, al cual antes de su caída perteneció al Coro de los Dominios. En la jerarquía infernal es un gran rey, con doscientas legiones de espíritus infernales bajo su mando.

Palit— uno de los nombres de Miguel, que significa el que se escapo, y se refiere a que Miguel escapo de la tentación de Beqa, más tarde Satanás, a quien venciera en la gran batalla angelical.

Palpeltiyah— uno de los nombres de Metratón.

Parasurama— en la tradición védica, el sexto de los diez avatares o encarnaciones divinas.

Parziel— uno de los guardianes del Sexto Cielo.

Paschar— uno de los siete ángeles que están frente al Trono de Dios, el cual ejecuta los mandatos de las grandes Potencias celestiales. Se dice que Paschar esta parado detrás de la Cortina que guarda al Trono Divino.

Pasiel— uno de los ángeles regentes del signo de Piscis.

Pasisiel— uno de los guardianes del Séptimo Cielo.

Pathatumon— uno de los nombres secretos de Dios.

Pathiel— uno de los setenta y dos ángeles de la Shemhamphora.

Pazriel— también identificado como Siriel, uno de los grandes Arcángeles regentes del Primer Cielo.

Peliel— el ángel protector del patriarca Jacobo y Jefe del Coro de las Virtudes.

Penael— uno de los mensajeros de Venus residente en el Tercer Cielo.

Peneme— también Penemue, uno de los ángeles caídos el cual enseñó a los seres humanos el arte de escribir con papel y tinta.

Peniel— se dice que este es el ángel de Jehová, el cual luchó toda la noche con Jacobo en el lugar del mismo nombre. Otras autoridades nombran a Metratón, a Samael y otros ángeles como este adversario del patriarca. Su nombre significa la faz de Dios y se dice que reside en el Tercer Cielo.

Peri— entre los musulmanes estos son ángeles caídos, regidos por Eblis, el Satanás de Islam.

Perrier— un ángel caído, en un tiempo miembro del Coro de las Principalidades.

Petahyah— un ángel que recibe las plegarias de los fieles que piden protección contra sus enemigos. Si la plegaria es justa, Petatyah la besa y la envía hacia el Trono de Dios.

Phaleg— también Faleg, este es el espíritu olímpico de Marte, regente de treinta y cinco de las ciento noventa y seis provincias olímpicas.

Phanuel— también identificado con Uriel y Peniel, su nombre significa la faz de Dios. Es uno de los ángeles de la penitencia, identificado como uno de los cuatro Grandes Arcángeles, uno de los cuales es Uriel.

Phorlakh— también Forlac, es el ángel de la Tierra.

Phul— también Ful, es el espíritu olímpico de la Luna y regente de siete de las provincias olímpicas. Es regente del día lunes y Supremo Señor de las Aguas.

Pihon— uno de los nombres de Metratón, cuando recibe las plegarias de los fieles.

Pi-Re— uno de los nombres de Miguel.

Poiel— uno de los setenta y dos ángeles de la Shemhamphora y regente de la buena fortuna y de la filosofía. Pertenece al Coro de las Principalidades.

Poteh— el ángel del olvido.

Potencias— también Potencialidades o Poderes, es el Sexto Coro Angelical según Pseudo-Dionisio y el Segundo Coro según la Cábala. Camael o Samael es el regente principal de este Coro. La misión principal de las Potencias es asegurar que el orden reine en los caminos del Cielo, frustrando los atentados de las fuerzas infernales de llevar el caos a las mansiones celestiales.

Pravuil— también identificado con Vetril, este es el Escribano Celestial, el cual esta a cargo de guardar el conocimiento de Dios y los libros celestiales.

Principalidades— es el Séptimo Coro según Pseudo-Dionisio. Estos ángeles son los protectores de los príncipes, reyes, presidentes y gobernantes de la Tierra, incluyendo al Papa y otros prelados de la Iglesia, iluminándolos para hacer decisiones justas. También protegen las religiones. Entre sus regentes están Anael, Requel, Cerviel y Nuroc.

Príncipe de la Luz— el Arcángel Miguel.

Príncipe de la Paz— identificado como Jesús y como Serapiel.

Príncipe de las Tinieblas— identificado con Satanás, y con el ángel de la Muerte, aunque es identificado con varios ángeles, entre ellos Azrael y Gabriel.

Purusha— la Primera Causa, identificado con el AIN SOF de la Cábala.

Qaddis— junto con los ángeles gemelos Irin, los dos ángeles llamados Qaddis forman el Consejo de Juicio de Dios. Estos cuatro ángeles son los más exaltados entre todos los Coros Angelicales, y se dice que uno sólo de ellos tiene más poder que todas las Huestes Celestiales.

Qafsiel— uno de los ángeles regentes de la Luna y guardián del vestíbulo del Séptimo Cielo.

Quelamia— uno de los siete grandes ángeles del Trono de Dios, residente en el Primer Cielo desde donde ejecuta los mandatos de las Potencias.

Raamiel— uno de los ángeles del trueno, cuyo nombre significa temblar ante Dios.

Raasiel— uno de los ángeles de los temblores de Tierra.

Rabacyel— uno de los tres regentes del Tercer Cielo.

Rabdos— un poderoso ángel caído que puede detener el curso de las estrellas.

Rachiel— uno de los espíritus regentes de Venus y una de los ángeles que gobiernan la sexualidad en el ser humano, según la Cábala.

Rachmiel— el ángel de la compasión, muchas veces identificado con Gabriel.

Radweriel YHVH— identificado a veces con Vretil y Pravuil, este es el gran Príncipe Celestial que esta a cargo del Libro de Dios. Se dice que es el protector de la poesía y Jefe de las Musas. Su rango es superior a Metratón. Según Enoch, con cada palabra que surge de su boca se forma un nuevo ángel.

Rael— uno de los ángeles del Tercer Cielo y una de las Inteligencias de la esfera de Venus.

Rafael— ver el capítulo 9, Los Cuatro Grandes Arcángeles.

Raguel— uno de los ángeles del Segundo Cielo y también uno de los siete Grandes Arcángeles de la Divina Presencia. Es uno de los ángeles que castiga a los otros ángeles cuando estos cometen alguna falta. En el año 745 de la Era Cristiana, un consejo eclesiástico de la Iglesia en Roma reprobó a Raguel, junto a otros ángeles de alto rango, incluyendo al gran Uriel. La razón por esta condena fué la determinación de la Iglesia en estos tiempos de que ningún otro ángel, excepto los mencionados en la Biblia (Miguel, Gabriel y Rafael), fueran venerados.

Rahab— el ángel de las profundidades del mar, algunas veces identificado como un ángel caído.

Rahmiel— o Rhamiel, uno de los ángeles de la compasión y del amor. Se identifica a menudo con San Francisco de Asís, el cual se dice fué transformado en un ángel a su llegada al Paraíso. Se dice ser uno de los ángeles del Apocalipsis.

Rahatiel— uno de los ángeles de las constelaciones a las que pone en su orden adecuado.

Ramiel— también descrito como Ramael, se identifica a menudo con Uriel. Es el ángel que da visiones verdaderas y es uno de los regentes del trueno. Una de sus misiones es la de llevar a las almas ante el Trono de Dios el Día del Juicio Final para ser juzgadas.

Rashiel— uno de los ángeles de los torbellinos y de los temblores de tierra.

Rathanael— uno de los ángeles del Tercer Cielo, con gran poder sobre los espíritus infernales.

Raziel— este es el ángel de los misterios, cuyo nombre significa el secreto de Dios. Según la Cábala, es el ángel de la segunda séfira, Chokmah. Se dice es el autor de *El libro de ángel Raziel*, donde todos los secretos del Cielo están escritos. En realidad nadie sabe quien escribió este libro, pero la fuente más segura es el rabino Eleazar de Worms quien vivió durante la Edad Media. Según una de las leyendas rabínicas, Raziel le entregó este libro a Adam, pero los otros ángeles se lo quitaron a Adam y lo lanzaron al mar. Dios ordenó entonces a Rahab, el ángel de las profundidades del mar, a que rescatara el libro. Este pasó más tarde a manos de Enoch y de éste a Noé, y luego a Salomón. Se dice que en el medio de *El libro de ángel Raziel* hay una escritura secreta que revela las mil quinientas llaves de los misterios del mundo, las cuales no han sido reveladas ni siquiera a los ángeles más sagrados.

Rehael— el ángel de la salud y la longevidad, el cual también inspira respeto hacia nuestros padres. Pertenece al Coro de los Poderes o Potencias y es uno de los setenta y dos ángeles de la Shemhamphora.

Reiiel— uno de los setenta y dos ángeles de la Shemhamphora perteneciente al Coro de los Dominios.

Remiel— uno de los siete Grandes Arcángeles de la Divina Presencia, identificado a menudo con Uriel.

Rikbiel YHVH— el gran ángel que rige la Merkabah o carruaje divino. Es uno de los Principes de Consejo Divino, más exaltado que Metratón.

Rimmon— un arcángel caído.

Rochel— el ángel que se invoca para encontrar las cosas perdidas.

Rofocale— también conocido como Lucifuge Rofocale, es una de las más poderosas entidades infernales, donde actúa como Primer Ministro. Tiene control sobre todos los tesoros y riquezas del mundo.

Romiel— el ángel que rige los meses del año.

Rubiel— el ángel que se invoca para ganar en el juego. Su nombre se escribe en papel de pergamino virgen.

Ruchiel— uno de los ángeles regentes del viento.

Rumiel— uno de los guardianes del Sexto Cielo, citado en *El libro de ángel Raziel.*

S

Sabaoth— también Tsabaoth, es uno de los nombres o títulos de Dios, que significa señor de los Ejércitos. Es también uno de los ángeles de la Divina Presencia.

Sabathiel— el nombre secreto de Miguel. También es una Inteligencia de la esfera de Saturno, quien cual imparte la Luz divina que recibe del Espíritu Santo a los miembros de su esfera.

Sabrael— uno de los siete grandes Arcángeles, perteneciente al Coro de las Virtudes y uno de los guardianes del Primer Cielo.

Sachiel— uno de los ángeles guardianes del Primer Cielo, perteneciente al Coro de los Querubines. Es uno de los regentes del lunes y de la esfera de Júpiter.

Sacriel— uno de los ángeles del día martes residente en el Quinto Cielo.

Saditel— uno de los ángeles del Tercer Cielo.

Sadkiel— uno de los siete grandes Arcángeles y regente de Júpiter. También rige al signo de sagitario.

Safkas— uno de los setenta y ocho nombres de Metratón.

Safriel— uno de los guardianes del Quinto Cielo, el cual protege contra el mal de ojo.

Sagdalon— es el ángel que gobierna al signo de Capricornio junto con Semakiel.

Sagham— se dice que es uno de los ángeles regentes, junto con Seratiel, del signo de Leo.

Sagnessagiel— es uno de los nombres de Metratón, según Enoch. Es también uno de los príncipes de la sabiduría y jefe de los ángeles guardianes del Cuarto Vestíbulo del Séptimo Cielo.

Sagras— uno de los regentes del signo de Tauro.

Sahariel— uno de los regentes del signo de Aries.

Sahriel— uno de los sesenta y cuatro guardianes de los siete vestíbulos celestiales.

Saissaiel— uno de los regentes de Escorpión.

Saktas— uno de los setenta y ocho nombres de Metratón.

Salamiel— uno de los ángeles caídos, miembro de los Grigori o Guardianes, que a menudo se identifica con Satanail.

Salatheel— también Salathiel, este es uno de los siete grandes Arcángeles que rigen los movimientos de las esferas.

Samael— también Camael, este es un ángel de muchas leyendas y controversia. Es definitivamente un ángel de Marte y regente de Aries. Rige la violencia y la destrucción y tiene aspectos positivos y negativos. En su aspecto negativo más feroz se identifica a menudo con Satanás, pero esta es una identificación errónea, ya que Samael y Satanás son dos entidades completamente distintas. Una de las tradiciones rabínicas dice que es el ángel que preside el Quinto Cielo, mientras otras alegan que es el jefe de todos los demonios y ángel de la muerte. En la Cábala, como Camael, es el ángel benéfico de la quinta séfira, Geburah, que simboliza la severidad. Como Samael, es el ángel maléfico que reside en la décima esfera del lado opuesto y maligno del Arbol de la Vida y consorte de la infernal Lilith. Otras fuentes dicen que es uno de los siete regentes de la Tierra con más de dos millones de ángeles bajo su mando. Samael es sin duda uno de los ángeles más mal comprendidos y vilificados debido a su asociación con la ira, la violencia, la guerra y la muerte, todo lo cual esta asociado de una forma u otra con Marte. Pero todo esto es parte de la experiencia humana y no hace a Samael maléfico, ya que sólo cumple los mandatos de

Dios en su control de estas debilidades humanas. Por otra parte, las energías de Samael son de gran importancia para la salud y la vida, la cual no existiría sin sus poderosos efluvios. Samael rige también a los cirujanos y a la milicia.

Samax— uno de los ángeles del elemento aire y del día martes.

Sameveel— uno de los ángeles caídos.

Samhiel— uno de los ángeles que curan la estupidez.

Samuil— uno de los ángeles que rigen sobre la Tierra.

Sandalfon— este es el ángel de la décima séfira del Arbol de la Vida, Malkuth, el Reino, y la cual se identifica con la Tierra. Se dice que es el hermano gemelo de Metratón y uno de los ángeles más altos de las huestes celestiales. Se dice también que es el ángel que decide el sexo de una criatura cuando aún está en el vientre de la madre. Según Enoch es regente del Sexto Cielo, pero según la Cábala, rige el Séptimo.

Sangariah— el ángel que rige los ayunos religiosos, especialmente durante el Sabbath judío.

Sapiel— uno de los ángeles del Cuarto Cielo.

Sar— es el título de Príncipe en hebreo, el cual se usa para designar a los grandes ángeles que están frente a la Divina Presencia.

Saraiel— uno de los regentes de Géminis.

Sarakiel— uno de los Príncipes del Coro de los ángeles que ofician durante los Consejos Celestiales. Es también uno de los regentes de Aries.

Saraknyal— uno de los doscientos ángeles caídos.

Sarasael— pertenece al Coro de los Serafines y es uno de los ángeles que presiden sobre las almas de los pecadores.

Sargiel— uno de los ángeles que llevan al infierno las almas de los pecadores. Se identifica también con Nasargiel.

Sariel— también identificado con Suriel, Serakiel y Uriel. Este es uno de los siete grandes Arcángeles según Enoch, quien lo describe como distinto a Uriel. Es uno de los regentes de Aries y del Equinoccio de Verano.

Sarim— este es el plural de Príncipe en hebreo. Los Sarim son los Príncipes Celestiales que son miembros de los Coros que cantan el Triságono Divino bajo la dirección de Tagas.

Sartael— un ángel caído, que está cargo de las cosas escondidas.

Sasnigiel YHVH— uno de los nombres de Metratón, es también un gran Serafín, Príncipe de la Divina Presencia, de la paz y de la sabiduría.

Satanail— el nombre que Dios le dio al gran ángel Beqa, después de su rebelión. Más tarde Satanail pasó a ser conocido como Satanás.

Satanás— el principal ángel rebelde, el cual dirigió a los otros ángeles en la gran batalla contra Dios y sus huestes celestiales. Su nombre significa adversario. Jesús lo llamó el Príncipe de Este Mundo. También se conoce como el príncipe de los poderes del aire. En un principio, antes de su caída, Satanás perteneció a cuatro de los Coros Angelicales y fué regente de los Serafines, de los Querubines, de los Poderes o Potencias y de los Arcángeles. También se dice que fué Príncipe Regente del Coro de las Virtudes. Gregorio el Grande lo describió como un gran ángel, el cual se cubría con la luz de los otros ángeles a los que usaba como vestidura y a los que superaba en gloria y conocimientos. Su identificación con Lucifer es errónea, ya que son dos entidades distintas. Según la Cábala y San Jerónimo, llegará un día en que Satanás se arrepentirá de sus pecados y será reintegrado a su antigua gloria. Se dice de él que es el gran tentador y el padre de la mentira.

Sathariel— el ángel que rige una de las esferas maléficas al reverso del Arbol de la Vida, oscureciendo la cuarta séfira, Chesed, que es la compasión. Su nombre significa esconder a Dios.

Saturno— regente de Capricornio. Según la Cábala es el ángel de la selva.

Sauriel— uno de los ángeles de la muerte.

Schebtaiel— se identifica también como Sabathai y es uno de los regentes de Saturno.

Schleliel— uno de los ángeles regentes de las veintiocho Mansiones de la Luna.

Schimuel— uno de los quince ángeles que están frente al Trono de Dios.

Sedekiah— uno de los ángeles que ayudan a encontrar tesoros.

Seehiah— uno de los setenta y dos ángeles de la Shemhamphora a quien se invoca para que prolongue la vida y de salud. Pertenece al Coro de las Dominaciones.

Séfira— una de las diez esferas del Arbol de la Vida. El plural es séfiro o sefiroth.

Seheiah— uno de los ángeles que protegen contra el fuego.

Semeliel— uno de los siete Príncipes que están siempre frente a Dios y a los cuales se les ha revelado los nombres de los espíritus de los planetas.

Semyaza— el jefe de los doscientos ángeles caídos, pertenecientes a los Grigori. Se dice que esta colgado entre la Tierra y el Cielo y forma la constelación de Orión.

Sepheriel— según La gran clavícula de Salomón, el gran Juicio Final va a comenzar con la pronunciación del nombre de este gran ángel.

Sephuriron— otro de los nombres de la séfira Malkuth, la décima esfera del Arbol de la Vida. En su identidad angelical, esta gran luminaria tiene a tres Sarim como diputados bajo su mando. Estos son Ithuriel, Malkiel y Nashriel.

Serakel— el ángel que rige a los árboles de frutas.

Serapiel YHVH— también Serafiel, es el gran ángel que rige la Orden de los Serafines, llamado el Príncipe de la Paz. Es el más exaltado de los Príncipes de la Merkabah o Carruaje Divino y uno de los Príncipes presentes durante el Consejo Supremo de Dios. Se dice que es también el espíritu principal de Mercurio y regente del martes. Según Enoch, este es el ángel más resplandeciente del Señor. Su cuerpo está todo cubierto de estrellas. De los pies a las rodillas destella con la luz del firmamento, de las rodillas a los muslos brilla como la estrella matutina, de los muslos a la cintura brilla como la luz de la Luna, de la cintura al cuello deslumbra como la luz del Sol y del cuello hacia la frente resplandece con la luz del infinito.

Serafín— el primero y más elevado de los Coros Celestiales, según Pseudo-Dionisio y otras autoridades. Los Serafines rodean constantemente el Trono de Dios, cantando sus alabanzas. Son ángeles de fuego y rigen el amor y la luz. Tienen cuatro rostros y seis alas y se conocen como las serpientes de fuego. Su regente principal es el gran Serapiel, además de Miguel, Metratón, y Jehoel.

Shaftiel— uno de los principales regentes del infierno, donde gobierna la sombra de la muerte. Se dice que reside en la tercera logia de las siete divisiones del infierno.

Shahakiel— uno de los siete grandes Arcángeles según Enoch y uno de los Príncipes del Cuarto Cielo.

Shaitan— una entidad infernal entre los musulmanes.

Shamdan— el padre de Asmodeo, nacido de su unión pecaminosa con Naamah, la hermana de Tubal-Cain, quien llevó a los ángeles caídos a la perdición con su sin igual belleza.

Shamiel— junto con Tagas, dirigente de los Coros de música en el Cielo, y el heraldo divino.

Shamshiel— el ángel que guió a Moisés a través de todo el Paraíso cuando este lo visitó en una visión. Su nombre significa luz del día. Es regente del Cuarto Cielo y Príncipe del Paraíso. Es uno de los grandes ángeles que corona las oraciones de los fieles y las dirige al Quinto Cielo. Pero según Enoch es uno de los ángeles caídos, que le enseñó a los hombres los misterios del Sol. La Cábala dice que este fué uno de los ángeles que asistió a Uriel durante la Gran Batalla en el Cielo.

Shateiel— uno de los ángeles del silencio.

Shekinah— el aspecto femenino de Dios, según la Cábala, también conocida como la Novia del Señor. En el Nuevo Testamento, la Shekinah es identificada como la Gloria de Dios. Según fuentes rabínicas la Gloria de la Shekinah es Miguel. Metratón es su aspecto masculino, como ángel de la Liberación. Es la intermediaria entre Dios

Padre y la humanidad y es la que rige la concepción de un niño y protege la santidad del matrimonio y la sexualidad. La Shekinah se identifica como el Espíritu Santo y la Madre Cósmica y es el secreto de la Tercera Persona en la Santísima Trinidad de la Iglesia Católica. Según el Torah, la Shekinah esta en exilio en la Tierra, separada de su Divino Esposo, que es Dios, debido al pecado de Adam, y que todos los buenos actos del ser humano ayudan a apresurar su regreso a las Mansiones Celestiales. La Shekinah sólo se une a Dios Padre los viernes a la medianoche, amaneciendo sábado, la cual es la hora perfecta y sagrada para la unión entre esposos según la Cábala.

Shinanin— una orden angelical que esta asociada con los Querubines de la Merkabah. Se identifica con el Coro Angelical asociado con la sexta séfira, Tifareth, y es regida por Sadkiel.

Sidkiel— uno de los regentes del Coro de los Tronos y de la esfera de Venus.

Sidriel— uno de los Príncipes del Primer Cielo y uno de los siete Arcángeles de la Divina Presencia, según Enoch.

Simkiel— uno de los ángeles de la destrucción, enviado por Dios a la Tierra a castigar y a purificar a los malvados.

Sisera— el genio del deseo.

Sithriel— el nombre que se le da a Metratón cuando cubre a los seres humanos con sus alas para protegerlos de los ángeles de la destrucción.

Sofriel— también conocido como Sopheriel YHVH, es el escribano divino que guarda los libros de los vivos y de los muertos en el Cielo. Según Enoch y también la Cábala, existen dos ángeles con el mismo nombre, gemelos, con el mismo poder.

Soqedhozi YHVH— uno de los grandes Príncipes de la Divina Presencia, y el que pesa los méritos de los seres humanos en una balanza frente al Creador.

Sorath— una entidad infernal, que rige el 666, el número de la Gran Bestia según el Libro de Revelaciones.

Soterasiel YHVH— también conocido como Sother Ashiel, es uno de los ángeles de más exaltado rango en el Séptimo Cielo ya que solo a través de él los otros ángeles pueden llegar a la Presencia Divina. Se dice que su estatura es de setenta mil millares de parasangs, cada parasang midiendo tres millas. Es también uno de los ángeles de la Corte Celestial, sirviendo frente al Trono de Dios, cuando éste pasa juicio.

Sstiel YHVH— uno de los más exaltados ángeles del Señor y uno de los 8 Príncipes de la Merkabah, más alto en rango que el mismo Metratón, que se postra a sus pies cuando lo encuentra de frente. Los 8 Príncipes de la Merkabah, que llevan el nombre sagrado de Dios, son Sstiel, Anapiel, Akatriel, Gallisur, Nsuriel, Radweriel y los dos Sofriel.

Suriel— este gran ángel se identifica con Uriel, Metratón, Ariel, Saraquel y otros más. Es uno de los ángeles de la muerte pero también de la curación y uno de los Príncipes de la Divina Presencia. Se dice que este es el ángel preceptor de Moisés, de quien éste adquirió todos sus conocimientos, pero otras autoridades dicen que el maestro angelical de Moisés fué Zagzagel. Según la Cábala es uno de los regentes de la Tierra, como lo es Metratón.

Suryas— estos son los ángeles de las Vedas del Hinduismo.

T

Tabkiel— uno de los nombres de Metratón.

Taconin— en Islam, un ángel muy bello que protege contra los espíritus negativos y revela el futuro.

Tafsarim— un Coro de ángeles pertenecientes a La Merkabah, de un rango superior a todos los demás ángeles que están frente al Trono de Dios.

Taftian— un ángel que hace milagros, según la Cábala.

Tagriel— uno de los ángeles regentes de las veintiocho Mansiones de la Luna y jefe de los guardianes del Séptimo Cielo.

Tahariel— el ángel de la pureza.

Tamiel— uno de los ángeles caídos, cuyo nombre significa perfección de Dios. Se dice que rige las profundidades del mar.

Tarshish— el regente principal de la orden de las Virtudes.

Tarshishim— el Coro Angelical correspondiente a la séptima séfira, Netzach, del Arbol de la Vida. Este Coro se identifica con las Virtudes.

Tatrasiel YHVH— uno de los más exaltados Príncipes de la Divina Presencia.

Tebliel— uno de los siete ángeles que rigen a la Tierra.

Teiaiel— el ángel que rige las expediciones marítimas y los negocios nuevos. También predice el futuro y pertenece al Coro de los Tronos.

Teiazel— el ángel de los escritores, los artistas y bibliotecarios.

Temeluch— el ángel que protege a los niños péquenos desde su nacimiento. También uno de los ángeles que atormenta las almas de los pecadores al morir.

Tephros— es una entidad que puede curar la fiebre o traer la oscuridad y pegarle fuego a los campos, por lo cual se dice que es parte ángel y parte demonio.

Terathel— un ángel de la luz que promulga la libertad y la civilización. Pertenece al Coro de los Dominios.

Terapiel— una de las Inteligencias de la esfera de Venus.

Tezalel— un ángel al cual se invoca para que traiga la fidelidad a un matrimonio.

Theliel— uno de los ángeles del amor al cual se invoca para conseguir el amor de una persona.

Theodonias— en la magia Salomónica, este es uno de los nombres de Dios que se usa en rituales de poder.

Thoth— el dios de la sabiduría entre los egipcios, es también conocido como el más grande de los eones en el Gnosticismo. Se identifica con Hermes y en la magia hermética es el regente de los Arcángeles. Muchas de sus características corresponden a Rafael Arcángel.

Tifereth— también Tiphereth , la sexta séfira del Arbol de la Vida. Su ángel correspondiente es Tiftheriel.

Tikarathin— uno de los nombres secretos de Dios.

Tiriel— la Inteligencia de la esfera de Mercurio, perteneciente al Coro de los Arcángeles.

Tzadkiel— este es el ángel que rige la cuarta esfera del Arbol de la Vida, Chesed, identificada con el planeta Júpiter. Se dice que es uno de los ángeles de la justicia.

Tumael— uno de los doscientos ángeles caídos.

Turel— otro de los ángeles caídos.

Tutresiel— uno de los grandes príncipes de la Divina Presencia según Enoch.

Tychagara— otro de los siete grandes ángeles del Coro de los Tronos que ejecutan los mandatos de los Coros superiores.

Tzafkiel— también Tzaphkiel, este es el ángel que rige la tercera séfira, Binah, del Arbol de la Vida, identificada con el planeta Saturno.

U

Ubaviel— uno de los regentes de Capricornio.

Umabel— uno de los setenta y dos ángeles de la Shemhamphora y uno de los regentes de la física y la astronomía.

Unael— uno de los ángeles regentes del Primer Cielo.

Uriel— ver su descripción en el capítulo 9, “Los cuatro Grandes Arcángeles”.

Urizen— de acuerdo a William Blake, este es uno de los ángeles regentes de Inglaterra. El otro es Orc. Urizen rige el raciocinio.

Urjan— otro de los nombres de Uriel.

Urzla— uno de los gloriosos ángeles del Este, según la Cábala, está siempre dispuesto a revelar los misterios secretos de Dios a quien lo invoca.

Usiel— según la Cábala es uno de los ángeles caídos, perteneciente a la quinta esfera maléfica que está al reverso del Arbol de la

Vida. Pero *El libro de ángel Raziel* describe a Usiel como uno de los siete ángeles que están frente al Trono de Dios y uno de los nueve que rigen los cuatro vientos.

Uvall— uno de los ángeles caídos, perteneció en un tiempo al Coro de las Potencias. Ahora se dice que es un gran duque en la jerarquía infernal con treinta y siete legiones infernales bajo su mando. Se invoca para conseguir el amor de una persona.

Uvayah— uno de los nombres de Metratón.

Uzza— uno de los ángeles regentes de Egipto junto con Rahab. Es uno de los ángeles caídos, el cual se identifica con Semyaza.

Uzziel— identificado con Usiel, su nombre significa poder de Dios. Es uno de los principales ángeles en la tradición rabínica según la cual pertenece al Coro de las Virtudes y de los Querubines. Es también uno de los Príncipes de la compasión relacionado con la Merkabah bajo el mando de Metratón.

V

Vacabiel— uno de los regentes del signo de Piscis.

Valnum— una de las Inteligencias de Saturno, residente del Primer Cielo y uno de los regentes del día lunes.

Varcan— uno de los regentes del Sol.

Varchiel— uno de los regentes de Leo.

Varuna— uno de los suryas o luminarias védicas, identificadas con los ángeles del Judeo-Cristianismo.

Vasariah— uno de los setenta y dos ángeles de la Shemhamphora.

Vashyah— uno de los grandes ángeles que tienen potestad sobre las huestes celestiales.

Vasiariah— uno de los ángeles que rigen a los jueces, abogados y magistrados.

Vassago— una de las entidades que se invocan en rituales de alta magia, generalmente para descubrir los secretos de las mujeres. Su identidad es dual, y algunas autoridades lo describen como un ángel caído que se especializa en revelar el futuro y encontrar las cosas perdidas.

Vehuel— uno de los setenta y dos ángeles de la Shemhamphora perteneciente al Coro de las Principalidades.

Vehuiah— rige los primeros rayos del Sol naciente y es uno de los ocho Serafines que ayudan a hacer realidad las peticiones de los fieles.

Vel— un ángel residente en el Tercer Cielo y uno de los regentes del día miércoles.

Venibbeth— el ángel de la invisibilidad.

Verchiel— identificado a menudo con Varchiel, es uno de los regentes de Leo y del mes de julio. Es también uno de los regentes del Coro de las Potencias.

Veualiah— el ángel que le da potestad a los reyes y prosperidad a sus reinos.

Vhnori— uno de los regentes de Sagitario.

Vionatraba— uno de los tres espíritus del Sol, residente del Cuarto Cielo y uno de los regentes del día domingo.

Virtudes— el quinto Coro Celestial, según Pseudo Dionisio. Su misión principal es hacer milagros en la Tierra. Su Príncipe Regente es Miguel, pero Rafael, Barbiel, Uzziel y Peliel también se cuentan entre sus regentes.

Voel— uno de los regentes del signo de Virgo.

Vretil— a menudo identificado con Radweriel, es el Escribano Divino, a cargo de los libros sagrados y de la sabiduría de Dios. Se dice que este es el más sabio de todos los ángeles. También se identifica con Uriel, Dabriel y Pravuil.

X

Xaphan— uno de los ángeles rebeldes, el cual se dice le sugirió a Satanás pegarle fuego al Cielo durante la Gran Batalla Angelical. Antes de que este plan nefasto pudiera ser llevado a cabo, los ángeles rebeldes fueron lanzados al abismo sin fondo por Miguel y sus huestes celestiales. Ahora se dice que Xaphan está a cargo de mantener las llamas del Infierno.

Yabbashael— uno de los ángeles regentes de la Tierra.

Yahel— uno de los regentes de la Luna y perteneciente al Coro de los Tronos.

Yahoel— también identificado con Jehoel y Metratón, es el ángel preceptor del patriarca Abraham.

Yahriel— otro de los regentes de la Luna.

Yahsiyah— uno de los nombres de Metratón.

Yehudiah— es el ángel benéfico de la muerte, y desciende a la Tierra con millares de ángeles para recoger las almas de los seres en el momento de su muerte. Es uno de los principales mensajeros divinos.

Yehakel— uno de los regentes de Mercurio.

Yerachmiel— uno de los siete regentes de la Tierra, identificados con los siete planetas.

Yeshamiel— uno de los regentes de Libra.

Yesod— la novena séfira del Arbol de la Vida, identificada con la Luna.

Yofiel— uno de los regentes de Júpiter cuando éste entra en el signo de Sagitario. Es también un gran Príncipe con cincuenta y tres legiones de ángeles bajo su mando.

Yomael— uno de los Príncipes del Séptimo Cielo.

Yurkemi— uno de los ángeles del granizo.

Z

Zaafiel— uno de los ángeles de los huracanes y también uno de los ángeles de la destrucción enviado por Dios a la Tierra para castigar a los malvados.

Zabkiel— uno de los regentes del Coro de los Tronos.

Zacharael— uno de los Príncipes del Coro de los Dominios residente en el Segundo Cielo.

Zachiel— el regente supremo del Sexto Cielo, identificado con Zadkiel.

Zachriel— uno de los ángeles que dan buena memoria.

Zadkiel— identificado también con Tzadkiel y Sadkiel, es el ángel de la benevolencia, la compasión, regente de Júpiter, de Sagitario y Príncipe del Coro de los Dominios. Se dice también que da buena memoria. Es uno de los nueve Regentes del Cielo y uno de los siete Grandes Arcángeles de la Divina Presencia.

Zafiel— el ángel de la lluvia.

Zagiel— un ángel caído, antiguamente del Coro de los Arcángeles.

Zagzagel— uno de los ángeles de la sabiduría. Su nombre significa la rectitud de Dios. Se dice que es el ángel que se le apareció a Moisés en el arbusto ardiente, pero otras autoridades dicen que este ángel fué Miguel. Zagzagel es uno de los instructores de los ángeles menores, uno de los Príncipes de la Divina Presencia y regente principal del Cuarto Cielo.

Zahun— el ángel que rige los escándalos.

Zakun— uno de los ángeles de la Divina presencia. Según la leyenda, cuando Moisés estaba a punto de morir, escribió una plegaria a Dios para que le prolongara la vida. Dios envió a Zakun y a Lahash, otro de sus grandes ángeles para que no permitieran que la plegaria llegara a sus manos, ya que era ya tiempo de que Moisés entregara su alma al Creador. Zakun bajo del Cielo con Lahash y ciento ochenta y cuatro millares de ángeles e interceptaron a esta importante misiva. Pero Lahash se arrepintió al último momento, tal vez tomándole compasión a Moisés. Por esta desobediencia recibió sesenta latigazos de fuego y fué exhilado de la Divina Presencia.

Zaksakiel YHVH— uno de los Grandes Príncipes de la Divina Presencia.

Zaniel— uno de los regentes de Libra.

Zaphiel— también identificado con Iofiel y Zophiel. Es uno de los regentes del Coro de los Querubines y Príncipe de Saturno.

Zaphkiel— una de las identidades de Zaphiel, su nombre significa el conocimiento de Dios. Es el regente principal del Coro de los Tronos y uno de los 7 Grandes Arcángeles. Es también regente de Saturno y es el ángel de la tercera séfira, Binah, del Arbol de la Vida bajo el nombre de Tzaphkiel.

Zarall— uno de los dos querubines tallados en el Arca de la Alianza.

Zarobi— el ángel de los precipicios.

Zathael— uno de los doce ángeles de la venganza, entre los que se cuentan Miguel, Gabriel, Rafael, Uriel y Nathanael. Los ángeles de la venganza fueron los primeros ángeles creados por Dios y son también los ángeles de la Divina Presencia.

Zazail— un ángel de Dios, al que se invoca en el exorcismo de espíritus infernales.

Zazel— en la magia de Salomón, uno de los ángeles que se invocan en rituales amorosos. Se dice que es uno de los espíritus de Saturno, cuyo número es el cuarenta y nueve.

Zasriel— uno de los Príncipes de la Divina Presencia el cual representa el poder de Dios.

Zebul— este ángel rige el Sexto Cielo por la noche mientras que Sabath lo rige por el día. Pero este es también el nombre del Cuarto Cielo según Enoch y el nombre del Tercero según Ezekiel. El nombre significa templo o habitación.

Zebuliel— uno de los regentes principales del Oeste del Primer Cielo, el cual acompaña las oraciones de los fieles al Segundo Cielo. Se dice que solo rige cuando aparece la Luna.

Zechariel— uno de los siete regentes de la Tierra.

Zehanpuryuh— uno de los grandes Príncipes de la Divina Presencia. Es uno de los Príncipes de la Merkabah con un rango superior al de Metratón. Es también uno de los generales de las huestes celestiales y junto a Miguel pesa las almas en la balanza de la justicia divina. Es el guardián del Séptimo Vestíbulo del Séptimo Cielo.

Zephaniel— el ángel regente del Décimo Coro en la Cábala llamado Ishim o las almas de los santos.

Zephon— también Zefon, uno de los Príncipes guardianes del Paraíso, perteneciente al Coro de los Querubines.

Zerachiel— uno de los ángeles de julio y del signo de Leo. Es también uno de los siete guardianes o Grigori, que protegen al Cielo de las fuerzas del mal.

Zikiel— el ángel del relámpago y de los cometas.

Zoharariel YHVH— tal vez el más elevado de todos los ángeles según la Cábala. Este es también uno de los nombres secretos de Dios.

Zophiel— este es uno de los capitanes que asisten a Miguel en las batallas. El otro es Zadkiel. Su nombre significa el espía de Dios.

Zuriel— uno de los regentes del signo de Libra, perteneciente al Coro de las Principalidades. Su nombre significa Dios es mi roca y es a menudo identificado con Uriel y como regente del mes de septiembre.

Bibliografía

Nota: Los libros citados en esta bibliografía han sido presentados en su versión inglesa, ya que forman parte de la biblioteca privada de la autora, que los usó en sus estudios sobre los ángeles en preparación para escribir la presente obra. Desafortunadamente, aunque existen muchos libros excelentes en español sobre los ángeles, estos son de publicación reciente y no fueron usados por la autora durante sus estudios sobre el tema. Se espera que la mayor parte de los lectores puedan usar la bibliografía. La mayor parte de los libros citados han sido traducidos a otros idiomas, incluyendo el español, por lo cual el nombre del autor puede servir de referencia a los lectores interesados en estas obras.

Abano, P. de, *The Heptameron*, London, 1965.
Adler, M., *The Angels and Us*, New York, 1982.
Agrippa, C., *Three Books of Occult Philosophy*, Chicago, 1913.
Albertus Magnus, *The Secrets of Albertus Magnus*, London, 1933.
Almadel of Solomon (in the Legemeton), L.W. de Lawrence, ed., New York, 1916.
Ambelain, R., *The Practical Kabbalah*, London, 1958.
Apollonius of Tyana, *The Nuctemeron*, London, 1965.
Arbatel of Magic, New York, 1974.
Aristotle, *Metaphysics*, Michigan, 1966.
Aude Sapere, *The Chaldean Oracles of Zoroaster*, New York, 1963.
Augustine, Saint, *The Confessions of Saint Augustine*, New York, 1967.
———. *The City of God*, New York, 1957.

Ausable, N., ed. *A Treasury of Jewish Folklore*, New York, 1960.
Bamberger, B. J., *Fallen Angels*, Philadelphia, 1952.
Bardon. F., *The Key to the True Quabbalah*, Freiburg, 1957.
———. *The Practice of Magical Evocation*, Freiburg, 1991.
Barnstone, W., *The Other Bible*, New York, 1984.
Barrett, F., *The Magus*, London, 1959.
Bate, N.H., *The Sybilline Oracles*, London, 1937.
Bible, The, St James Version, New York, 1957.
Blake, W., *Complete Writings*, London, 1957.
Blavatsky, H. P., *The Secret Doctrine*, Pasadena, 1952.
Bloom, H., *Blakeís Apocalypse*, New York, 1963.
Book of Enoch, transl. H.Odenberg, New York, 1928.
Book of Jubilees (The Little Genesis), transl., R.H. Charles, London, 1917.
Box, G.H., Ed., *The Apocalypse of Abraham*, London, 1918.
———. *The Testament of Abraham*, London, 1927.
Briggs, C.V., *The Encyclopedia of Angels*, New York, 1997.
Buber, M., *Tales of Angels, Spirits and Demons*, New York, 1938.
Budge, E.A., Wallis, *Amulets and Talismans*, New York, 1961.
———. *Book of the Dead*, London, 1967.
———. *Egyptian Magic*, New York, 1971.
Bulfinch, T., *Mythology*, New York, 1972.
Bunson, M., *Angels A to Z*, New York, 1996.
Bunyan, J., *Complete Works*, Philadelphia, 1872.
Burham, S., *A Book of Angels*, New York, 1990.
Burrows, M., *The Dead Sea Scrolls*, New York,1956.
Butler, E.M., *Ritual Magic*, New York, 1959.
Cabell, J. B., *The Devilís Dear Own Son*, New York, 1959.
Caird, G.B., *Principalities and Powers*, Oxford, 1956.
Camfield , B., *A Theological Discourse of Angels*, London, 1934.
Charlesworth, J.H., *The Old Testament: Pseudoepigrapha*, New York, 1983.
Christian, P., ed., *The History and Practice of Magic*, New York, 1963.
Claremont, L. de, *The Ancient's Book of Magic*, Texas, 1936.
Cohen, C., *Foundations of Religion*, London, 1930.
Connell, J.T., *Angel Power*, New York, 1995.
Connolly, D., *In Search of Angels*, New York, 1993.
Cordovero, M., *Orchard of Pomegranates*, London, 1945.
———. *The Palm Tree of Deborah*, London, 1960.
Crossan, J.D., *Jesus: A Revolutionary Biography*, San Francisco, 1994.
Danby, H., transl., *The Mishnah*, Oxford, 1933.
Daniels, J., *Clash of Angels*, New York, 1930.
Dante Alighieri, *The Divine Comedy*, New York, 1958.
Davenport, B., *Deals With the Devil*, New York, 958.
David-Neel, A., *Magic and Mystery in Tibet*, New York, 1965.
Davidson, G., *A Dictionary of Angels*, Toronto, 1966.

Davies, A.P., *The Meaning of the Dead Sea Scrolls*, New York, 1956.
Davies, P., *The Mind of God*, New York, 1992.
de Claremont, Lewis, *The Ancient's Book of Magic*, New York, 1958.
de Lawrence, Ed., *The Lesser Key of Solomon (Goetia:The Book of Evil Spirits)*, New York, 1964.
———. *The Greater Key of Solomon*, New York, 1957.
de Plancy, C., *Dictionnnaire Infernal*, Paris, 1947.
Dimmitt C., and J.A.B. van Buitenen, *Classical Hindu Mythology*, Philadelphia,1978.
Dionysius the Aeropagite (Pseudo-Dionysius), *The Mystical Theologie and the Celestial Hierarchies*, Surrey, England, 1949.
Dorese, J., *The Secret Books of Egyptian Gnostics*, New York, 1960.
Duff. A., *The First and Second Books of Esdras*, London, 1931.
Dupont-Sommer, A., *The Dead Sea Scrolls*, Oxford, 1954.
Durant, W., *The Story of Philosophy*, New York, 1952.
Eisenmenger, J.A., *Traditions of the Jews*, London, 1926.
Eleazor of Worms, *Book of the Angel Raziel*, British Museum, 1701.
Ferrar, W., *The Assumption of Moses*, London, 1918.
Follansbee, E., *Heavenly History*, Chicago, 1927.
Fortune, D., *The Mystical Qabalah*, London, 1951.
Fosdick, H.E., *The Man From Nazareth*, New York, 1949.
Fox, M., Sheldrake, R., *The Physics of Angels*, New York, 1996.
France, A., *The Revolt of the Angels*, London, 1925.
Frank, A., *The Kabalah*, New York, 1926.
Frazer, J.G., *The Golden Bough*, New York, 1951.
Fuller, J.F.C., *The Secret Wisdom of the Qabalah*, London, n.d.
Gaster, M., *The Sword of Moses*, New York, 1968.
Gaster, T., *The Dead Sea Scriptures*, New York, 1956.
Gaynor, F., *Dictionary of Mysticism*, New York, 1953.
Geffcken, J., ed., *The Sybilline Oracles*, London, 1972.
Gibb, H.A.R. and Kramers, J.H., eds., *A Shorter Encyclopedia of Islam*, New York. 1961.
Gilmore, G. D., *Angels, Angels, Everywhere*, New York, 1981.
Ginsburg, C.D., *The Essenes and the Kabbalah (two essays)*, London, 1972.
Ginzberg, L., *The Legends of the Jews*, Philadelphia, 1954.
Gleadow, R., *Magic and Divination*, London, 1941.
Goldin, J., *The Living Talmud*, New York, 1957.
Gonzalez-Wippler, M., *A Kabbalah for the Modern World*, St Paul, 1995.
———. *The Complete Book of Spells, Magic and Ceremonies*, St Paul, 1990.
———. *The Sixth and Seventh Books of Moses*, ed., New York, 1982.
Graham, B., *Angels: God's Secret Agents*, Texas, 1986.
Grant. R.M., *Gnosticism and Early Christianity*, New York, 1959.
Graves, R., *Hebrew Myths*, New York, 1964.
———. *The White Goddess*, New York, 1958.

Grillot, E.G., *Witchcraft, Magic and Alchemy*, Boston, 1931.
Grimoire of Honorius, Atribuido al Papa Honorio III, London, 1952.
Grimorium Verum, (The True Clavicle or Key of Solomon), transl., Plaingiere, M., London, 1926.
Grubb, N., *Revelations: Art of the Apocalypse*, New York, 1997.
Guignebert, C., *The Jewish World in the Time of Jesus*, New York, 1959.
Guillet, C., *The Forgotten Gospel*, New York, 1940.
Gurdjieff, G., *All and Everything and Beelzebub's Tales to his Grandson*, New York, 1964.
Gurney, O.R., *The Hittites*, London, 1952.
Hahn, E., *Breath of God*, New York, 1975.
Hammond, G., *A Discourse of Angels*, London, 1979.
Hartmann, F., *Magic, White and Black*, Chicago, 1910.
Harvey, H., *The Many Faces of Angels*, California, 1986.
Hastings, J., *Encyclopedia of Religion and Ethics*, New York, 1955.
Hermes Trismegistus, *The Divine Pymander*, London, 1978.
Heywood, T., *The Hierarchy of the Blessed Angels*, London, 1982.
Hurtak, *An Introduction to the Keys of Enoch*, California, 1975.
Huxley, A., *The Devils of London*, 1952.
———. *The Perennial Philosophy*, Ohio, 1968.
James. W, *The Varieties of Religious Experience*, New York, 1963.
Jameson, A.B., *Legends of the Madonna*, London, 1903.
Jacolliott, L, *Occult Science in India and Among the Ancients*, New York, 1973.
Jayne, W.A., *The Healing Gods of Ancient Civilizations*, New York, 1962.
Jeffrey, G.R., *Heaven: The Last Frontier*, New York, 1990.
Jellinek, A., *Beth ha-Midrasch*, Jerusalem, 1938.
Josephus, F., *The Works of Flavius Josephus*, Philadelphia, 1959.
Jung, L., *Fallen Angels in Jewish, Christian and Mohammedan Literature*, Philadelphia, 1926.
Kaufmann, W., transl., *Faust*, New York, 1961.
King, L.W., *Babylonian Magic and Sorcery*, London, 1896.
Knight, G., *A Practical Guide to Qabalistic Symbolism*, London, 1969.
Kramer, S.N., *From the Tablets of Sumer*, Colorado, 1956.
Langton, E., *Essentials of Demonology*, London, 1949.
Laurence, L.W. de, ed., *The Legemeton or Lesser Key of Solomon (Goetia)*, New York, 1916.
———. *The Greater Key of Solomon*, New York, 1942.
Leadbeater, C.W., *The Astral Plane*, India, 1963.
Levi, E., *The Occult Philosophy*, London, 1974.
———. *Transcendental Magic*, London, 1967.
Lewis, J.R., and E.D. Oliver, *Angels A to Z*, Michigan, 1996.
Lindsay, F.N., *Kerubim in Semitic Religion and Art*, New York, 1912.
Longfellow, H.W., *Poetical Works*, Boston, 1982.
Lost Books of the Bible and the Forgotten Books of Eden, New York, 1930.

MacKaye, P., *Uriel and Other Poems*, Boston,1912.
MacKenzie, D.A., *Egyptian Myth and Legend*, London, n.d.
———. *Myths of Babylonia and Assyria*, London, n.d.
Maimonides, M., *The Guide for the Perplexed*, New York, 1956.
———. *Mishna Torah*, New York, 1922.
Manual of Exorcism, A, Transl., E. Beyersdorf, New York, 1975.
Malchus, M., *The Secret Grimoire of Turiel*, London, 1960.
Mathers, S.L.M., *The Almadel of Solomon*, London, 1954.
———. *The KabbalahUnveiled*, London, 1978.
Mead, G.R.S., *Fragments of a Faith Forgotten*, New York, 1960.
———. *Pistis Sophia*, London, 1921.
———. *Thrice-Greatest Hermes*, London, 1976.
Mendez, C., *Metafisica: 4 en 1*, Carcas, 1996.
Michelet, J., *Satanism and Witchcraft*, New York, 1939.
Milton, J., *Paradise Lost*, London, 1983.
Moolenburgh. H.C., *A Handbook of Angels*, London, 1984.
Moore, T., *The Loves of Angels*, London, 1956.
Muller, E., *History of Jewish Mysticism*, Oxford, 1946.
Myer, I., *The Qabbalah*, New York, 1967.
Nathan, R., *The Bishop's Wife*, London, 1928.
Neubauer, A., ed., *The Book of Tobit*, London, 1985.
Neusner, J., *A History of the Jews in Babylonia*, New York, 1965.
Nigg, W., *The Heretics*, New York, 1962.
Odeberg, H., ed., *The Hebrew Book of Enoch*, Cambridge, 1928.
Ouspensky, P., *In Search of the Miraculous*, London, 1967.
Papus (Gerald Encausse), *Sepher Yetzirah*, London, 1954.
———. *Absolute Key to Divine Science*, London, 1968.
Paracelsus, *Four Treatises*, Baltimore, 1948.
Parente, P.P., *The Angels*, New York, 1968.
Parfitt, W., *The Living Qabalah*, New York, 1988.
Pauline Art (part of the Legemeton or Lesser Key of Solomon).
Payne, R., *The Holy Fire*, New York, 1957.
Redfield, B.G., ed., *Gods: A Dictionary of the Deities of All Lands*, New York, 1951.
Regardie, *The Art of True Healing*, London, 1966.
———. *The Golden Dawn*, Minn., 1989.
Regamey, R.P., *What Is an Angel?*, New York, 1960.
Reider, J., *The Holy Scriptures*, Philadelpha, 1937.
Robbins, R.H., *The Encyclopedia of Witchcraft and Demonology*, New York, 1959.
Ronner, J., *Know Your Angels*, Tenn., 1983.
Runes, D., *The Wisdom of the Kabbalah*, New York, 1957.
Sale George, ed., *The Koran*, Philadelphia, 1912.
Serres, M., *Angels:A Modern Myth*, Paris, 1995.
Schaya, L., *The Universal Meaning of the Kabbalah*, New Jersey, 1971.
Scheible, J., ed., *The Sixth and Seventh Books of Moses*, Illinois, n.d.

Scholem, G., *Jewish Gnosticism*, New York, 1960.
———. *Major Trends in Jewish Mysticism*, New York, 1941.
———. *On the Kabbalah and Its Symbolism*, New York, 1965.
Schweitzer, A., *The Quest for the Historical Jesus*, London, 1925.
Scot, R., *Discoverie of Witchcraft*, Illinois, 1964.
Shah, I., *The Secret Lore of Magic*, New York, 1956.
Shaw, G.B., *Back to Methusaleh*, New York, 1921.
Silver Ravenwolf, *Angels: Companions in Magick*, Minn., 1996.
Simon, M., *Tractate Berakoth: The Babylonian Talmud*, London, 1990.
Smith, J., transl., *The Book of Mormon*, Salt Lake City, 1950.
Spence, L., *An Encyclopedia of Occultism*, New York, 1959.
Steiner, R., *The Mission of the Archangel Michael*, New York, 1961.
———. *The Work of the Angels in Man's Astral Body*, New York, 1960.
Summers, M., *The History of Witchcraft and Demonology*, New York, 1956.
Swedenborg, E., *Heaven and Its Wonders and Hell*, New York, 1956.
———. *Talmud*, London, 1961.
Taylor, T.L., *Messengers of Light*, California, 1990.
Taylor, T., *Iamblichus on the Mysteries of the Egyptians*, Chaldeans and Assyrians, New York, 1957.
Thompson, K., *Angels and Aliens*, New York, 1991.
Torah, The Five Books of Moses, Philadelphia, 1962.
Trachtenberg, J., *Jewish Magic and Superstition*, New York, 1961.
Trithemius, J., *Book of Secret Things*, In Barrett's *The Magus*, London, 1959.
———. *Of the Heavenly Intelligences*, London, 1936.
Valentinus, B., *The Triumphal Chariot of Antimony*, London, 1962.
Van der Loos, E., *The Miracles of Jesus*, New York, 1965.
Waite, A.E., *The Book of Ceremonial Magic*, Zlondon, 1967.
———. *The Holy Kabbalah*, London, 1945.
Waldherr, K., *The Book of Goddesses*, Oregon, 1995.
Weiner, H., *9 1/2 Mystics: The Kabbala Today*, New York, 1969.
Welsh, R.G., *Azrael and Other Poems*, New York, 1925.
Wendt, H., *In Search of Adam*, Boston, 1956.
West, R.H., *Milton and the Angels*, Georgia, 1955.
Westcott, W.W., *Sepher Yetzirah (Book of Formation)*, London, 1911.
Yadin, Y., ed., *War between the Sons of Light and the Sons of Darkness*, Jerusalem, 1956.
Young, M., *Angel in the Forest*, New York, 1945.
Zohar, The. G. Scholem, ed., New York, 1949.

Las menciones

1— *The Doré Bible Illustrations*, Dover Publications, Inc., New York, 1974, página 24; 2— *Famous Pictures*, Stanton and Van Vliet Co., Chicago, 1917, página 67; 3— *World's Great Pictures*, Funk and Wagnalls Company, New York, n.d., página 176; 4— *World's Great Pictures*, página 176; 5— *The Doré Bible Illustrations*, página 12; 6— *The Doré Bible Illustrations*, página 21; 7— *Religious Illustrations* , Fine Art Series 6, PhotoDisc, Seattle, 1996, FA06009; 8— *World's Great Pictures*, página 154; 9— *The Poetical Works of John Milton* edited by William Hayley, London, 1987; 10— *The Doré Bible Illustrations*, página 238; 11— *The Doré Bible Illustrations*, página 132; 12— *The Doré Bible Illustrations*, página 129; 13— *The Doré Bible Illustrations*, página 128; 14— *The Poetical Works of John Milton*; 15— *The Poetical Works of John Milton*; 16— *The Poetical Works of John Milton*; 17— *The Poetical Works of John Milton*; 18— *The Poetical Works of John Milton*; 19— *Religious Illustrations*, FA06049; 20— *The Poetical Works of John Milton*; 21— *The Poetical Works of John Milton*; 22— *The Poetical Works of John Milton*; 23— *A Kabbalah for the Modern World* by Migene González- Wippler, Llewellyn Worldwide, St. Paul, 1997; 24— *The Magician's Companion* by Bill Whitcomb, Llewellyn Worldwide, St. Paul, 1997, página 289; 25— *The Magus*, parte 1, Lackington, Allen, and Co., London, 1801; 26— *The Sixth and Seventh Books of Moses* edited by J. Scheible, Illinois, n.d.; 27— *The Sixth and Seventh Books of Moses*; 28— *The Doré Bible Illustrations*, página 10; 29— *The Magus*, parte 2; 30— *The Magician's Companion*, página 373; 31— *The Magus*, parte 2, página 104; 32— *Magical Power of the Saints* by Reverend Ray T. Malbrough, Llewellyn Worldwide, St. Paul, 1998, página 42; 33— *The Magus*, parte 2, página 139; 34— *World's Great Pictures*, página 264; 35— *Angels in Traditional Design* by Sylvia Crockett, Stemmer House Publishers, Inc., Owings Mills, MD, 1987, n.p.; 36— *The Poetical Works of John Milton*; 37— *The Poetical Works of John Milton*; 38— Lisa Novak, Llewellyn Worldwide, St. Paul; 39— *The Complete Book of Spells, Ceremonies and Magic*; 40— Lisa Novak, Llewellyn Worldwide, St. Paul; 41— *The Magus*; 42— *The Poetical Works of John Milton*; 43— *The Poetical Works of John Milton*; 44— *The Poetical Works of John Milton*; 45— *The Poetical Works of John Milton*; 46— *The Poetical Works of John Milton*; 47— *The Poetical Works of John Milton*; 48— *The Poetical Works of John Milton*; 49— *The Poetical Works of John Milton*; 50— *The Doré Bible Illustrations*, página 10; 51— *The Poetical Works of John Milton*; 52— *The Poetical Works of John Milton*; 53— *The Poetical Works of John Milton*; 54— *The Poetical Works of John Milton*; 55— *The Poetical Works of John Milton*.

Migene González-Wippler

Migene González-Wippler

SANTERÍA: MIS EXPERIENCIAS EN LA RELIGIÓN

En esta fascinante obra, Migene comparte sus experiencias en la religión. Conozca personajes extraordinarios y sea testigo de episodios increibles.

5 3/16" x 8 1/4" • 312 pág.

1-56718-335-2

Migene González-Wippler

SUEÑOS:
LO QUE SIGNIFICAN PARA USTED

Los sueños, la mente humana y su conciencia. *El Diccionario de los Sueños* da un significado acertado de cientos de imágenes.

5 3/16" x 8 1/4" • 224 pág.
1-56718-881-8

Dreams & What They Mean to You, **0-87542-288-8**

Disponibles en Inglés

Life After Death, **1-56718-327-1**

PEREGRINAJE

¿Qué sucede después de la muerte? Aquí se exploran las teorías y experiencias sobre la existencia de otras vidas.

5 3/16" x 8 1/4" • 256 pág.
1-56718-330-1

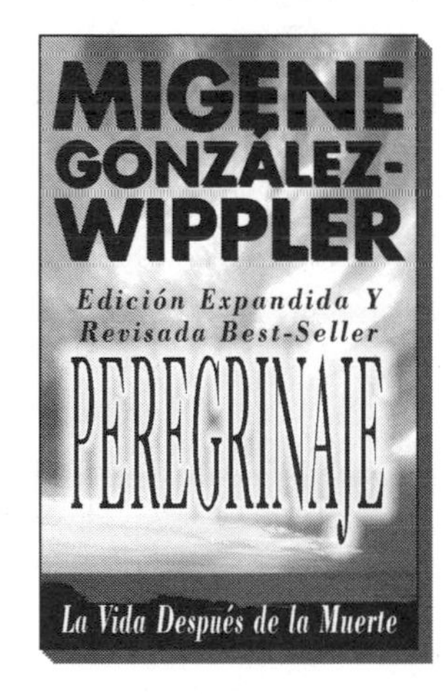